① 励精图治

张爷爷讲史记故事

张大可 著
周晓鸥 绘

中国书店

图书在版编目（CIP）数据

张爷爷讲史记故事：全5册/张大可著；周晓鸥绘. —北京：中国书店，2024.3
ISBN 978-7-5149-2973-7

Ⅰ.①张… Ⅱ.①张… ②周… Ⅲ.①《史记》—少儿读物 Ⅳ.①K204.2-49

中国国家版本馆CIP数据核字（2024）第040883号

张爷爷讲史记故事（全5册）

张大可 著
周晓鸥 绘
责任编辑：李宏书
特约编辑：龙若飞 王亦欢

出版发行：	中国书店
地　　址：	北京市西城区琉璃厂东街115号
邮　　编：	100050
电　　话：	（010）63013700（总编室）
	（010）63013567（发行部）
印　　刷：	三河市中晟雅豪印务有限公司
开　　本：	710 mm×1000 mm　1/16
版　　次：	2024年3月第1版　2024年3月第1次印刷
字　　数：	1180千字
印　　张：	100
书　　号：	ISBN 978-7-5149-2973-7
定　　价：	320.00元（全5册）

图书版权所有　侵权必究

总 序

各位青少年朋友，大家好！

伴随这套"史记故事"的出版，我作为主讲人与各位朋友对话，共同分享中国古典名著《史记》记录的古代中国人的经历，也就是我们祖先的故事。

自我介绍，我现今已是83岁的耄耋老人，从事教育工作，《史记》是我一生的主要教学和研究的对象。现在推出的这套书，主要为青少年朋友提供在零散时间中阅读的普及读物，重点是向青少年朋友讲故事。为拉近我们的亲切感，我同意出版单位用"张爷爷讲史记故事"代称"史记故事丛书"。

青少年朋友在学习成长过程中需要学一点中国历史，特别是文史名著，因为这是祖先留下来的宝贵精神财富。本篇序言重点介绍《史记》是一部什么样的书，怎样读《史记》。

中华民族是世界上古老而优秀的民族之一，也是世界上人口最多、历史最悠久的由56个民族所组成的共同体。中华民族在五千年的繁衍、生息、发展、融合、统一的进程中，创造出了以汉、唐制度为典范，以经、史、子、集四大部类的典籍和四大发明为物质代表的古代文化而为举世所公认。中国人到海外被称为"汉人"或"唐人"。中国人自称也省称为汉人，因为秦汉大一统基本奠定了我国今日之疆域，已融合为一个多民族共同体的大家庭。中华民族，直白地说就是中国人永远认同大一统，血液里流淌着家国情怀的基因。中华民族在历史进程中经历无数坎坷曲折、内忧外患，分裂是短暂的，大一统是永恒的主题。中国近代遭列强侵入，从1840年鸦片战争起到1949年新中国建立，历经百年战乱，中华民族始终屹立世界，没有颠仆，如今又重新走向繁荣富强。但是百年灾难留下的创伤还没有完全平复，国家还没有完全统一，宝岛台湾还在飘零。我们今天已大步行进在复兴中华文化的道路上，我们要重温中华民族灿烂的优秀文化，加快统一的步伐，完成民族复兴的中国梦，以更加健壮的体魄屹立于世界。重温历史，我们作为中国人，无比骄傲，无比自豪。

学习中国历史，从《史记》入门，就掌握了一把进入中国历史殿堂的钥匙。因为《史记》是一部中国人人必读的国学根柢书。根和柢，都是指大树之根。柢是主根，根是主根周围的须根。俗话说："根深叶茂。"如果把五千年中华优秀文化比作一棵参天大树，《史记》就是这棵参天大树之根柢，也就是中华文化的源头。《史记》是中国历史上第一部中国通史，它记载了上古从文明起源的黄帝草创国家到秦汉大一统三千年的历史。司马迁制定的写作宗旨，也就是《史记》全书内容，他概括为三句话十五个字，叫："究天人之际，通古今之变，成一家之言。""究天人之际"，就是把人类及万物生存的环境，即宇宙世界纳入历史范围，天上星辰、地上山河，今天称为自然科学的纳入历史记载，所以《史记》是一部百科全书。"通古今之变"，就是把人间社会从古至今的发展变化说明白。《史记》探索的古今之变，大要分为四个方面：一是趋势之变，二是兴亡之变，三是成败之变，四是个人命运的穷达之变。这四个方面，就是司马迁"通古今之变"的四大核心内容，它包括了从社会到个人，从整体到个体，从一般到特殊的全面内容。由此可见，司马迁的"通变"历史观，是一种辩证的系统历史观，具有超越表象世界而直透历史本质的内在深刻性。"成一家之言"，表明司马迁不只是记述历史，而且还要解读历史，写出前因后果、历史进程和未来方向，形成系统的历史观和理论，指导未来。如上所述的丰富内容，包容"天、人、古、今"的知识，用一句话概括，叫作《史记》百科全书，博大精深。司马迁创造的五体，即本纪、十表、八书、三十世家、七十列传，分门别类囊括百科知识，我们称之为宏大的五体结构。具体说，本纪十篇写朝代、帝王；表十篇备载三千年间社会各色人物以及重大事件；书八篇，分别记载自然、社会各类文化知识，以及国家大政；世家三十篇记载诸侯；列传七十篇是各类代表人物的传记，以及各民族事务。全书共一百三十篇，述史三千年，上起黄帝，下迄汉武帝太初年间。《史记》五体中本纪、世家、列传均载人物，达一百零八篇，是全书重心，所以称为纪传体。

司马迁把全社会人际关系浓缩成为"君、臣、父、子"，他十分自豪地说：全社会的人都必须读《春秋》，《史记》效《春秋》而作，读《春秋》就是读《史记》。不读《史记》，君不像君，臣不像臣，父不像父，子不像子。全社会的人都要读《史记》，读了《史记》，君和臣才知道怎样治国，父和子才知道怎样做人。司马迁的这一段话写在《太史公自序》中，表明了《史记》是一部治国宝典，是人伦道德教科书。用四句话来概括，就是：

史家之绝唱，无韵之《离骚》。
国学之根柢，治国之宝典。

前两句是鲁迅说的，指出《史记》的艺术价值，达到了史学、文学的顶峰，无人可比。对照司马迁自己的定位，鲁迅的评价还未能触及《史记》的思想内涵，《史记》的最高境界是指导治国和做人。全面评价《史记》要用四句话概括，重复说一遍，即"史家之绝唱，无韵之《离骚》；国学之根柢，治国之宝典"。本套书就是循着全面评价《史记》而选取的故事，值得大家一读。

最后，简要说几句如何读《史记》。当今《史记》已在社会上全面普及，有各种各样的选本、节本、全本，有多种解读方法，可供选择的太多了。初学者从普及本读起。本套书就是供初学者阅读的一种普及本，有故事讲解，有语译，有注释，有插图提示，由本人及相关专业者制作，具有经典的价值。当然这只是一种入门的书，可用于培养兴趣。进一步就要阅读《史记》整篇的选本，再进一步就要读《史记》的全本。如果还想继续深入，就要分类阅读，把《史记》的兵家人物集中起来读，把智谋人物集中起来读，把帝王传记集中起来读。以此类推，集中某一类人物传记，其实就进入了专题研讨，步入了研究的境界。学好《史记》，没有三五年的功夫是不可能。对于大众读者来说，不做研究，只是涉猎，只是欣赏，可依据自己的时间、自己的兴趣随意选取。无论长幼，无论做什么工作，只要阅读《史记》，一定会受益。最后再重复一句话：《史记》是一部中国人人必读的国学根柢书，因为它是一部人伦道德教科书，指导怎样做人的品德修养书，可以带给人们知识的百科全书。

青少年朋友们，行动起来吧。希望你们喜欢这套《张爷爷讲史记故事》。

是为序。

张大可

2023年10月1日

目录

卷首语 明君贤臣的智谋 001

创业故事（九则）

人文始祖黄帝 002

尧、舜、禹禅让 012

大禹巧治黄河水 024

商汤王德及鸟兽 038

周武王灭殷建周 047

周公辅政兴礼乐 057

秦襄公始封诸侯 071

秦王除奸亲政 078

汉高祖入关 090

任贤故事（七则）

殷武丁托梦得傅说 113

周公捉发吐哺待贤士 117

文王渭滨遇吕尚 121

齐桓公捐嫌任管仲 130

秦穆公任贤霸西戎 138

燕昭王求士师郭隗 150

汉高祖任贤取天下 157

纳谏故事（四则）

李斯上书秦王止逐客　164

刘敬进言高祖迁都　173

季布强谏吕太后罢战　181

冯唐论将、文帝赦魏尚　187

爱民故事（五则）

齐顷公赈孤问疾　198

子产已死民安归　204

汉文帝约法除肉刑　213

汉文帝节俭不烦民　227

汲黯矫诏赈灾民　236

革新故事（三则）

赵武灵王胡服骑射　246

商鞅变法立木取信　264

秦并天下建号始皇　281

明君贤臣的智谋

本书讲述了二十八个励精图治故事,这些故事的主人公都是中国古代政治上的明君贤臣,对中国历史的进程产生过重大的影响。评说他们的历史功过,总结他们的智慧谋略,是很有现实意义的。

1936年毛泽东写过一首咏雪词《沁园春》,该词下片这样说:

江山如此多娇,引无数英雄竞折腰。

惜秦皇汉武,略输文采;

唐宗宋祖,稍逊风骚。

一代天骄,成吉思汗,只识弯弓射大雕。

俱往矣,数风流人物,还看今朝。

祖国山河雄伟壮丽,引得历史上无数英雄人物争相为之倾倒。中国古代叱咤风云的帝王,如秦始皇、汉武帝、唐太宗、宋太祖以至成吉思汗等代表人物,在他们各自的时代都做过统一天下、壮大边防、抵御外侮、开疆拓土的不同贡献,他们都以文治武功著称,建立过强大的封建王朝而在历史上显赫一时。千秋历史从头评说,过去的帝王是古代王朝统治阶级中的最高阶层,他们的本质是家天下,所以根本无法与现代的民主政治相比。毛泽东用"惜""略输""稍逊""只识"等委婉用语，给予了评判。历史已经过去，数风流人物，还看当代人民的创造。毛泽东的评判，是历史辩证唯物主义，意思是人民才是真正的历史主人，历史的创造者。中国五千年悠久文化，归根结底是人民创造的，帝王将相的作用是有限的。但这并不是否定帝王将相作为历史代表人物的作用。阅读本书帝王将相人物的故事，应该有这样的辩证唯物主义观点。

  书归正传，回到我们的人物评说正题。历史人物有正面，有反面。正面人物是明君贤臣，反面人物是暴君奸臣。无论正面人物，还是反面人物，他们都是历史人物，都是对历史产生过影响的人物。古人说："才过百人谓之杰，智过万人谓之英。"（《礼记·礼运》注及《淮南子·泰族训》）暴君殷纣王就具有多方面的才能，北宋亡国之君宋徽宗，是第一流的书画家。评说历史，讲正面，也要讲反面，这才是全貌。本书不是全面评论历史，评价人物，因此只选正面人物的某些事迹片段，欣赏他们的聪明才智，领略他们的智慧谋略。本书不入选反面历史人物，只以明君贤臣为限，但在"思想品德"卷中选入暴君奸臣，用以反映形形色色的历史人物。其实正面、反面不能截然分开，那些雄才大略的君主，大多是双重性人物，正反面集于一身，例如秦始皇就是这类人物的典型。秦始皇统一六国，建立中央集权制度，功盖三皇五帝，被誉为千古一帝，但秦始皇又暴虐无比，所建立的秦朝，传承两代就亡了。由此看来，对于历史伟人，不能简单化用一个"好"或是"坏"来作定评。同时也不能用什么"三七开"或"四六分"来划分好坏。正确的态度，应当是功过毕书，留待读者去评说。历史中有作为的君臣，往往是有大功亦有大过，或者说既伟大，又渺小。伟大是指他们的超凡业绩，渺小则是他有同凡人一样的正常表现。由于环境不同，留下许多折光。所以我们要用多维思考去审视历史人物，既把握主流，也不要增饰或掩恶。有些事件，也可以说善恶难以划分，说他善或恶，只是代表不同人群的利益或角度。例如隋文帝与宋太祖两人都是从孤儿寡妇手里夺取政权。从丧失政权一边来看，隋文帝与宋太祖的举动就是恶；但从历史发展角度看，他们得了政权，统一天下，对人民有利，应当是善。所以评价历史人物很难，把握历史主义，要有正确的角度，好像照相一样，距离、光圈都要掌握好，照出的相才不会走形。

中国历史有一个优秀传统，叫作惩恶劝善。历史记载，正面人物与反面人物都记载，善恶必书，以使后人劝善而戒恶。这是符合辩证法的。但是历史记载总是以正面和善为主轴，唐代历史学评论家刘知几说："夫善人少而恶人多，其书名竹帛者，盖唯记善而已。"意思是说，统治阶级掌权人物，好人少而恶人多，但历史记载主要是记善。因为历史的借鉴要总结，而记功劝善应该是主流，给人们留下效法的榜样，更有积极意义。本书集中选择明君贤臣智慧的片段，也正是这个意义。这篇卷头语，旨在说明如何评价历史人物，怎样看待中国古代的封建帝王将相，有一个正确的观点。但本书不是全面介绍历史人物，也不是全面评价历史人物，所选故事中涉及的帝王将相，仅以《史记》一书所载为限，所讲故事也只是智慧谋略片段，并不是全貌，这里特作交代，读者不至于认为古代帝王将相原来就是这个样子。书中所选的各个故事，读者可以进行再创造，智者见智，仁者见仁，领略其中滋味。

▲ 清·陈士倌《圣帝明王善端录·帝尧》

创业故事
九则

人文始祖黄帝

  黄帝故事选自《史记·五帝本纪》。本篇记载传说时代的帝系相承和中华文明源头的五帝时代的社会概况。五帝就是黄帝、颛顼、帝喾、唐尧、虞舜。司马迁合写一篇本纪，所以叫《五帝本纪》。

  黄帝是中华民族的始祖之一，今陕西省黄陵县西北桥山有黄帝陵。在先秦时代，黄河流域，大江南北，到处流传着黄帝的故事，百家书籍中也记载着黄帝的事迹。有的说黄帝是神，有的说黄帝是人，司马迁排除神秘色彩，把黄帝写成一个与人民打成一片，同甘共苦的创业帝王形象。黄帝擒灭蚩尤，兼并炎帝，统一天下，草创国家，中华文明社会就从这里开始。在司马迁笔下，五帝承传，夏、商、周三代天子，春秋以来列国诸侯，秦汉王朝，都是黄帝子孙。中华民族是黄帝子孙，这一民族一统观念就奠基于《史记》。司马迁的这一伟大思想成为历代以来进行爱国主义传统教育的宝贵历史资料，数千年来激励了无数仁人志士为中华民族的生存、繁荣和进步而斗争。黄帝子孙，至今仍是一个神圣名词，具有无限凝聚力。黄帝是中华民族的人文始祖之一，是中华文化的民族魂。与黄帝齐名的炎帝号神农氏，教民耕种，也是传说中的圣王。所以，又有"炎黄子孙"的说法。

  传说在五帝之前还有三皇。三皇、五帝有多种说法。晋朝人皇甫谧写的《帝王世纪》说：伏羲、神农、黄帝为三皇；少昊、高阳、高辛、唐尧、虞舜为五帝。唐人司马贞替《史记》补写《三皇本纪》，记载三皇有两种

▲ 明·仇英《帝王道统万年图·黄帝》

说法：一为天皇、地皇、人皇，二为伏羲、女娲、神农。伏羲又称太昊，风姓，代燧人氏而有天下，他作八卦，造文字，结网教人渔猎。女娲氏也是伏羲氏的后代，她统治天下的时候，诸侯共工与祝融争战，共工失败后，大怒，用头触不周山撞断了撑天柱，所以天倾西北，地陷东南，于是日月东起西落，江河奔向东南大海。女娲氏炼五色石补天，斩断鳌鱼足，立起四极，天地才恢复了平衡。女娲氏之后是神农氏，姜姓，即炎帝。

先秦古籍记载我国历史，有着不同的开端。孔子删订《尚书》，断自唐尧、虞舜；而《易》又起于伏羲、神农，《礼记》则笼统地说"昔者先王"。这是儒家经典的情况。诸子著作论及上古之事，有的始于有巢氏，有的起自神农氏。

司马迁记载中华民族之开端，既不从"经"，又不从"子"，而是自立新例，起自黄帝。这一新例，司马迁在篇末赞语中做了交代，他漫游全国各地，考察四方风俗，到处都有黄帝的传说。古代的传说有两类。一类是原始社会的人们通过幻想编织的一些神奇故事，如上面列举的共工触不周山、女娲氏炼石补天的故事。这类是神话故事，里面的人物具有超人的力量。神话是先民劳动斗争与对自然及社会认识的折光反映。神话中的黄帝活了三百年，最后乘龙升天。另一类是传说故事，其人物有血有肉，食的是人间烟火，他们之间的关系也比较复杂，或辩论，或打仗，或通婚，等等。这后一类传说中有许多真实的记录，反映了原始社会的史影。《五帝本纪》即是根据后一类传说编次而成的，因而具有很重要的史料价值，大体反映了我国原始社会末期的真实情况。中国原始社会部落之间由分离而开始联盟，走向合并和融合，最后形成统一的华夏民族，黄帝做出了卓越的贡献。

按照马克思主义理论，一个民族的形成是伴随着国家的出现而完成的。国家的胚胎形式，在《五帝本纪》中得到了生动的反映。黄帝所训练的熊罴貔貅虎，就是由他率领，专事征战的军队。而"师兵为营卫"，并且"命以云师"则更是职业武装的设施了，这是暴力机器的主要成分。黄帝时还设"左右大监"，尧时有"四岳""十二牧"，舜时则百官齐备。尧时有象征性的刑罚，舜则制五刑、流四凶，具备了法典，掌管刑法的皋陶也成为著名的人物。这些都说明国家机器的胚胎已在产生和形成的过程中，并不断完善，私有财产观念的加强和贵族与平民的分化也显现出来。黄帝"黄收纯衣"，很是朴素，并且"劳勤心力耳目""未尝宁居"；到了舜时，就"载天子旗"去朝拜父亲了；而且尧可以赐仓廪牛羊，象又要设法窃据舜的宫室妻子。从这些传说的故事来看，国家的正式出现已是相当迫近的了。总之，马克思主义所论述的关于民族形成过程的必然现象，在《五帝本纪》中大体都得到了反映，而这些现象在黄帝以前的传说中是没有的。

司马迁对黄帝以前和黄帝以后的传说是做过比较的。现代考古已发现夏代的文化遗存。夏朝正式创立国家。五帝禅让是原始社会的军事民主时期，司马迁作为国家萌芽的雏形来写，表彰黄帝统一各部落，具有深意。他至少已认识到黄帝时代是一个新的历史阶段的开端。他说："维昔黄帝，法天则地，四圣遵序，各成法度；唐尧逊位，虞舜不台；厥美帝功，万世载之。作《五帝本纪》第一。"（《太史公自序》）。在司马迁的心目中，黄帝就是一位开辟新时代的英雄人物，黄帝统一了各部族，草创制度，立下了万世效法的准则。黄帝打开了中国文明历史的大门，黄帝被中华民族儿女尊为共同的祖先，成为这一伟大民族向心力的象征，首先应归功于司马迁《五帝本纪》的创造。

五帝本纪·黄帝

黄帝者[1]少典之子[2],姓公孙,名曰轩辕[3]。生而神灵,弱而能

> 黄帝是少典的后代,姓公孙,名叫轩辕。刚出生就特别神奇,七十天内就能说话,幼小

言,幼而徇齐[4],长而敦敏,成而聪明。

> 时活泼机灵,长大了敦厚明理,二十成人,更加闻见广博,明辨是非。

轩辕之时,神农氏世衰[5]。诸侯相侵伐,暴虐百姓,而神农

> 轩辕理事的时候,神农氏后代衰弱,各地诸侯互相侵犯攻伐,残害百姓,神农氏却无力征讨。

氏弗能征。于是轩辕乃习用干戈[6],以征不享,诸侯咸来宾从[7]。

> 在这种情况下,轩辕便操练士兵,拿起武器,征讨不朝贡的诸侯。四方诸侯都来称臣纳贡。蚩尤最

而蚩尤最为暴[8],莫能伐。炎帝欲侵陵诸侯,诸侯咸归轩辕。

> 强暴,还没有人能征讨他。炎帝也想侵凌诸侯,更加驱使诸侯归附轩辕。轩辕就兴修德政,整治武备,

轩辕乃修德振兵,治五气[9],艺五种[10],抚万民,度四方,教熊罴

> 顺应四时五行的自然气象,种植黍、稷、菽、麦、稻等农作物,抚慰千千万万的民众,丈量规划四

---

1 黄帝:姬姓,号轩辕氏,又号有熊氏。传说中的部落联盟首领,被认为是中原各族的共同祖先。
2 少典:传说中的有熊氏部落首领。
3 姓公孙,名曰轩辕:黄帝本姓公孙,因生于轩辕之丘,故以地为号。轩辕,在今河南省新郑市西北。
4 幼而徇齐:少年时思虑敏捷。幼,不满十岁曰幼。徇齐,通"迅疾"即思想敏锐。
5 神农氏:又称炎帝,与轩辕氏黄帝并称"炎黄"。传说神农氏是农业耕作和医药的发明者。
6 习用干戈:积极使用战争手段。干,盾;戈,矛。此处代指战争。
7 宾从:如宾从主,即归服。
8 蚩(chī)尤:黄帝时部落首长之一。
9 治五气:推算历法节气,旧说东气主春,南气主夏,西气主秋,北气主冬之类。
10 艺五种:种植黍、稷、菽、麦、稻五种谷物。艺,栽植。

轩辕黄帝从小能言

貔貅貙虎[1]，以与炎帝战于阪泉之野[2]。三战，然后得其志[3]。蚩尤
方的土地，训练用熊、罴、貔、貅、貙、虎为图腾的氏族斗士，用来与炎帝在阪泉郊外展开决战、

作乱，不用帝命。于是黄帝乃征师诸侯，与蚩尤战于涿鹿之
经过多次战斗，才取得最后胜利。随后蚩尤发动叛乱，不听从黄帝的命令。于是黄帝就向四方诸侯

野，遂禽杀蚩尤。而诸侯咸尊轩辕为天子，代神农氏，是为
征集军队，和蚩尤在涿鹿山前旷野上战斗，终于擒获杀死了蚩尤。这样四方诸侯都尊崇轩辕做天子，

黄帝。天下有不顺者，黄帝从而征之，平者去之[4]，披山通道，
代替神农氏，这就是黄帝。天下有不归顺的黄帝便去征讨，平定了后就离开。开山修路，从来没有

---

1 教熊罴（pí）貔（pí）貅（xiū）貙（chū）虎：意谓教练以熊、罴、貔、貅、貙、虎为图腾的各部落去勇猛作战。
2 阪泉之野：阪泉，地名，在今河北省涿鹿县东南。野，原野。
3 得其志：达到了目的，指打败了炎帝。
4 平者去之：平服者舍而不征。去，通"弃"，舍弃。

人文始祖黄帝

未尝宁居。
安居过。

东至于海，登丸山[1]，及岱宗[2]；西至于空桐[3]，登鸡头[4]。南
黄帝巡行四方，东边到达了海滨，登上了丸山和泰山；西边到达空桐，登上了鸡头山；南边到
至于江，登熊、湘[5]；北逐荤粥[6]，合符釜山[7]，而邑于涿鹿之
达长江，登上了熊耳山和湘山；北边驱走了荤粥，在釜山召集诸侯，验证符契；在涿鹿山下的平地上建
阿[8]。迁徙往来无常处，以师兵为营卫。官名皆以云命，为
筑都邑。黄帝带领部属，经常往来迁移，没有固定居处，住地总是环绕军队筑起营垒自卫。官职都用云
云师[9]。置左右大监，监于万国。万国和，而鬼神山川封禅
来命名，军队也称云师。又设置左大监和右大监，监督各地诸侯。各地都和顺太平，所以登名山祭祀
与为多焉[10]。获宝鼎，迎日推筴[11]。举风后、力牧、常先、大
鬼神山川的事比历代都多。黄帝又获得了宝鼎，运用蓍草来推算预测未来的节气日辰。任用风后、力

---

1. 丸山：山名，又名凡山、丹山、纪山，在今山东省临朐县境，一说在昌乐东南。
2. 岱宗：即泰山。
3. 空桐：山名，在今甘肃省平凉市。
4. 鸡头：即大陇山，在今甘肃省平凉市西。
5. 熊、湘：二山名。熊山，即今湖南省益阳市西之熊耳山；湘山，又名君山，洞庭山，在今湖南洞庭湖中。
6. 荤粥（xūnyù）：当时的匈奴族名。
7. 合符釜山：黄帝在釜山和各部落首领规定符节（交往信物），正式确定黄帝的首领地位。釜山，地名，在今河北省怀来县北。
8. 邑于涿鹿之阿：建成于涿鹿山下为都。邑，成，此处意为筑城；阿，依山平地。
9. 官名皆以云命，为云师：据传黄帝有景云的祥瑞，因而他以云彩命名各官，如春官为青云，夏官为缙云，秋官为白云，冬官为黑云，中官为黄云之类。
10. 而鬼神山川封禅与为多焉：此释"万国和"的原因，意谓黄帝以天子身份把名山大川神秘化，到处筑坛祭告。鬼神，用于动词，即鬼神之；与，通"许"，认可。
11. 迎日推筴：用蓍草作筹码，推算日历，指导农业生产。筴，同"策"，用蓍草做的筹码，相传黄帝得神策，能迎日，实指黄帝时已掌握了运用筹码推算日月运行、四时八节的方法；迎，逆推而知。

鸿以治民[1]。顺天地之纪，幽明之占[2]，死生之说，存亡之难。
牧、常先、大鸿来治理民众。他顺应天地四季运行的规律，预测阴阳的变化，创制养生送死礼仪制度，

时播百谷草木，淳化鸟兽虫蛾[3]，旁罗日月星辰、水波、土
考究生死存亡的道理。按季节时令种植百谷草木，驯养鸟兽蚕蛾，广泛地研究日月星辰运行和水流、

石金玉[4]，劳勤心力耳目，节用水火材物。有土德之瑞，故
土石金玉的性能，勤劳辛苦用心思考，用力实行，用眼观察，用耳倾听，有节制地使用山林川泽的物产，

号黄帝[5]。
出现了象征土德的祥瑞，所以号称"黄帝"。

黄帝和两个儿子

1 举：任用。风后、力牧、常先、大鸿：都是黄帝的助手。
2 幽明之占：关于阴阳变化的预告。幽，阴；明，阳；占，依数预测，占数。
3 淳化鸟兽虫蛾：指淳厚的教化遍及各种动物昆虫。
4 旁罗日月星辰、水波、石土金玉：广泛阅历各方面的自然现象，如日月、星辰、水波、土石、金玉等，对之进行考查研究，这就是所谓的"法天则地"。旁，广泛，不限一方；罗，通"历"，阅历。
5 有土德之瑞，故号黄帝：这里是依后世五行相生之说，炎帝为火德，黄帝代炎帝，火生土，土色黄，故号黄帝。土德之瑞，象征土德的祥瑞，所谓"黄龙地见"之类。

黄帝二十五子，其得姓者十四人[1]。黄帝居轩辕之丘，而娶于西陵之女[2]，是为嫘祖。嫘祖为黄帝正妃，生二子，其后皆有天下：其一曰玄嚣，是为青阳，青阳降居江水[3]；其二曰昌意，降居若水[4]。昌意娶蜀山氏女[5]，曰昌仆，生高阳，高阳有圣德焉。黄帝崩，葬桥山。其孙，昌意之子高阳立，是为帝颛顼也[6]。

> 黄帝有二十五个儿子，他们中建立了姓氏的有十四人。黄帝居住在轩辕之丘，娶了西陵氏的女子为妻，这就是嫘祖。嫘祖是黄帝的正妃，生了两个儿子，他们的后代都掌握过整个天下。长子叫玄嚣，这就是青阳，青阳下封为诸侯，住在江水；次子叫昌意，也下封为诸侯，居住在若水。昌意娶了蜀山氏的女子为妻，她叫昌仆，生了高阳，高阳是一个很有德行的人。黄帝逝去后，安葬在桥山。黄帝的孙子，也就是昌意的儿子高阳即帝位，这就是帝颛顼。

---

1 得姓者十四人：黄帝以二十五个儿子中十四人为有德行的人，依其出生之地赐姓，故其余十一子不得姓；得姓之十四人，《索隐》记载共十二姓，即：姬、酉、祁、己、滕、葴（zhēn）、任、荀、僖、姞（jí）、儇（xuān）、衣。据后人考订，"荀"当作"荀"，"儇"当作"䡅"。

2 西陵之女：即嫘（léi）祖。西陵，古部落名。

3 降居江水：降为诸侯，住在长江边。江水，即长江，与下文"若"水相对。

4 若水：古水名，即今四川省境的雅砻江。

5 蜀山氏：居住在今四川省境内的一个部落名。

6 颛顼（zhuānxū）：高阳氏之名。

▲ 清·陈士倌《圣帝明王善端录·舜帝》

尧、舜、禹禅让

中华民族文明史的开端起自黄帝，上一篇故事已做了介绍。这里接着讲尧舜禹禅让的故事。

《史记》开篇是《五帝本纪》，记载中华文明开端时期上古五位草创国家的帝王。他们是黄帝、颛顼、帝喾、唐尧、虞舜。其实他们不过是部落首长，称他们为五帝，只是传说史影，后世儒家学者按照理想美化了的上古社会。但它曲折地反映了原始社会部落联盟时期的史影。

黄帝统一各部落，初建了国家，但还很不完善。我们不能用后世国家的观念去绳墨古代。五帝草创国家，含有很大成分的人文构想，并不是真正意义上的国家。"四圣遵序，各成法度"，颛顼、帝喾、唐尧、虞舜四帝发扬光大黄帝之德，国家制度日益完善。颛顼、帝喾两人事迹不多，是从黄帝到尧、舜之间的过渡人物。尧、舜、禹的相继禅让，历史爆发了飞跃式的发展，禅让形成了家天下的大禹王朝，中国历史进入了阶级社会。让我们来说一下尧、舜、禹是怎样禅让的。

尧、舜、禹的禅让在儒家经典中被美化成为至高无上的让德。《尚书》中有《尧典》《舜典》两篇文章，讲尧、舜的禅让及当时的民主开明制度。《礼记·礼运》又讲了尧舜时代是天下大同社会，天下的人，从领导到平民，都一心为公，称"天下为公"。人们口头常说的"天下为公"，这四个字就从《礼记·礼运》这篇文章来的。大同社会，能干的人在位，谁有才干，大家就会推他到上位替大家办事。当时社会一片和睦,人们都讲信用,人人奉献爱心,所有的老人大家供养;所有的小孩,大家共同爱护,欢乐成长;所有的成年男女都有工作,各尽其能。百货物资,人人爱惜不浪费,大家共同消费,没有人据为私有。那时没有奸诈,没有盗贼,每家每户都不用关门,整个社会太平无事,所以叫大同社会。其实这就是原始公有制社会,经过古代儒家圣哲的阐释变成了人们对理想社会的追求,成为和平民主、互爱互助的社会蓝图,激发志士仁人为改造国家而奋斗,成为精神文化遗产。这且按下不表。尧、舜、禹的禅让,就是在大同社会背景下产生的。

禅让,就是把帝位自动让出来,由大家公议的人来继承,先经过一段代理试政。摄政者办事公道,风调雨顺,没有灾害,表示得到了天命;社会成员拥护,表示得到了民心。天命民心都归服摄政的人,年老的帝王就正式交权给摄政的人,禅让完成。

尧在位七十年,得到贤人舜,由舜代理二十八年后才正式禅位,三年后尧死。

舜三十岁时被四岳推荐为尧的助手,代理行政二十八年。头二十年,尧还过问政事,舜只是执行尧的命令,后八年完全代尧行政。尧死后守丧三年,舜正式以天下一人之尊行政,三十九年死去。舜在死前按照尧的榜样,由禹摄政,最后禅位给禹。禹死后,他的儿子启继立帝位,终止了禅让,出现了家天下。

有一部出土于西晋葬墓的古书叫《竹书纪年》,是战国时魏国史官记载的另一种传说:"昔尧德衰,为舜所囚。"又说:"舜囚尧,复偃塞丹朱,使不与父相见也。"那就是说没有禅让,而是一场争夺。《史记·五帝本纪》取禅让说,但并没按儒家的禅让理想记载,仍然透露了私授天下的痕迹，十分耐人寻味。司马迁综合了各种传说，写出他的见解。《五帝本纪》说："尧知子丹朱之不肖，于是乃权授舜。"把这句翻译过来，补足语气，显然应是这样一个过程：尧衰老，想把帝位传给儿子丹朱，但经过考验，丹朱确实不成器，没有什么德才，无可奈何，只好先让舜摄政，以作权宜之计。倘如尧未曾想过传位给儿子丹朱，则"知子丹朱之不肖"又从何说起呢？尧举舜已试政二十年，经过了各种考验，但尧还不交权，只让舜摄政，舜摄政八年以后，尧崩，舜避于南河之南，要让位给丹朱，岂非舜也明明知道尧的传子心意，才做出的这种姿态吗？舜禅让时也先想到自己的儿子："舜子商均亦不肖，舜乃豫荐禹于天。"

  司马迁所描写的禅让并不是"让"，而是一场斗争。这种斗争反映了公有制的瓦解，私有制的巩固和发展。禅让是建立在原始公有制基础上的政治，世袭是建立在私有制基础上的政治。两种政治在过渡转化之际是互相交错、互相渗透的。尧、舜、禹时期正处于财产公有制向财产私有制过渡的时期，由私有制决定的私有观念必然要在人们头脑中有所反映。尧、舜、禹在禅让时都首先想到了自己的儿子是很自然的。但是尧舜时代的军事民主制阻止尧、舜传子。尧在部落联盟会议上提出要一个人去担负治水的任务，四岳、十二牧一致举荐鲧，尧不同意，但四岳坚持用鲧，先让他试职，尧不得不服从会议的决定。这说明尧并无后世天子的专断权威，因为当时的社会，当时的人们都没有这种神秘观念。天子权威是国家机器强化以后产生的观念。所以舜和禹之禅帝位是经受了长期的为民做公仆的考验才取得信任的。这说明尧、舜、禹的禅让并不是私授。

  禹的时代，私有制观念强化，国家制度日趋完善，统治者的权力增长，禹终于完成了家天下的私授，五帝时代的部落民主政治从此结束。

五帝本纪·尧、舜、禹

帝尧者，放勋[1]。其仁如天，其知如神[2]。就之如日，望之如云。富而不骄，贵而不舒。黄收纯衣[3]，彤车乘白马[4]。能明驯德[5]，以亲九族[6]。九族既睦，便章百姓[7]。百姓昭明，合和万国。

> 帝尧就是放勋。他的仁德像天一样博大，他的智慧像神一样微妙。接近他如同靠近太阳一样温暖，远望他如同云彩一样绚丽。富有而不骄纵，高贵而不怠惰。戴着黄色的帽子，穿上黑色的衣服，乘红色的车，驾白色的马。能弘扬和顺的美德，使众多的族姓和睦。众多族姓既然和睦，又明确划分百官的职责。于是百官的治绩卓著，团结和谐了天下万国诸侯。

尧曰："嗟！四岳：朕在位七十载，汝能庸命，践朕位[8]？"岳应曰："鄙德忝帝位。"尧曰："悉举贵戚及疏远隐匿

> 尧说："啊，主管四方诸侯的大臣，我在位七十年了，你们之中有能顺承天命，继承我的帝位吗？"四位大臣回答说："我等粗陋无德，会玷污帝位的。"尧说："那么你们尽力推荐，无论是显贵的亲戚，还是疏远的

---

1 帝尧者，放勋：尧为谥号，放勋是名，传说放勋是陶唐氏部落酋长，史称唐尧。
2 知：通"智"。神：玄妙莫测谓之神。
3 黄收纯衣：黄色的帽子，黑色的衣服。收，冠名。纯，即"缁"，黑色，说明其服饰朴实无华。
4 彤车乘白马：红色的车驾以白马。
5 能明驯德：能够倡明和顺之德。驯同"顺"，和顺。
6 亲九族：使众多族姓皆相亲爱。九，泛指最大数。
7 便章百姓：辨别彰明百官的治绩。便，通"辨"，判别。章，彰明。百姓，百官族姓。
8 汝能庸命，践朕位：你等之中有能顺承天命，继我而居此帝位的人吗？庸，用，顺承。

人们向尧推荐舜

者。"众皆言于尧曰:"有矜[1]在民间,曰虞舜。"尧曰:"然,朕
隐居人士。"众臣同声向尧推荐,说:"有一个光棍汉在民间叫虞舜。"尧说:"不错,我也听说过,到底怎么样?"

闻之,其何如?"岳曰:"盲者子。父顽,母嚚,弟傲,能和
众臣又说:"他是一个盲人的儿子,父亲顽固,母亲愚昧,弟弟傲慢,然而舜能以孝道协调了这个家庭,和和睦

以孝,烝烝治,不至奸。[2]"尧曰:"吾其试哉。"于是尧妻之二
睦,也能上进,没出乱子。"说:"让我来试试看。"于是尧把两个女儿嫁给了舜做妻子,用以考察舜怎样治家。

女[3],观其德于二女。舜饬下二女于妫汭,如妇礼[4],尧善之,乃
舜让尧的两个女儿住到妫汭的家中去侍奉公婆,和一般的媳妇一样谨守规矩,尧非常满意。尧又使舜尽心地宣

1　矜(guān):通"鳏",单身汉。
2　"父顽"句:谓舜的父亲顽冥不化,母亲愚昧无知,弟弟傲慢,然而舜始终坚持以孝道求得家庭和睦,不至于出乱子。嚚(yín),愚昧;烝烝,和睦上进的样子。
3　妻之二女:尧把两个女儿,娥皇和女英嫁给舜为妻。妻,动词。
4　舜饬下二女于妫(guī)汭(ruì),如妇礼:舜令尧之二女到妫汭家中去侍奉公婆,完全依照媳妇的规矩行事。妫汭,指妫水隈曲之处,妫水源出山西永济市境之历山,注入黄河。

使舜慎和五典[1]，五典能从。及遍入百官，百官时序[2]。宾于四
> 扬父义、母慈、兄友、弟恭、子孝的五种伦理道德，五种伦理都能得到百姓的遵从。又使舜担任各种公职，各

门[3]，四门穆穆，诸侯远方宾客皆敬。尧使舜入山林川泽，暴
> 种公职都按时处理得井然有序。又使舜在国都四门接待宾客，四门的宾客一片和睦，从各地诸侯远道而来的宾

风雷雨，舜行不迷[4]。尧以为圣，召舜曰："女谋事至而言可
> 客都肃然起敬。尧使舜进入深山川泽，碰上暴风雷雨，舜行走不迷失方向。尧认为舜是一个贤能的人，召见舜说：

绩[5]，三年矣。女登帝位。"舜让于德不怿[6]。正月上日[7]，舜受终
> "你做事计划周密，你说的都能兑现有效果，已经三年了。你来登帝位。"舜谦让，总认为自己德行还不够登帝

于文祖。文祖者，尧大祖也[8]。
> 位，心里悬揣千斤，甚感不安。正月初一，舜在文祖庙庄严地接受了尧的禅让帝位。文祖庙，就是尧的太庙。

尧立七十年得舜，二十年而老，令舜摄行天子之政，荐之
> 尧在位七十年得到了舜，又过了二十年告老退位，命舜代行天子的政令，推荐给上天。

于天。尧辟位凡二十八年而崩[9]。百姓悲哀，如丧父母。三年，
> 尧从帝位上退下来又过了二十八年寿终。百姓十分悲伤，就像死了父母一样。三年之内，天

四方莫举乐，以思尧。
> 下不奏乐，以表示对尧的怀念。

1　慎和五典：尽心地宣扬五种伦理。慎，审慎，尽心；和，协调，宣扬；五典，五教，五种伦理道德，即父义、母慈、兄友、弟恭、子孝。
2　时序：按时走上正轨。序，条理，秩序。
3　宾于四门：在四门迎接来朝的宾客。宾，接待；四门，代指四方之门。
4　舜行不迷：谓舜涉足于深山老林，又遇暴风骤雨，却不迷路。
5　女谋事至而言可绩：你谋划事情详尽周到，言议都可见效果。女，通"汝"，你；至，极，周到；绩，功效。
6　舜让于德不怿：舜谦让地认为自己德行不够，对尧禅位自己心里总感到不安。怿，稳妥。
7　正月上日：正月初一。
8　大祖：即太祖。
9　辟位：即避位，让出政权。

尧知子丹朱之不肖，不足授天下，于是乃权授舜[1]。授舜，
_{尧知道自己的儿子丹朱不贤，不能把天下传给他，于是一反常道，传给了舜。把天下传给舜，那}
则天下得其利而丹朱病；授丹朱，则天下病而丹朱得其利。
_{么全天下的人都可以得到好处，只有丹朱一个人痛苦；把天下传给丹朱，那么全天下的人都痛苦，只有}
尧曰："终不以天下之病而利一人。"而卒授舜以天下。尧崩，
_{丹朱一个人得到好处。尧说："总不能让全天下的人痛苦而使一个人快活。"终于把天下传给了舜。尧}
三年之丧毕，舜让辟丹朱于南河之南[2]。诸侯朝觐者不之丹朱而
_{去世以后，三年的丧期已满，舜为了让位给丹朱，自己躲到南河以南的荒僻地方。诸侯朝见天子的人，}
之舜，狱讼者不之丹朱而之舜，讴歌者不讴歌丹朱而讴歌舜。
_{不去朝见丹朱而去朝舜；打官司的人，不去找丹朱而去找舜；歌颂政德的人，不歌颂丹朱而歌颂舜。}
舜曰："天也！"夫而后之中国践天子位焉[3]，是为帝舜。
_{舜说："这是天意啊！"他这才回到都城正式登上天子之位，这就是帝舜。}

虞舜者，名曰重华[4]。……舜父瞽叟盲[5]，而舜母死，
_{虞舜这人，名叫重华。……舜的父亲叫瞽叟，是个盲人，舜的母亲死后，瞽叟娶了一个后}
瞽叟更娶妻而生象，象傲。瞽叟爱后妻子，常欲杀舜，
_{妻生了儿子名叫象。象狂傲骄横。瞽叟偏爱后妻生的象，时常想杀死舜，舜每次都避开了。等到}
舜避逃；及有小过，则受罪。顺事父及后母与弟，日以
_{有小的过失，舜不逃避而接受责罚。舜以恭顺的态度对待父亲、后母和弟弟，一天比一天诚笃小心，}

---

1 乃权授舜：才改变常规，把帝位让于舜。权，从权应变。
2 舜让辟丹朱于南河之南：舜让帝位给丹朱，自己躲避到南河以南荒僻的地方去。辟，同"避"。南河，黄河自潼关以下东流的一段为南河。
3 夫：古音同"彼"，借作第三人称代词，他。中国：即国中，实指国都。
4 重华：舜的号名，传说舜眼有重瞳，故号重华。
5 瞽（gǔ）叟：舜父的诨号。瞽，瞎眼。

笃谨，匪有解[1]。
从不懈怠。

舜年二十以孝闻。三十而帝尧问可用者，四岳咸荐虞舜，
舜二十岁就有孝子的名声。他三十岁时碰上尧找继承人，四岳一致推荐了他，说他可以继承
曰可。于是尧乃以二女妻舜以观其内，使九男与处以观其外[2]。
帝位。这样，尧把两个女儿嫁给舜，观察他怎样治家；又让九个儿子与舜共处，观察他怎样处世。舜
舜居妫汭，内行弥谨。尧二女不敢以贵骄事舜亲戚[3]，甚有妇
住在妫水湾里，居家行为十分谨慎。尧的两个女儿不敢以出身高贵而骄傲，非常小心，事奉公婆兄弟，
道。尧九男皆益笃。舜耕历山[4]，历山之人皆让畔；渔雷泽[5]，雷
能遵守为妇之道。尧的九个儿子也更加亲爱。舜在历山耕种，历山的人们不争田界；舜在雷泽捕鱼，
泽上人皆让居；陶河滨[6]，河滨器皆不苦窳[7]。一年而所居成聚[8]，
雷泽的人都让出自己的住所；舜在黄河岸边制作陶器，黄河沿岸生产的陶器没有伪劣品。舜居住的地方，
二年成邑，三年成都。尧乃赐舜絺衣[9]，与琴，为筑仓廪，予牛
一年后成了村落，两年后成了城邑，三年后成了都市。尧于是赏赐给舜细葛布衣、乐琴，又替舜修建
羊。瞽叟尚复欲杀之，使舜上涂廪，瞽叟从下纵火焚廪。舜
了仓库，送给牛和羊。瞽叟还想杀害舜。瞽叟让舜到粮仓顶上涂泥，瞽叟从下放火烧粮仓，舜利用两

---

1 解：通"懈"，懈怠。
2 使九男与处以观其外：让九个儿子与舜相处以观察其处理家庭之外事务的能力。
3 亲戚：指公婆兄弟。
4 历山：山名，又名雷首山，在山西永济市。
5 雷泽：又名雷水，在今山西永济市南。
6 陶河滨：在黄河之滨制作陶器。陶，用如动词，指制作陶器。
7 苦（gǔ）窳（yǔ）：粗劣。
8 一年而所居成聚：经过一年，所居住的地方就成了村落。说明人们都愿意和舜生活在一起。下二句"成邑""成都"意同，邑大于村落，都大于邑。
9 絺（chī）衣：细葛布做的衣服。

乃以两笠自扞而下，去，得不死。后瞽叟又使舜穿井，舜穿
个斗笠护持身体，像鸟张开两翼一样跳下地面，逃离火场，得以不死。后来瞽叟又让舜去挖井，舜

井为匿空旁出[1]。舜既入深，瞽叟与象共下土实井，舜从匿空
挖井到一定深度就在井壁上打了一个逃身的支洞。舜继续挖，已经很深，这时瞽叟与象一起向井里倒

出，去。瞽叟、象喜，以舜为已死。象曰："本谋者象[2]。"象
土石填井，舜就从井壁支洞逃出，走了。瞽叟和象非常高兴，以为舜已经死了。象说："主谋是我啊。"

与其父母分，于是曰："舜妻尧二女，与琴，象取之；牛羊仓
象与父母瓜分舜的财物，象说："舜的妻子尧的两个女儿，以及琴，归我了；牛羊和仓库给父母。"

廪予父母。"象乃止舜宫居[3]，鼓其琴。舜往见之。象鄂不怿[4]，
象于是到舜的宫室，弹起琴来。这时舜回来看到了这个场面。象惊愕而感到很不自在，十分尴尬地说：

曰："我思舜正郁陶[5]！"舜曰："然，尔其庶[6]矣！"舜复事瞽
"我想念哥哥舜，正难过呢。"舜说："这就好，你像一个好弟弟了。"舜仍然孝顺瞽叟，友爱弟弟，

叟，爱弟弥谨。于是尧乃试舜五典百官，皆治。
更加小心认真。这时候，尧又让舜轮流职任五种伦常的官，结果都非常称职。

舜年二十以孝闻，年三十尧举之，年五十摄行天子事，年
总起来说，舜二十岁时以孝成名，三十岁时得到尧的举用，五十岁时代理天子之事，

五十八尧崩，年六十一代尧践帝位。践帝位三十九年，南巡
五十八岁时帝尧逝世，六十一岁时正式继承尧的帝位。舜登帝位三十九年，到南方巡视，死在

---

1 穿井：打井。为匿空旁出：在井壁上打了一个藏匿身体的支洞，并与邻井相通。
2 本谋者象：主谋者是我啊！意谓象声言自己是主谋，应该多分占一些东西。
3 止舜宫居：到舜的宫室去居住。止，至，临。
4 鄂不怿：指象看见舜还活着，十分意外，先是惊愕，后又很不自在。鄂，通"愕"。
5 我思舜正郁陶：指象十分尴尬，只好说："我哀念舜，正在难过呢！"郁陶，忧伤的样子。
6 庶：庶几，接近。

狩,崩于苍梧之野[1]。葬于江南九疑,是为零陵[2]。

苍梧的原野。舜被安葬在江南的九嶷山,这就是零陵。

舜之践帝位,载天子旗,往朝父瞽叟,夔夔[3]唯谨,如子

舜登上帝位之后,车上建有天子之旗,前往朝见父亲瞽叟,一副恭敬孝顺的样子,尽人

道。封弟象为诸侯[4]。

子之道。封弟象为诸侯。

舜借助斗笠从屋顶飞下来

---

1 苍梧:地名,其外有九嶷山,在今湖南省宁远县境。
2 零陵:即今湖南省宁远县之舜陵。
3 夔夔:恭敬孝顺的样子。
4 封弟象为诸侯:其封地在有庳(bí),亦作鼻墟、鼻亭,地在今湖南省道县北。

舜子商均亦不肖，舜乃豫荐禹于天，十七年而崩。三年
　　舜的儿子商均也不贤，舜效法尧早早把禹推荐给上天，过了十七年去世。三年丧满以后，禹
丧毕，禹亦乃让舜子，如舜让尧子。诸侯归之，然后禹践天
也让位给舜的儿子，就像舜让位给尧的儿子一样。诸侯都归附于禹，然后禹才登上天子之位。尧的
子位。尧子丹朱，舜子商均，皆有疆土[1]，以奉先祀。服其服，
儿子丹朱，舜的儿子商均，都有封土，用以祭祀祖先。丹朱和商均都穿上天子等级的衣服，礼乐规
礼乐如之[2]。以客见天子，天子弗臣，示不敢专也。
格也都和天子一样。舜和禹见丹朱和商均，尊为贵宾，不把他们当作臣属，表示不敢专有天下。

---

1 皆有疆土：丹朱于唐，故地在今河南省淅川县东北；商均封于虞，故址在今河南省虞城县西南三里。
2 礼乐如之：礼乐规格（生活待遇）都和尧、舜一样。

清·谢遂《仿唐人大禹治水图》

大禹巧治黄河水

黄河是中华民族的摇篮,但它也给人们带来了水患,历史上它曾多次决口横流,泛滥成灾。提起黄河水祸,人们就不寒而栗。历代王朝在治水上所耗费的人力、物力之大,亦莫过于治河。征服自然,变害为利,是勤劳勇敢的中华民族的悠久传统。早在唐虞时代,我们的祖先就以勤劳的双手和无穷的智慧治理黄河,兴修水利,发展生产。大禹就是一个当时治水的英雄。当然大禹是传说的历史人物,是我们中华民族祖先集体智慧的象征。因而他的功绩、才智,代代流传,家喻户晓,是中华民族精神文明的宝贵遗产。

大禹,姓姒,名文命,又称夏禹、戎禹、鲧的儿子。禹部落生活在黄河之南,以农业发达著称,必然要与黄河水患作斗争。禹的父亲鲧,因为治水方法不当,用堵塞的办法造成了更大的水患,被舜处了死刑。禹继承父志,改用疏导的办法,治水成功。父子两代治水的不同效果,正是人与自然作斗争,不断总结经验,不断开发智慧的过程和结果。

大禹勇敢有智慧,任何困难和挫折都不能使他低头。他治水考虑周密,方法正确,表现了他的超人智慧。总起来说,大禹治水,分三个步骤,每一个步骤,他都克服了困难,充满了智慧之光。

第一步,调查研究,摸清情况。如何疏导洪水?大禹和他的同伴在茫茫水泽中发明了指南针指示方向,长途跋涉,走遍了黄河流域。当时遍地洪水，行路十分不便，禹便发明了各种各样的交通工具。陆上行走乘车子，水上行走坐木船，泥滩上行走乘橇车。橇车像畚箕的样子，用木板做成，两头微微翘起，人坐在橇里，一只脚微微弯曲踏在橇外泥滩上，用力蹬地，乘泥沙滑行，速度很快。这种交通工具至今在江浙乡村沙滩上还能看到。山上行走便坐轿子。这种轿子极其简单，用三块木板挂在两根长竹竿上，中间一块木板坐人，左边一块搁脚、右边一块作靠背，山再陡，也能抬过去。冬天，北风凛冽，天寒地冻，禹的两脚冻裂，鲜血淋漓，他仍咬紧牙关，测量地势；夏天，赤日炎炎，如火如燎，他两脚起泡，便用泥土涂抹，继续踏勘水势。小腿上的毛脱落得光光，身子累得疲劳不堪。但为了早日治好洪水，他顾不得坐一坐，歇一歇，抓紧时间工作。有一次，他考察经过涂山，路过自己的家门口听到小孩子的哭声，隐隐约约听到妻子在哄着孩子。"乖孩子，不要哭，你爸爸治水去了，一去三年，没有回家来看看宝宝。"禹听了心中非常辛酸，只要跨前一步，一抬腿，就可跨进家门，看到婚后三天就离开的爱妻和没有见过面的孩子。他的同伴都劝他回家看一看再走。但禹为了治水，让天下早日脱离水患之苦，他心一横，大步流星离开家门。这样的情况在禹治水的十三年中一共有三次。"三过家门而不入"，历史上传为美谈。这是一种公而忘私的崇高精神。禹经过长期的调查考察，发现我国的地势西北高、东南低，要治平洪水，一定要根据地形，因势利导，把洪水疏导到海里去。

第二步，凿开龙门，导河入海。大禹经过调查研究，掌握了黄河流向的第一手资料。他看到甘肃兰州西南的小积石山，是黄河的一个河源，让那里的水顺东北流下，经过灵州、胜州，让河水由北向南流动。然后凿开龙门山，让河水进入河南平缓地带，使之在下游分流，一支从山东博兴附

車

舟

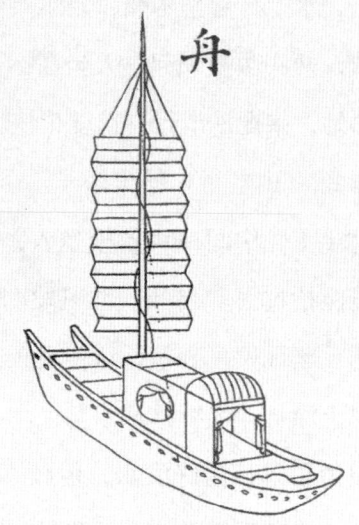

陸行乘車

水行乘舟

樏

輴

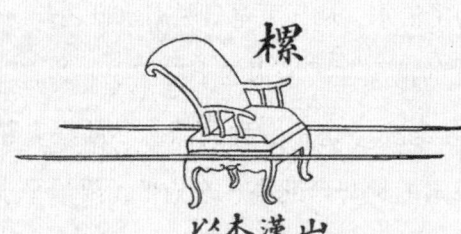

山行乘樏史記作橋
漢書作梮韋昭曰梮
木器如今轝牀人舉
以行也

泥行乘輴史記作橇
張守節云橇形如船
而小兩頭微起人曲
一腳泥上擿進用拾
泥上之物

▲ 大禹发明各种交通工具（清·孙家鼐《钦定书经图说》）

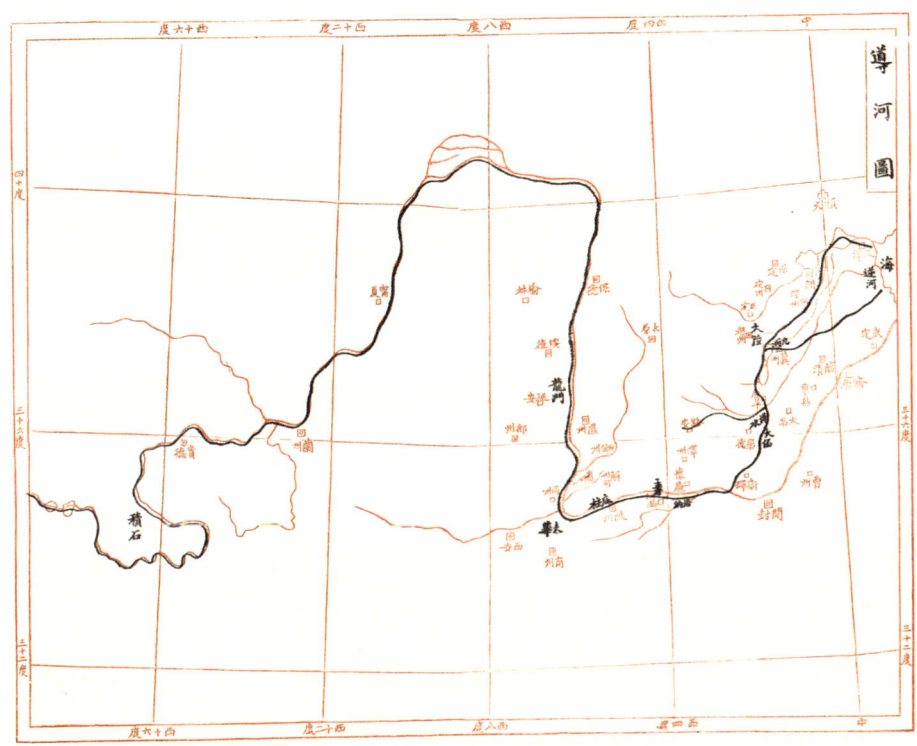

▲ 大禹疏导黄河图（清·孙家鼐《钦定书经图说》）

近的清河入海；另一支从河南的浚县西南经山东范县、临邑、滨县等地入海。这样黄河的主干河道便疏通了。

而要完成疏通黄河主干河道的关键工程，则是凿开龙门山。龙门山在同州韩城北五十里，形势十分险峻。重岩叠嶂，像一座石壁屏风挡住黄河去路，河水无处宣泄，便在黄河上游泛滥成灾。只有凿开龙门山，才能把上游积水向下游疏导。所以大禹集中全部力量，投入到凿开龙门山的战斗中去。那么如何凿开龙门山呢？在当时只有石斧、石刀、石棍等简单的生产工具，要凿开万丈高山其艰难程度可想而知。大禹便召集契、稷、皋陶以及治河工匠一起商议，大家想出了两个方法。一个是"夹击凿山法"，一个是"束水冲山法"。夹击凿山法就是把凿山的人分成两半，一半在西面，从西向东开凿；一半在东面，从东向西开凿。开凿时顺着岩石的脉络、走向，利用风化侵蚀作用，缓缓地将岩石凿松。"束水冲山法"，就是在龙门山上游砌造堤坝，将水位提高，等开挖大军将岩石开凿松动后，利用湍急的河水冲开龙门山。大禹和工匠团结一心，叮叮当当，夜以继日凿山不止，经过几年的努力，滴水穿石，东西两支凿山大军终于把山上的岩石凿得松动了。在这样的情况下，大禹启用"束水冲山法"。他一声令下，治河群众迅速将堤坝挖开，湍急的河水奔腾而出，咆哮着以雷霆万钧之力向龙门山冲去，只听到轰隆一声，好像天崩地裂，终于将龙门山冲开一个百米左右的豁口，滚滚河水，一泻千里，向河南省流去。"成功了！"人们噙着热泪，欢呼着、跳跃着，欢呼声和流水声交织成一支雄壮的胜利交响曲。这是一个多么伟大的工程啊！现在我们到龙门山去看一看，还可以看到大禹开凿龙门山的遗迹。现在的龙门，两岸连山，层峦叠嶂，石壁万仞，黑幽幽地环抱着龙门口。龙门口宽约百米，与李奇所说"禹凿通河水处，广八十步"相一致。现在河上既架设着通行人车辆的铁索桥，又有通火车的铁路桥，已是天险变通途了。

第三步疏通黄河水系。大禹疏通黄河干流，只完成治理洪水的主干工作，为了整治黄河，他还把黄河支流上的山山水水加以疏理。在冀州，他治理慈州壶口山、左冯翊的梁山、右扶风的岐山，引清漳水出上党至阜城县进入黄河，引浊漳水出上党长子县，东到邺郡进入清漳水，一起流入黄河。他引恒山的恒水、灵寿的卫水，以及巨鹿县大陆泽水进入黄河，然后通过碣石山导之入海。在山东，他疏导汶水流入济水，又导济水、漯河流入黄河。在徐州，他导淮河、沂水、泗水流入黄河。在豫州，他导伊水、洛水、涧水进入黄河。总之，把黄河支流逐一疏通，使黄河形成一个畅通的水系网络。

大禹与契、稷、皋陶以及劳动人民，经过十三年的英勇搏斗，终于治平了洪水。在此基础上他划分全国为九州，根据不同土地条件和自然资源，制定了贡赋标准，使人民群众安居乐业，促进了生产力的极大发展。由于禹建立了不朽的功勋，舜便指定他为自己的接班人。十七年后，舜禅位给禹，为天子。禹历尽艰辛，运用自己的智慧和才能治平洪水，造福人类，他受到历代人崇高的赞扬。

夏本纪

夏禹，名曰文命[1]。禹之父曰鲧，鲧之父曰帝颛顼，颛顼之
_{夏禹名叫文命。禹的父亲叫鲧，鲧的父亲是颛顼帝，颛顼帝的父亲叫昌意，昌意的}

父曰昌意，昌意之父曰黄帝。禹者，黄帝之玄孙而帝颛顼之
_{父亲是黄帝。夏禹是黄帝的玄孙，是颛顼帝的孙子。禹的曾祖父昌意和父亲鲧都没能登上}

孙也。禹之曾大父昌意及父鲧皆不得在帝位，为人臣。
_{帝位，给别人当臣子。}

当帝尧之时，洪水滔天，浩浩怀山襄陵，下民其忧。尧
_{当尧在帝位的时候，洪水滔天，浩浩荡荡，包围山岭，淹没上高地，平民百姓万}

求能治水者，群臣四岳皆曰鲧可。尧曰："鲧为人负命毁族，
_{分忧虑。尧访求能够治理洪水的人，四岳群臣都说鲧能干。尧说："鲧为人不听命令，}

不可。"四岳曰："等之未有贤于鲧者，愿帝试之。"于是尧听
_{败毁族类，不可。"四岳说："同等的人中没有比鲧更好的了，希望您试用他。"这样，}

四岳，用鲧治水。九年而水不息，功用不成，于是帝尧乃求
_{尧听了四岳的意见，任用鲧治理洪水。过了九年，洪水仍旧泛滥不停，没有成功，只好}

人，更得舜。舜登用[2]，摄行天子之政，巡狩。行视鲧之治水
_{另外找人，得到了舜。舜被任用代行天子的政事，在各地巡察，看到鲧治理洪水没有成功，}

---

1 夏：禹所封地，在今河南禹县。文命：司马迁以禹为谥，文命为名，因夏代无谥，禹亦是名。
2 登用：提升，重用。

无状，乃殛鲧于羽山以死[1]。天下皆以舜之诛为是。于是舜举鲧
就把鲧流放到了羽山，直到死去。天下的人都认为舜惩罚得很对。这时推荐鲧的儿子禹，

子禹，而使续鲧之业。
叫他继续完成鲧治水的事业。

尧崩，帝舜问四岳曰："有能成美尧之事者使居官？"皆
尧逝世后，舜帝问四岳道："有谁能光大尧的事业，可任他官职呢？"都说："伯

曰："伯禹为司空，可成美尧之功。"舜曰："嗟，然！"命禹：
禹担任司空，可以光大尧的事业。"舜说："啊，很好。"就命令禹说："你平治水

"女平水土，维是勉之。"禹拜稽首，让于契、后稷、皋陶。
土，努力办好这件事啊。"禹跪拜叩头，推让给契、后稷、皋陶。舜说："你快去上

舜曰："女其往视尔事矣。"
任办事吧！"

禹乃遂与益、后稷奉帝命，命诸侯百姓兴人徒以傅
禹于是和益、后稷遵从舜帝的命令，指挥诸侯、百官和民众来治理土地。穿山越岭，勘测路

土[2]，行山表木[3]，定高山大川[4]。禹伤先人父鲧功之不成受
线，树立木桩做标志，给高山大川定下名称。禹悲痛父亲鲧治水失败受到诛杀的教训，就苦思冥想，

诛，乃劳身焦思，居外十三年，过家门不敢入。薄衣食，
辛勤劳作，在外面奔波十三年，路过家门口都不敢进门探看。节衣缩食，孝敬鬼神，居于陋室，尽心

致孝于鬼神；卑宫室，致费于沟淢。[5] 陆行乘车，水行乘
尽力，省出财力，用于治水。陆行乘车，水行乘船，在泥沼里来往坐橇，穿着有木齿的鞋爬山。他左

---

1 殛：流放。
2 兴人徒：动员大批人力劳作。傅土：划分施工的地域。
3 行山表木：循山勘测线路，立木以为表记。
4 定：指命名。
5 "薄衣食"句：指禹节衣缩食而尽力孝敬鬼神，居处简陋而把财力全用于开沟挖渠的水利上。沟淢：渠道深广四尺叫沟，深广八尺叫淢。淢，通"洫"。

大禹三过家门而不入

船，泥行乘橇[1]，山行乘桥[2]。左准绳，右规矩[3]，载四时[4]，以
手拿着准绳，右手拿着规矩，一年四季操劳不违农村，终于开辟了九州的土地，疏通了九条河流，

开九州，通九道，陂九泽，度九山。令益予众庶稻，可
筑堤修治了九个大湖，凿通了九座大山。他命令益发给民众稻种，可以在低湿的地方种植。命令后

种卑湿。命后稷予众庶难得之食[5]。食少，调有余相给，以
稷给民众难得的五谷。粮食匮乏的地方，就从有余粮的地方调剂借给，使各诸侯大体均衡。禹又巡行，

均诸侯。禹乃行相地宜所有以贡[6]，及山川之便利。
根据各地所适宜和生产的物品来规定贡物的品类和多寡，还考虑到各地的交通便利。

---

1 橇（qiāo）：行于冰雪或泥路上的滑行工具。
2 桥（jǔ）：鞋底下有木齿的登山鞋。
3 左准绳，右规矩：随身带着测量工具。
4 载四时：四季工作不违时宜。
5 难得之食：指五谷。古代农作单一，后稷推广五谷，故称难得。
6 相：考察。

道九山[1]：汧及岐至于荆山[2]，逾于河；壶口、雷首至于太岳；

> 禹开通了九条山脉，交通大道从汧山、径岐山，直达荆山，越过了黄河；又连通了壶口山

砥柱、析城至于王屋[3]；太行、常山至于碣石[4]，入于海；西倾朱

> 与雷首山，直通太岳山；连接砥柱山和析城山，到达王屋山；又开通了太行山、常山，直到碣石山，

圉、鸟鼠至于太华[5]；熊耳、外方、桐柏至于负尾[6]；道嶓冢，至

> 通往大海；连通朱圉山、西倾山和鸟鼠同穴山与太华山；还有熊耳山、外方山、桐柏山与负尾山也

于荆山；内方至于大别；汶山之阳至衡山，过九江[7]，至于敷浅

> 连通起来；又开通嶓冢山直达荆山；内方山与大别山相通；汶山之南的大道走向衡山，越过九江到

原[8]。

> 达敷浅原。

道九川[9]：弱水至于合黎[10]，余波入于流沙[11]。道黑水[12]。至

> 疏通了九条河流：弱水引入合黎，余波流入流沙河。引黑水到达三危地区，流

---

1. 九山：指汧山、壶口、砥柱、太行、西倾、熊耳、嶓冢、内方、岷山。
2. 汧：山名，在今陕西省陇县南七十里。荆山：此指陕西省富平县之荆山。
3. 砥柱：山名，在河南省三门峡市陕州区东北黄河中流。砥柱将奔腾东下的河水劈成三股激流，故又称"三门峡"。析城：山名，在今山西省阳城县西南七十里。王屋：山名，在山西省垣曲县。
4. 太行：山名，横跨河南、山西、河北的大山。常山：即恒山，主峰在今河北省曲阳县西北。
5. 朱圉：山名，在今甘肃甘谷县南。太华：即陕西华阴市境之华山。
6. 熊耳、外方、桐柏、负尾：均山名。此熊耳山在今河南省卢氏县（非指湖南省益阳市之熊耳山）；外方山在今河南省登封市北，即中岳嵩山；桐柏山在今河南省桐柏县北；负尾山在今山东省泗水县东五十里。
7. 九江：指沅、渐、元、辰、叙、酉、澧、资、湘。
8. 敷浅原：山名，即今江西之庐山。
9. 九川：指弱水、黑水、黄河、漾水江（汉水）、长江、沇水（济水）、淮水、渭水、洛水。
10. 合黎：山名，在今甘肃省张掖、酒泉等市北。
11. 流沙：即沙漠，此指内蒙古自治区额济纳旗之居延海。
12. 黑水：此指云南省之澜沧江。

清·陈士倌《圣帝明王善端录·夏后禹》

于三危[1]，入于南海。道河积石，至于龙门，南至华阴，东
_{进南海。疏通黄河河道，从积石流入龙门，南流至华山北面，东流到砥柱山，又向东}

至砥柱，又东至于盟津[2]，东过雒汭，至于大邳[3]，北过降水[4]，
_{流到孟津，东流经过洛河河湾到达大邳，向北经过降水到达大陆泽，向北分岔为九}

至于大陆，北播为九河[5]，同为逆河[6]，入于海。嶓冢道漾[7]，
_{条河，再次合流归入大海。从嶓冢山疏通漾水，东流成为汉水，又向东称为沧浪水，}

东流为汉，又东为苍浪之水[8]，过三澨[9]，入于大别，南入于
_{经过三澨流经大别山，向南流入长江。东边汇合彭蠡泽，东流称为北江，流进大海。}

江，东汇泽为彭蠡[10]，东为北江[11]，入于海。汶山道江，东别
_{从汶山开始疏导长江，向东分出支流为沱江。再向东到达醴水。经过九江到达东陵。}

为沱，又东至于醴[12]，过九江，至于东陵[13]，东迤北会于汇[14]，
_{向东的支流在北面与彭蠡泽水汇合，继续向东就是中江，最后流入大海。疏导汶水}

---

1 三危：此指云南省云龙县西之三崇山，又名三危山（非指甘肃敦煌之三危山），澜沧江流经其山麓，有黑水祠。
2 盟津：河津名，在今河南孟州市境。
3 大邳：山名，在今河南浚县东南。
4 降水：即绛水，源出今山西屯留县内漳水之上游。
5 九河：指黄河在冀州分开的若干支流的总称。
6 逆河：分岔的黄河支流，到河北沧县以东又合为一大河，称逆河。
7 漾：汉水上游称漾水。
8 苍浪：又作"沧浪"，汉水在今湖北均县的一段称苍浪水，因水中有苍浪洲而得名。
9 三澨：又名三参水，源出湖北京山县，东流至汉川市入汉水。
10 汇：回复宛转。彭蠡：泽名，即今江西鄱阳湖。
11 北江：长江从彭蠡分三道入震泽（太湖），故有北江、中江、南江之称。
12 醴：通"澧"，即今湖北入洞庭湖之澧水。
13 东陵：即巴陵，今湖南省岳阳市。
14 东迤北会于汇：再往东又斜流往北汇入鄱阳湖。迤，斜流。

东为中江，入于海。道沇水[1]，东为济，入于河，泆为荥[2]，

向东为济水，注入黄河，溢为荥泽，东流经过陶北面，继续向东到达汇泽，向东北

东出陶丘北[3]，又东至于荷，又东北会于汶，又东北入于海。

经荷入汶水，再次东北流向大海。疏导淮河从桐柏山开始，向东与泗水、沂水汇合，

道淮自桐柏，东会于泗、沂，东入于海。道渭自鸟鼠同穴，

向东流入大海。疏导渭河从鸟鼠同穴处开始，向东汇合沣水，又向东北会合泾水东

东会于沣，又东北至于泾，东过漆、沮，入于河。道雒自

流经过漆水、沮水流入黄河；疏导洛水从熊耳山开始，东北会同涧水、瀍水，又东流

熊耳，东北会于涧、瀍，又东会于伊，东北入于河。

汇合伊水，向东北流入黄河。

于是九州攸同，四奥既居[4]，九山刊旅[5]，九川涤原，九泽既

这时，九州统一，四境之内都可安居，九大山脉已开通治理，九条河道疏通了源头，九

陂，四海会同[6]。

个大湖已经筑起了堤防，四海之内归服一统。

东渐于海，西被于流沙，朔、南暨[7]：声教讫于四海。于

禹的国土范围，东边临近大海，西边伸展到大沙漠，北方与南方都蒙受声威教化。禹的

是帝锡禹玄圭[8]，以告成功于天下。天下于是太平治。

功劳遍及全国。于是舜赐给禹黑色的玉圭，向天下宣告治水成功。天下太平，政治修明。

---

1 沇水：济水上流称沇水。
2 泆：泛滥。
3 陶丘：丘名，在今山东省菏泽市定陶区西南。
4 四奥：四方之内。
5 刊旅：削木为记，以利通行。
6 会同：诸侯集会，单独会见叫会，多数人会见叫同。
7 朔、南：北方与南方。
8 帝：指帝舜。锡：颁赐。

▲ 清·陈士倌《圣帝明王善端录·商汤王》

商汤王德及鸟兽

商汤王是商朝的开国之君,夏桀王是夏朝的亡国之主。这对一盛一衰的君主是中国历史上有名的开国之君与亡国之主。商汤励精图治而兴邦,夏桀王荒淫暴虐而亡国,成为后世人们一正一反的历史经验教训。

商汤捕鸟网开一面

商汤王与尧、舜、禹、周文王、周武王并列,人们称赞他们为圣王。夏桀王与后来的商纣王、周厉王、周幽王等为伍,是著名的暴虐之君,也是亡国君王的代名词。成语有"殷鉴不远,在夏后之世",说的就是夏桀王与商纣王这两个暴君和亡国之主。成语又有"助桀为虐""桀犬吠尧""桀纣之主",就是从夏、商两个亡国之主的历史演化出来的。纣王的故事,下一篇就要讲到。这里讲汤王灭夏。

商朝远古的始祖名叫契,传说契的母亲简狄因吞下燕卵生下了他。契长大后帮助禹治水有功,被舜任命为司徒,掌管教化,封地在商,今河南商丘,这就是商朝的发祥地,也是族名国名的来历。契传了十四代到了汤。汤又称成汤、天乙、大乙、高祖乙。成汤身高九尺,合今1.98米,是个大高个子,英俊魁伟,仪表堂堂,才干出众。这时商族已经从氏族社会过渡到奴隶社会,农业、手工业都很发达,是夏王的属国。有一次,成汤冒犯了桀王,被囚禁在夏台,差点被杀,很久才被释放。

成汤经过这次磨难,心智变得更加成熟,行事也很有韬略。为争取人心,他时刻注意自己的言行。有一天他到野外散步,看到有人四面张起网来捕鸟兽,还祷告说,从天上下来的,从四面八方来的,所有的鸟兽统统进入网内。成汤听了十分感叹:"不能竭泽而渔啊!哪能把鸟兽都打光啊!"于是成汤也张了网,他去掉三面,只张了一面的网,也祷告说:"想往左跑的,就往左飞;想往右跑的,就往右飞;不听话的,就向网里钻吧。"四方诸侯听了,大为震动,一传十,十传百,纷纷议论说:"成汤的恩德到了顶点了,鸟兽都蒙受恩德,我们去投奔他吧!"成汤的势力日益壮大。

成汤喜欢听人提意见,他鼓励大家说:"用水可以照人的影子,听了人民的反响，才知道治理得是好还是坏。"成汤的辅佐伊尹听了非常高兴。他说："圣明啊，我们的汤王。善于听意见的人才能进步，治理国家，要爱民如子，才能选拔好人当官。要努力再努力，坚持不断。"汤王牢记在心。

再来说一说夏桀王。传说他是个美男子，力大无比，为百人之敌，却长着一颗虎狼之心。有一年，他讨伐有施氏，有施氏投其所好，把美貌妇人妺喜献给他，桀王喜笑颜开，整日淫乐，不理朝政，让那奸邪小人把持政权。关龙逄等几个大臣劝说，桀王听不进去，反而怒杀关龙逄等人，这下没有人敢说话了。桀王很高兴，自比为太阳，老百姓却咒骂说："桀王这太阳什么时候完蛋，我们宁愿一同灭亡。"到这份上，桀王不灭，才是怪事。

成汤见桀王如此昏庸残暴，打算兴兵推翻他，深谋远虑的伊尹对汤王说："讨伐夏桀，是否到了火候，我们不敢轻举妄动，暂且不进贡来试探一下，看看天下的反应。"成汤接受意见照办，桀王见成汤不进贡，勃然大怒，下令全国总动员征伐成汤。各属国心里痛恨桀王，可行动不敢怠慢，纷纷做出师的准备。伊尹对汤王说："赶快转舵，桀王还能动员九夷之师，讨伐不是时候。"成汤赶快认错，还加倍进贡，向桀王表示立功补过。桀王被蒙骗了，也就不追究。又过了一年，桀王仍然花天酒地，四方怨言不绝。汤王又一次不进贡试探，桀王再下令九夷之师出兵，大家都不行动。伊尹说："时机成熟了。"汤王抓住机会，不管农忙季节，立即动员，发布命令。汤王说："大家振作起来，要听从我的命令，不是我斗胆发动战争，实在是桀王无道，犯了滔天大罪。我听从上天的命令讨伐他。不允许有不听从天命的人，不勇敢作战，我就惩罚他做奴隶，甚至处死。你们不要只顾农忙，不能错过机会。"经过誓师动员，大家摩拳擦掌，齐声高呼：

"听从汤王命令!"

汤王率师进发,在有娀地方打败了桀王,桀王逃到了鸣条。商汤王紧追不舍,又在鸣条打败桀王,夏军瓦解溃散。桀王一直逃到南巢,后来死在那里,桀王临死时说:"我后悔没有把成汤杀死在夏台,才落得今天的下场。"桀王至死仍执迷不悟。

汤王灭了夏朝,诸侯都来归附,领土越来越大。商朝的版图,东到大海,南边过了长江,西边到了宁夏、关中,北边到了大漠地方,是当时世界上少有的文明大国。成汤开国的故事,人民广为传颂,《诗经·商颂·玄鸟》这首诗就是其中的一篇。其中有一段译成白话是这样说的:

天命燕子生了汤,受封殷土日益拓广。上帝命令英武的汤王,治理天下管好四方。成汤应时发出号召,九州进入商朝封疆。商朝先君秉承天命,国运长久安然无恙。

殷本纪·商汤

殷契[1]，母曰简狄，有娀氏之女[2]，为帝喾次妃。三人行浴，
<u>殷的始祖名契，他的母亲叫简狄，是有娀氏的女儿，帝喾的次妃。有一天简狄等三人一</u>
见玄鸟堕其卵[3]，简狄取吞之，因孕生契。契长而佐禹治水有
<u>同到水边洗澡，看见燕子生下的蛋，简狄捡起来吞吃了，便怀孕生下契。契长大后辅佐大禹治</u>

简狄吞鸟蛋生下契

---

1 殷契：契是商朝始祖，舜封契于商。古商邑在今陕西省商洛市商州区。契十四传至汤，汤建商朝，迁于南亳。南亳在今河南省商丘市。汤二十传后至盘庚，迁都西亳称殷，故史又称商为殷朝、殷契。
2 有娀（sōng）氏：古部族名，地当今山西省永济市。
3 玄鸟：黑色燕子。

功。……封于商，赐姓子氏。
水有功。被舜封在商，赐他姓子氏。

契兴于唐、虞、大禹之际，功业著于百姓，百姓以平。
契兴起在唐尧、虞舜和大禹当政时期，在国人中建立了显著的功业，国人都信服他。

契卒，子昭明立。昭明卒，子相土立。相土卒，子昌若立。
契死后，他的儿子昭明继立。昭明死后，儿子相土继立。相土死后，儿子昌若继立。昌

昌若卒，子曹圉立。曹圉卒，子冥立。冥卒，子振立[1]。振卒，
若死后，儿子曹圉继立。曹圉死后，儿子冥继立。冥死后，儿子振继立。振死后，儿子

子微立[2]。微卒，子报丁立。报丁卒，子报乙立。报乙卒，子
微继立。微死后，儿子报丁继立。报丁死后，儿子报乙继立。报乙死后，儿子报丙继立。

报丙立。报丙卒，子主壬立。主壬卒，子主癸立。主癸卒，
报丙死后，儿子主壬继立。主壬死后，儿子主癸继立。主癸死后，儿子天乙继立，这就

子天乙立，是为成汤。
是成汤。

成汤，自契至汤八迁。汤始居亳，从先王居[3]，作《帝
成汤自他祖先契到汤经历了八次迁都。汤开始在亳定居，回到先王帝喾的故居，作了一

诰》[4]。
篇《帝诰》。

汤征诸侯。葛伯不祀[5]，汤始伐之，汤曰："予有言：人视
汤征讨诸侯。葛伯不祭祀，汤首先征伐他。汤说："我有话说，人照一照水可以看见自

---

[1] 振：即卜辞中的王亥。
[2] 微：字上甲，因其母以甲日生故名。商王从微起以日为名。
[3] 先王：指帝喾，相传帝喾都亳。
[4] 《帝诰》：古文《尚书》中有《汤诰》。汤作诰，告示天下，与民更始。
[5] 葛伯：汤的邻国，其地在今河南省睢县北。

水见形，视民知治不。"伊尹曰："明哉！言能听，道乃进。君
己的形貌，听一听人民的议论，可以知道议论是否清明。"伊尹说："圣明呀！善言能听从治

国子民[1]，为善者皆在王官[2]。勉哉，勉哉！"汤曰："汝不能敬
理之道才会进步。治理国家要视民如子，要把为善的人安排在朝廷中做官。要努力呀！要努力。"

命，予大罚殛之，无有攸赦。"作《汤征》[3]。
汤说："你们要是不敬慎天命，我就要用重刑惩罚，决不宽恕。"作了一篇《汤征》。

汤出，见野张网四面，祝曰："自天下四方皆入吾网。"汤
商汤外出，看见野外有人张网四面捕兽，还祷告说："从天下四方来的，都进入我的网中来。"汤说：

曰："嘻，尽之矣！"乃去其三面，祝曰："欲左，左。欲右，右。
"唉，一网穷尽了呀！"就撤去三面，祷告说："想从左边走的向左，想从右边走的向右，不听从命令的，

不用命，乃入吾网。"诸侯闻之，曰："汤德至矣，及禽兽。"
才钻进我的网中。"诸侯听说此事，纷纷议论说："汤的恩德宽厚到极点了，都推广到了鸟兽身上。"

当是时，夏桀为虐政淫荒，而诸侯昆吾氏为乱[4]。汤乃兴师
正当这个时候，夏桀推行暴政，荒淫无道，而诸侯中的昆吾氏作乱。成汤就兴兵，率领诸

率诸侯，伊尹从汤。汤自把钺以伐昆吾[5]，遂伐桀。汤曰："格
侯去讨伐，伊尹跟随汤出征。汤亲自握着斧钺指挥，接着又去征伐夏桀。汤说："过来！你们大

女众庶，来，女悉听朕言。匪台小子敢行举乱，有夏多罪[6]，
家到跟前来，再靠近一些，你们全听我说，不是我小子敢于兴兵作乱，夏桀确实作恶多端。我已

---

1 子民：视民如子，即爱民。
2 "为善"句：要把为善的人安排在朝廷中做官。
3 《汤征》：已佚，言征伐葛伯之事。
4 昆吾氏：夏的同盟部落，在今河南濮阳西南。
5 钺：古代斧类兵器。
6 "匪台（yí）"二句：不是我敢于兴兵作乱，夏桀确实罪恶多端。台，汤王自称，我。小子，谦辞。

予维闻女众言，夏氏有罪。予畏上帝，不敢不正[1]。今夏多罪，
听到你们有怨言，可是夏朝有罪过。我畏惧上帝天命，不敢不去征讨。现今夏朝罪恶多端，上天

天命殛之[2]。今女有众，女曰：'我君不恤我众，舍我穑事而割
命令我诛灭它。现在你们大家兴许会说：'我们的君王不体恤我们，让我们放弃正忙的农活去征

政[3]。'女其曰：'有罪，其奈何？'夏王率止众力，率夺夏国。
伐夏。'你们还会说：'夏桀有罪，究竟是怎样的罪？'夏王君臣一起竭尽了民力，掠夺夏国资财。

有众率怠不和，曰："是日何时丧？予与女皆亡！'夏德若兹，
民众都消极怠工，怨恨不和。他们说：'夏桀这个太阳何时沦落，我宁愿与你一同灭亡。'夏朝

今朕必往。尔尚及予一人致天之罚，予其大理女。女毋不
丧失民心已落到这个地步，现在我非去征讨他不可。你们协助我完成上天对夏桀的惩罚，我将大

信，朕不食言。女不从誓言，予则帑僇女，无有攸赦[4]。"以
大的赏赐你们。你们不要不信，我绝不食言。你们不听从我的誓言，我就罚你们为奴隶甚至杀掉，

告令师，作《汤誓》[5]。于是汤曰："吾甚武。"号曰武王。
绝不赦免。"以此号令全军，作了《汤誓》。这时成汤说："我非常善武。"于是号称"武王"。

桀败于有娀之虚，桀奔于鸣条[6]，夏师败绩。于是诸侯毕
桀在有娀氏故都的山丘上被打败，桀奔逃到鸣条，夏军全军覆没。这时诸侯全都归服，成

服，汤乃践天子位，平定海内。
汤就登上了天子位，平定海内。

---

[1] 正：同"征"。
[2] 殛：诛杀。
[3] "今女有众"三句：现在你们大家兴许会说："我们的君王不体恤我们，让我们放下正忙的农活去征伐夏。"此为汤王揣度将士之言。割政：为何征夏。割，通"害"，即曷。政，通"征"。
[4] 理：通"厘"，赏赐。帑：通"奴"，就是把妻儿沦为奴婢。僇：通"戮"。
[5] 《汤誓》：《尚书》中篇名，即汤王在鸣条发布的誓师之辞。以上文字就采自《汤誓》。
[6] 鸣条：古地名，在今山西省运城市安邑镇北。

▲ 清·陈士倌《圣帝明王善端录·周武王》

周武王灭殷建周

周武王姬发,公元前11世纪时人。他是八百年周朝的开国之君,在历史上被称为三代的圣王之一。三代,指夏、商、周三个朝代。三代的开国之君,大禹、商汤王、周武王,都是历史上著名的圣王。周国,原是西方关中兴起于周原地方的一个小国,周原在今陕西岐山西南。周武王的父亲叫姬昌,在纣王时被封为西伯。周武王继位后,追尊为文王。西伯治周,在位五十年,经过长期经营,周人跨出了潼关,势力进入到山西。周国力量得到很大的发展,史称天下三分,西伯有其二,显然这是夸大了的。商朝仍然有很大的势力,并在向徐淮一带发展。西伯还没有来得及伐商就死了,灭商的重任落在了周武王的肩上。

商朝末代君主叫商纣王,又称殷纣王。因商王盘庚迁殷,所以商朝又称殷朝。殷纣王穷奢极欲,酒池肉林,荒淫无度。他又实行严刑峻法,人民怨声载道。但商有六百年天下,而且纣王崇尚武力,多才多艺,要打败商朝还不是一件容易的事。周武王继位以后,全力投入灭商工作。他任用文武双全的太公姜尚为军师,用周公姬旦为宰辅,用召公姬奭和毕公姬高为顾问,夜以继日策划灭商大计。

武王运用智慧谋略灭商,计划是非常周密的。

第一步,周武王打着文王的旗号,充分动员军民群众和各诸侯国。西伯在周国和诸侯中有很高的威望。周武王尊西伯为文王,制作了一

武王与群臣共商讨伐纣王

个木雕神主供奉在大殿上，行军时也用车载着在军中。周武王宣称要发扬光大西伯的事业，灭殷是西伯的遗志。这一着棋很灵，文王的精神把周国人民及诸侯们都团结起来了。

第二步，进行灭商前的实战演习，叫作观兵孟津。孟津，原写作盟津，是黄河的一个渡口。周武王在这里大会诸侯，演习战斗，所以称为盟津。其地在今河南洛阳孟津区。

会盟孟津在周武王继位的第九年。周武王在行军车上供奉了文王的木牌灵位，表示了继承文王遗志的决心，同时表明讨伐殷纣王是奉先人之命，不是自己擅作主张。他向司马、司徒、司空及其他各级军官，以及来会诸侯发布文告，说："庄敬戒惧，切实努力，发扬祖德。"接着军师宣布渡河的军令，说："集合你们的士兵，开船划桨，动作迟缓的，军法论处。"武王随着大军渡河，船到中流，声称有条白色大鱼跳进了武王的坐船，武王把这条鱼拾起来祭天。渡河完毕，有一团火从天上下降，落到武王的帐篷顶时，化成一只乌鸦，颜色火红，发出"魄魄"的声音。白鱼跃舟，天火化成乌鸦，被宣传为祥瑞，是武王得天命的象征。不约而同相会孟津的诸侯有八百之多。诸侯一致拥护周武王伐纣，他们说："我们大家都来了，可以讨伐纣王了。"武王说："你们不了解天命，还不到时候。"便领兵回去了。

第三步，抓紧战机，一举灭纣。周武王大会诸侯过了两年，纣王更加昏暴，他杀了贤臣比干，挖出心脏来看。纣王又关押了箕子。纣王内部分崩离析，太师疵和少师强抱着乐器逃到了周国。周武王决定抓紧这个机会讨伐纣王，不让纣王有调整的机会。周武王十一年十二月初五，即公元前1027年，武王率领灭纣大军渡河，有兵车三百辆，勇士三千名，甲士四万五千人，浩浩荡荡杀向朝歌，灭纣的战争正式开始。周军前进到离朝歌七十里的牧野地方停止下来，武王做最后的动员令。天蒙蒙亮时，周军集合在阅兵场。武王登上阅兵台，他左手执黄铜大斧，象征刑罚诛杀；右手执白旄指挥旗，象征号令。武王宣布纣王有四大罪：第一，不听大臣意见，专听妇人的话，把国家搞得一团糟；第二，自己断绝天命，不祭天地祖宗，坏乱历法；第三，没有仁德，疏远甚至迫害自己的同胞兄弟；第四，任用一大批坏人执政。还有，纣王不奏正音雅乐，而崇尚靡靡之音。武王发布了攻击令，宣称自己是替天行道讨伐纣王。最后，周武王说："如虎如罴的勇士们，今天要努力冲杀啊！立功有赏，后退者诛杀。殷人来投降，要优待他们，以便灭殷后为周人服务。努力啊，将士们！胆小的，格杀勿论。"武王誓师完毕，就指挥军队前进。

纣王听到周军已打到国门，他赶紧武装十七万奴隶来抵抗。这支乌合之众，人人怨恨纣王。他们知道了周武王优待俘虏，于是在阵前倒戈，为周军做先导，杀回了朝歌。纣王见大势已去，连忙穿上特制的玉衣，然后登上鹿台自焚而死。武王指挥军队顺利进入朝歌，殷朝百姓不但不抵抗周军，而且还夹道欢迎。武王向殷民挥手示意，大声说："上天赐福给你们。"武王来到殷纣王宫中，见纣王已在鹿台自焚，就向纣王尸体射了三箭，并砍下他的头，悬在大白旗上示众。武王在朝歌举行了胜利的告天仪式，表示天命转移，商朝灭亡，周朝建立。

周本纪·武王

武王即位，太公望为师，周公旦为辅，召公、毕公之徒左
_{武王即位，太公望担任太师，周公旦为宰辅，召公、毕公等人在武王左右为辅佐，学习}
右王，师修文王绪业。
_{继承文王的功业。}

九年，武王上祭于毕[1]。东观兵，至于盟津，为文王木主[2]，载
_{九年，武王在毕地祭祀文王。向东去检阅军队，到达盟津，制作了文王的木牌神位，用车载着，}
以车，中军。武王自称太子发，言奉文王以伐，不敢自专。乃
_{供在中军。武王自称太子发，表示奉文王的命令前去征伐，不敢擅自做主。他告诫司马、司徒、}
告司马、司徒、司空、诸节[3]："斋栗[4]，信哉！予无知，以先祖有
_{司空及各位持有符节的官员说："大家要恭敬谨慎，讲求诚信呀！我本是无知之人，只因祖先有}
德臣，小子受先功[5]，毕立赏罚，以定其功。"遂兴师。师尚父号
_{德行，我小子承受先祖的功业，详尽地设立了各种赏罚制度，用以确定功业的完成。"于是就兴}
曰："总尔众庶，与尔舟楫，后至者斩。"武王渡河，中流，白
_{师起兵。太师尚父发布命令说："集合族人和你们的舟楫船队，开船划桨，谁要落后就一律斩杀。"}
鱼跃入王舟中，武王俯取以祭。即渡，有火自上复于下，至于
_{武王乘船渡河，船到中流，有条白鱼跳进船中，武王低头拾起来用以祭天。已经渡过河，有一团}

---

1 毕：文王墓地名，在今陕西省西安市长安区西。
2 木主：木牌神位。
3 诸节：各位受有符节之官员。
4 斋栗：敬谨戒惧。
5 小子：武王自称。句意为我小子承受先人的功业。

王屋，流为乌[1]，其色赤，其声魄云。是时，诸侯不期而会盟津
火自上而下，到达武王的屋顶，化为一只乌鸦，颜色火红，乌鸦振翅发出"魄魄"的声音。这时
者八百诸侯。诸侯皆曰："纣可伐矣。"武王曰："女未知天命，
候不约而同会盟于盟津的有八百诸侯。诸侯都说："你可以讨伐了。"武王说："你们不知道天命，
未可也。"乃还师归。
现在还不行呀！"就收兵回去了。

居二年，闻纣昏乱暴虐滋甚，杀王子比干，囚箕子。太师
过了两年，听说纣王昏乱暴虐更加厉害了，杀了王子比干、囚禁了箕子。太师疵、少
疵、少师强抱其乐器而奔周。于是武王遍告诸侯曰："殷有重
师强抱着殷的乐器逃到周国。这时武王遍告诸侯说："殷国有重罪，不可以不尽力讨伐。"于
罪，不可以不毕伐。"乃遵文王，遂率戎车三百乘，虎贲三千
是遵循文王的遗旨，率领兵车三百乘、勇士三千人、甲士四万五千人，向东讨伐纣王。十一年
人[2]，甲士四万五千人，以东伐纣。十一年十二月戊午，师毕渡
十二月戊午这一天，军队全部渡过盟津，诸侯都来会合。武王说："奋发努力，不要懈怠！"
盟津，诸侯咸会。曰："孜孜无怠！"武王乃作《太誓》，告于
武王便作了《太誓》向众人宣告说："现今殷纣王竟听用妇人的话，自绝于天，毁坏了天地人
众庶："今殷王纣乃用其妇人之言，自绝于天，毁坏其三正[3]，离
的正道，疏远了他同祖的兄弟们，又抛弃他的先祖的乐曲而制作淫荡之声，用来扰乱纯正的音
逖其王父母弟[4]，乃断弃其先祖之乐，乃为淫声，用变乱正声，怡
乐，来取悦妇人。所以今天我姬发只是恭敬地执行上天的惩罚，努力吧，勇士们！只此一举，

---

1 流为乌：天火下降化为一只乌鸦。乌鸦有孝名，象征武王能奉孝完成文王灭殷之事业。乌，赤色，为周家正色。
2 虎贲：如虎之奔，勇士之称。
3 三正：指三仁，即微子、箕子、比干。
4 离逖其王父母弟：抛弃疏远同祖父母兄弟。指纣不任用微子、箕子、比干等同族之人。王父母，祖父母。

悦妇人。故今予发维共行天罚，勉哉夫子[1]，不可再，不可三！"
不可以再二再三！"

二月甲子昧爽[2]，武王朝至于商郊牧野，乃誓。武王左杖黄
二月甲子黎明时分，武王早早地来到商都郊外叫牧野的地方，就在那里誓师。武王左手
钺，右秉白旄[3]，以麾。曰："远矣西土之人！"武王曰："嗟！我
拿着黄色的斧，右手拿着用旄装饰的白色旗帜来指挥说："远来辛苦啊！西方从征的将士们！"
有国冢君[4]，司徒、司马、司空、亚旅、师氏、千夫长、百夫长[5]，
武王说："啊！我友邦的国君们，司徒、司马、司空、亚旅、师氏、千夫长、百夫长各位官员，
及庸、蜀、羌、髳、微、纑、彭、濮人，称尔戈，比尔干，立
以及庸、蜀、羌、髳、微、纑、彭、濮同盟国从征之人，举起你们的戈，排好你们的盾，竖起
尔矛，予其誓。"王曰："古人有言：'牝鸡无晨[6]。牝鸡之晨，惟
你们的矛，我要宣誓了。"武王说："古人有话说道：'母鸡不能报晓打鸣，如果母鸡报晓，
家之索[7]。'今殷王纣维妇人言是用，自弃其先祖肆祀不答[8]，昏弃
这个家庭就衰落了。'如今殷纣王只听信妇人的话来办事，抛弃他的先祖，不进行祭祀，放弃
其家国，遗其王父母弟不用，乃维四方之多罪逋逃是崇是长[9]，
他的家园，遗弃他同祖的兄弟不加任用，却对那些四方逃亡罪恶多端的人尊崇、推重、信任和

---

1 勉哉夫子：努力啊，勇士们。夫子，对男子之称。
2 昧爽：天将黎明之时。
3 白旄：用旄牛尾装饰的白色之旗。
4 冢君：各诸侯之大帅。
5 亚旅：众大夫。师氏：随王出征的守卫官。千夫长：千人之长。百夫长：百人之长。
6 牝鸡：母鸡。晨：报晓鸣叫。
7 索：离散，指家庭崩溃。
8 肆祀不答：不祭祀祖先。肆，祭享宗庙。不答，不顾，不祭祀。
9 逋逃：逃亡之罪人。

是信是使，俾暴虐于百姓，以奸轨于商国。今予发维共行天之
重用，让他们暴虐百姓，在商国任意胡为。现今我姬发只是恭敬地执行上天的惩罚。今天的事

罚。今日之事，不过六步七步，乃止齐焉，夫子勉哉！不过于
情不要以为前进六七步就获得胜利了，大家努力吧！不要认为冲刺四次、五次、六次、七次，

四伐五伐六伐七伐，乃止齐焉，勉哉夫子！尚桓桓[1]，如虎如罴，
就会打败敌人，努力吧，将士们！希望大家威猛雄壮，在商都的郊外，像虎豹豺狼一样。不要

如豺如离[2]，于商郊，不御克奔，以役西土。勉哉夫子！尔所不
残杀前来投降的人，让他们帮助我们西方的诸侯。奋进吧！将士们！你们谁不奋进，那么，你

勉，其于尔身有戮。"誓已，诸侯兵会者四千乘，陈师牧野。
自身将会受到惩罚。"宣誓完毕，诸侯的军队前来会合的兵车有四千乘，在牧野陈师列阵。

帝纣闻武王来，亦发兵七十万人距武王。武王使师尚父
纣王听说武王军队攻来，也发兵七十万人抵御武王。武王派师尚父率百名勇士

与百夫致师[3]，以大卒驰帝纣师[4]。纣师虽众，皆无战之心，心欲
挑战诱敌。用全部人马冲杀纣王的军队。纣王军队人数虽多，都没有斗志，心中希

武王亟入。纣师皆倒兵以战，以开武王。武王驰之，纣兵皆
望武王快打过来。纣兵都在战斗中倒戈，为武王开路。武王军队疾驰冲过来，纣兵

崩畔纣。纣走，反入登于鹿台之上，蒙衣其殊玉，自燔于火而
全部崩溃，反叛了纣王。纣王败逃，回城后登上鹿台，穿上用特异的宝玉制成的衣服，

死。武王持大白旗以麾诸侯，诸侯毕拜武王，武王乃揖诸侯。
放火自焚而死。武王举着大白旗来指挥诸侯，诸侯都来参拜武王，武王也作揖还礼。

---

1 桓桓：威猛的样子。
2 罴、离：皆猛兽。罴，熊类。
3 致师：挑战，诱出敌人。
4 大卒：大队人马、战车，指全军出击，有戎车三百五十乘，士卒二万六千二百五十人，虎贲三千人。

诸侯毕从。武王至商国，商国百姓咸待于郊。于是武王使群

武王进入商的都城，商朝的百姓都在郊外等候。这时武王派群臣告诉商的百姓说：“上

臣告语商百姓曰：“上天降休！”商人皆再拜稽首，武王亦答

天赐给大家幸福。”商人都两次叩拜行稽首之礼，武王答礼回拜。于是进入商都，到

拜。遂入，至纣死所。武王自射之，三发而后下车，以轻剑[1]

达纣王死的地方，武王亲自射纣王三箭而后下车，用轻吕剑刺纣王尸体，用铜制圆斧

击之，以黄钺斩纣头，悬大白之旗。已而至纣之嬖妾二女，二

斩下纣王的头，悬挂在大白旗上。接着到纣王的两个宠妃那里，两个宠妃都已自缢而

女皆经自杀。武王又射三发，击以剑，斩以玄钺，悬其头小白

死，武王又射了三箭，用剑刺，用铁斧斩她们，把她们的头悬挂在小白旗上。武王这

之旗。武王已乃出复军。

才出城回到军中。

其明日，除道，修社及商纣宫。及期，百夫荷罕旗以先

到了第二天，清扫道路，整治土地神的祭坛和商纣王的宫殿。时候一到，一百名勇士高举着云

驱[2]。武王弟叔振铎奉陈常车，周公旦把大钺，毕公把小钺，以

罕旗作为先导，武王的弟弟叔振铎献上王者专用的威仪之车，周公旦持着大钺，毕公手持小钺，在内

夹武王。散宜生、太颠、闳夭皆执剑以卫武王。既入，立于

侧侍卫着武王，散宜生、太颠，闳夭，都持剑环卫着武王。等到进城以后，武王站在社庙的南面、军

社南大卒之左，左右毕从。毛叔郑奉明水[3]，卫康叔封布兹[4]，召

队的左边，群臣左右都跟从着。毛叔郑捧着明月夜里的露水，卫康叔封铺好草席，召公奭奉献五色彩帛，

1 轻剑：一名轻吕，剑名。

2 罕旗：即云罕旗，装饰有九条流苏，古代仪仗前驱。

3 明水：洁净之水，用以为玄酒，供祭祀。月夜用铜镜取得的露水称明水，后代用井水代替。

4 布兹：铺席。兹，草席。

公奭赞采，师尚父牵牲。尹佚策祝曰[1]**："殷之末孙季纣，殄废**

太师姜尚父牵来祭祀用的牲畜，尹佚读着策书祝文，祭告土地之神说："殷的末代子孙纣，毁弃先王的

先王明德，侮蔑神祇不祀，昏暴商邑百姓，其章显闻于天皇上

圣明德行，侮辱轻视神灵，也不祭祀，昏昧暴虐地对待商国的百姓，他的罪恶昭著，上天都知道了。"

帝[2]**。"于是武王再拜稽首，曰："膺更大命**[3]**，革殷，受天明命。"**

这时武王再次叩拜稽首说："我承受上天改变天命的命令，革除了殷商政权，接受上天圣明的旨意。"

武王又再拜稽首，乃出。

武王又再拜行叩头礼，然后退出。

▲ 宋人画《历代琴式图册·武王》

---

1 尹佚：武王之相，史失其名，故称佚。策祝：读策书祝文祭告土地之神。
2 章：同"彰"，指纣王罪恶昭著，上天都知道了。
3 膺更大命：承受上天所降的命令。膺更，承当。

▲ 元·王振鹏《豳风图》局部

周公辅政兴礼乐

周公，姓姬名旦，又称叔旦，是周文王的儿子，武王的弟弟。周武王灭殷，还没有来得及巩固政权，两年后就死了。武王之子姬诵继位，是为成王。成王还是一个孩子，东方殷商"顽民"及其盟族方国的残余势力，趁机抬头。周王室内部也发生分裂，面临内忧外患。在这样的险恶形势下，周公辅佐成王，平定叛乱，兴立制度，安抚天下，表现了他的卓越智慧和政治才干，成为历史上享有盛誉的宰辅。

周公辅政，第一件大事是东征平叛。武王灭殷后，为了安抚殷遗民，武王封纣王之子武庚禄父为殷王，仍都朝歌。武王又分封三个弟弟管叔鲜、蔡叔度、霍叔处在朝歌周围监督武庚。管叔在东为卫国，蔡叔在西为庸国，霍叔在北为邶国，史称三监。周公多智谋，武王留他在京师为宰辅，临死又托孤给周公，让他辅佐成王为首辅。周公排行第四，管叔鲜排行第三。管叔认为自己是兄长，应当取代周公位置为宰辅，甚至还有其他野心。武庚看出周王室贵族内部的矛盾，又欺成王年幼，认为有机可乘。他拉拢管叔、蔡叔，挑拨离间，又联合了嬴姓的徐、奄、盈、熊、薄、姑等东方氏族邦国发动叛乱。管叔散布流言说："周公将不利于成王。"言下

管叔不服弟弟周公主政

之意，是说周公要篡位，制造京师的混乱。在危急关头，周公临危不惧，他坦诚地说服了成王和大臣召公等团结一致，稳定了京师的局面。然后整顿军队，率师东征。出师前，周公以成王名义发布文告，号召臣民团结起来，用武力去平定叛乱。这篇文告，就是《尚书》中的《大诰》。周公亲征，擒贼先擒王。他集中兵力，首先打击叛乱中心，打败武庚禄父。接着诛管叔，流放蔡叔，稳定了大局，然后乘胜平定淮夷各邦国的叛乱，各个击破，用了三年时间才安定了东方。周公把叛乱方国嬴姓氏族迁移流放到西方边疆，在陇山以西，让他们替周朝阻挡西方犬戎。周公的这些政治措施，可以说一箭三雕。第一，稳定了东方；第二，增强了西疆的防卫力量；第三，阻挡了犬戎入侵。总之，周公的东征，使周人势力达到了海滨，扬威四方，国力大大增强。周公还加强了对洛邑的建设，在这里驻扎重兵，派了八个师共两万人的兵力防守。洛邑成了西周的陪都，并且是控制全国的军事重镇。叛乱的殷"顽民"，被迁移集中在洛邑看管起来。

周公辅政，第二件大事是分封诸侯。周国原是一个小方国。武王灭纣，周公东征，国土扩大了几百倍，东临大海，西到陇山，南到淮水流域，北到辽宁西南部，成了当时东亚的泱泱大国。用什么办法来统治新征服的区域呢？武王克殷，封建诸侯，为王室立藩，这本是周公之谋。周公东征后，扩大分封诸侯，广立屏藩。周王室子弟、亲戚、功臣，以及古代先王贤人后裔，都被封藩。周封诸侯有五等：公、侯、伯、子、男。武王、成王、康王所封诸侯有数百个，较大的诸侯国多为同姓，有五十五国，其中兄弟之国有十五，姬姓之国四十。鲁、卫最为大国。鲁国是周公的封国，为第一等公爵。周公留京辅政，他的长子伯禽到封国去就任鲁公。但是鲁国也只有方四百里的土地。许多子爵、男爵小诸侯国，地方只有三十

周公制定宗法制度

里。众建诸侯，国小力弱，便于控制。受封诸侯国，诸侯要对周天子承担守土之责，王室有事出兵勤王，年年进贡，缴纳方物，朝聘述职，随王祭祀。诸侯承担这些义务，确实起到了捍卫王室的作用。

  周公辅政，第三件大事是推行宗法制度。就是嫡长子世袭继承制，这与分封诸侯制度密切相连。宗法制度的原则是"立嫡不立贤，立长不立幼"，宗法规定，周王为天下之大宗，嫡长子是王位的继承人；庶子为小宗，分封为诸侯，仍由嫡长子继承。诸侯分封，下有卿大夫，卿大夫之下为士。卿、大夫、士，也有本支的大宗，嫡长子继承，庶子为小宗，实行再分封。周王自称天帝的长子，受天之命君临人间，所以周王称"天子"。这样的宗法分封系统，上至周天子，下至士的一切权力始终握在大宗嫡长子手中。由于嫡长子只有一个，这样的继承有了唯一合法性，避免众子争夺。宗法制度把政权、族权、神权三者统一起来，形成了严格的等级礼制国家。这一等级、礼制结构，呈现出"天子—诸侯—卿大夫—士"的宝塔形状。周天子是天下的共主，最高统治者，站在塔尖上，诸侯、卿大夫、士是层层塔基，宝塔黏合以血缘为纽带。这种统治方式，在当时是一种有效的先进制度，对于安定社会、发展生产起了积极的作用。成王、康王两代，西周稳定发展，成为盛世，史称"成康之治"，它是周建立的基础。

周公辅政，第四件大事是制礼作乐。周公的这一贡献，影响极为深远。制礼，实质是规定一种等级制度，用礼的形式表现出来。君臣、父子、兄弟、夫妇、朋友，这种人伦关系与衣食住行都有礼仪规定。周公制礼的目的，是把从天子到庶人的各种宗法封建制度合法化、礼仪化，便于社会所有的人形成风气，遵守嫡长子的世袭继承制。作乐，是把乐舞与礼仪相配。祭祀、出征、会盟、饮宴、婚丧等，都规定了相应的礼仪和乐舞。如祭祀，天子祭天地，祭五祀；诸侯祭境内山川，不能祭天地、祭王祀。又如葬礼，天子七日而殡，七月而葬；诸侯五日而殡，五月而葬；大夫、士、庶人，三日而殡，三月而葬。死亡的用语也不同。天子死曰崩，卿大夫死曰薨，士、庶人死曰死。周公用烦琐的礼仪来规范各个等级的人群，使各安其分，各求其业，各尽其职，各献其能，各得其所，循规蹈矩，永不犯上作乱，可以说用心良苦。

此外，周公还推行了一套国家官僚机构系统，称为《周礼》，也叫《周官》。《周礼》规定：天官冢宰为百官之长，即宰辅，佐周天子；地官司徒掌土地户籍；春官宗伯专管王族事务；夏官司马掌军事；秋官司寇掌刑法；冬官司空掌公共工程，主要兴建宫殿、陵寝等。共六大官僚机构系统，统称为六官。六官以下还有各级小吏，职位都由分封等级的卿、大夫、士充任，父死子继。大小官吏都有一块土地作俸禄，这就是世卿世禄制度。西周的军队分为三支。一为虎贲,是周王室禁卫军。二为周六师,由周人充任,是征伐的主力军,屯驻京师。三为殷八师,由殷人及东方各族人组成,周人任将帅,屯驻在东京洛邑。三支军队,三个等级。西周国家机器有周六官系统和三军建制,加以礼制的约束,使西周政权得以建立和巩固。

由上可见,作为我国西周时代的政治家周公,他品德高尚,公而忘私,"明德慎刑",身体力行,树立了宰辅贤臣的榜样。周公才智超群,他为西周政权的建立和巩固,拿出了成套的办法,做出了划时代的贡献。周公的智谋功绩,将与历史共存,永照人间。

鲁周公世家·周公

周公旦者[1]，周武王弟也。自文王在时，且为子孝，笃仁，
<small>周公姬旦是周武王的弟弟。当周文王在世的时候，姬旦做儿子很孝顺，又笃厚仁慈，与其他</small>
异于群子。及武王即位，旦常辅翼武王，用事居多。武王九
<small>兄弟不一样。等到武王即位，姬旦辅佐武王管理国家大事，出力很多。周武王九年，东伐纣王到了</small>
年，东伐至盟津，周公辅行。十一年，伐纣，至牧野，周公
<small>孟津，周公旦也随行辅助。武王十一年，又讨伐商纣王，到了牧野，周公旦再次辅佐武王出兵，还</small>
佐武王，作《牧誓》。破殷，入商宫。已杀纣，周公把大钺，
<small>作了誓师之辞《牧誓》。武王打败殷军，占领了商纣王的宫殿。杀掉纣王以后，周公拿着大钺，召</small>
召公把小钺，以夹武王，衅社，告纣之罪于天，及殷民。释
<small>公拿着小钺，簇拥着武王，用血牲祭社，向天帝和殷朝的百姓声讨纣王的暴行。接着释放了被纣王</small>
箕子之囚。封纣子武庚禄父，使管叔、蔡叔傅之，以续殷祀。
<small>关押着的大臣箕子，并给纣王的儿子武庚禄父加封，派管叔和蔡叔帮助他，以延长殷商的祭祀。然</small>
遍封功臣同姓戚者。封周公旦于少昊之虚曲阜，是为鲁公。
<small>后一一加封功臣以及同姓亲戚。封周公姬旦在少昊的旧址曲阜，称为鲁公。但是周公旦没有到封国去，</small>
周公不就封，留佐武王。
<small>而是留在京师辅佐周武王。</small>

其后武王既崩，成王少，在强葆之中。周公恐天下闻武
<small>以后武王死了，继位的成王年纪又小，还是个孩子。周公担心天下诸侯知道武王死</small>

---

1 周：西周发祥地周原，在陕西岐山之阳，本为太王居地，西周建国后为周公之采邑，故称周公。

王崩而叛，周公乃践阼代成王摄行政当国[1]。管叔及其群弟流言
了就起来造反，他就登位代替成王处理国家大事。管叔以及其他兄弟在国中散布谣言说：

于国曰："周公将不利于成王。"周公乃告太公望、召公奭曰：
"周公将对成王不利。"周公就对太公望、召公奭表明心迹说："我之所以不加避忌而

"我之所以弗辟而摄行政者，恐天下叛周，无以告我先王太王、
代替成王管理朝政，实在是害怕天下背叛周王室，无法向我们的祖宗太王、王季和父王

王季、文王。三王之忧劳天下久矣，于今而后成。武王早终，
交代。三王为天下操劳辛苦很久了，到今天才有所成就。可惜武王早死，成王又年小，

成王少，将以成周，我所以为之若此。"于是卒相成王，而使
为了完成周的大业，所以我这样做。"于是终究不顾流言辅助成王，而让他的儿子伯禽

周公送嘉禾给成王

---

1 践阼：新君登位。

其子伯禽代就封于鲁。
代替自己到了封地鲁国。

管、蔡、武庚等果率淮夷而反。周公乃奉成王命，兴师东伐，作《大诰》。遂诛管叔，杀武庚，放蔡叔。收殷余民，以封康叔于卫，封微子于宋，以奉殷祀。宁淮夷东土，二年而毕定，诸侯咸服宗周。
当时，管叔、蔡叔、武庚禄父等人果然率领淮夷人造反。周公就奉成王之命，出兵东伐，还写了篇《大诰》。这一仗杀了管叔和武庚禄父，流放了蔡叔。又收服了殷商遗民，把这一地区分封给了卫国的康叔、宋国的微子，让他们来延续殷的祭祀。平定淮夷东边的地区，花了两年时间才完成，诸侯又都来周室朝拜，表示臣服。

天降祉福，唐叔得禾，异母同颖，献之成王，成王命唐叔以馈周公于东土，作《馈禾》。周公既受命禾，嘉天子命，作《嘉禾》。东土以集，周公归报成王，乃为诗贻王，命之曰《鸱鸮》[1]。王亦未敢训周公。
这时老天降下祥福，唐叔获得一株禾，异株而同穗，就把它献给了成王，成王随即让唐叔送给在东边远征的周公，并写了篇《馈禾》的文章。周公领受了天子所赐予的禾，为响应天子的美意，作了《嘉禾》一文。等到东边地区全部平定以后，周公就回朝报告成王，并写了首诗给成王，这首诗的题目叫《鸱鸮》。成王虽然心中不乐意，但是也不敢斥责周公。

成王七年二月乙未，王朝步自周，至丰，[2] 使太保召公先之
成王七年二月乙未，成王朝事毕从镐京步行到丰邑晋谒文王庙，接着派太保召公先到洛阳择地。

---

1 《鸱鸮》：《诗经·豳风》中篇名。鸱鸮，即猫头鹰，捕食小鸟。周公东征，遗诗成王，斥责鸱鸮害小鸟，表明自己辅佐幼主心迹。

2 王朝步自周，至丰：成王朝事毕从镐京（周）步行到丰邑晋谒文王庙。

雒相土[1]。**其三月，周公往营成周雒邑，卜居焉，日吉，遂国之。**
三月，周公也亲自到洛阳检查修建周京城的工作，并做了占卜，结果很吉利，于是计划建洛邑为周的国都。

成王长，能听政，于是周公乃还政于成王，成王临朝。
成王渐渐长大了，能够主持朝政，于是周公就把国政交还给了成王，让成王亲自处理朝中大事。

周公之代成王治，南面倍依以朝诸侯[2]。**及七年后，还政成王，北面就臣位，匔匔如畏然**[3]。
而周公代成王治国时，背着屏风南向以接受诸侯的朝见。等到七年以后，把国家大权交还给成王，就回到了北面的臣子位置，对成王非常敬畏和恭顺。

初，成王少时，病，周公乃自揃其蚤沉之河[4]，**以祝于神**
当初，成王还是小孩时，生了病，周公就剪下自己的指甲扔到河里，向神灵祝告说："成

成王在周公面前认错

---

1 相土：选择地基。
2 倍依：背着屏风。倍，通"背"。周公代成王治国时，背着屏风南向以接受诸侯的朝见。
3 匔匔（qióngqióng）：敬畏的样子。
4 自揃（jiǎn）其蚤：自剪其爪。蚤，借为爪，指甲。

曰："王少未有识，奸神命者乃旦也[1]。"亦藏其策于府。成王
王年轻不管事，违反神的意旨的是我姬旦。"祷告完后，也把册文藏在内府。不久成王的病就好了。
病有瘳。及成王用事，人或谮周公，周公奔楚。成王发府，
等到成王当政，有人诬告周公有二心，周公只好逃到楚国。成王打开内府，看见当时周公祷告的
见周公祷书，乃泣，反周公。
策书，感动地哭了，马上召回了周公。

周公归，恐成王壮，治有所淫佚，乃作《多士》，作《毋
周公回朝以后，担心成王少年气盛，治理国家流于荒淫奢侈，就写了《多士》和《毋逸》两篇文
逸》。《毋逸》称："为人父母，为业至长久，子孙骄奢忘之，
章劝谏成王。《毋逸》篇中说："做父母的，创业很久才有所成就，而子孙却骄傲奢侈，忘了父母的劳
以亡其家，为人子可不慎乎！故昔在殷王中宗，严恭敬畏天
苦，以致家业很快就葬送了，这样看来，做后代的能不谨慎从事吗！所以从前的殷王中宗，为人严谨恭
命，自度治民，震惧不敢荒宁，故中宗享国七十五年。其在
敬，畏服天命，自己恪守法度，以身为表率治民，战战兢兢不敢荒怠安逸，因此中宗执政长达七十五年。
高宗，久劳于外，为与小人，作其即位，乃有亮暗，三年不
其次是殷高宗，他久居民间，勤劳农事，能与普通民众一起劳作，等到即位后，因有父丧，就三年不说
言，言乃欢，不敢荒宁，密靖殷国，至于小大无怨，故高宗享
话，三年后一开口说话就使人喜欢，而且不敢让政事荒废，努力安靖国家，结果上上下下都毫无怨言，
国五十五年。其在祖甲，不义惟王，久为小人于外，知小人
因此高宗享国也有五十五年。再到祖甲的时候，因其兄祖庚为人不仁，所以武丁准备废长立祖甲，祖甲
之依，能保施小民，不侮鳏寡，故祖甲享国三十三年[2]。"《多
以为不义而长久地逃亡在民间，知仁政为民众之所依，故即位后能保护民众，享国三十三年。"《多士》

---

1. 奸（gān）神命：违反神的意旨。
2. 祖甲：武丁之子，祖庚之弟。武丁欲废长立甲，祖甲以为不义而长久逃亡在民间，知仁政为民众之所依，故即位后能保护民众，享国三十三年。按《殷本纪》载："祖甲淫乱，殷复衰。"与此异。

士》称曰:"自汤至于帝乙,无不率祀明德,帝无不配天者。
篇中也说:"从商汤到帝乙,无不慎重祭祀,修明德行,所以个个帝王都与上天非常协调。以后到了纣
在今后嗣王纣,诞淫厥佚,不顾天及民之从也,其民皆可
王继位时,荒诞淫佚,既不明天理,也不管教化,结果老百姓都犯了死罪。""文王忙于政事,每天太
诛。""文王日中昃不暇食,享国五十年。"作此以诫成王。
阳当头了,还顾不上吃饭,所以享国五十年。"周公写下这些来劝诫成王。

成王在丰,天下已安,周之官政未次序,于是周公作
成王住在丰京,天下太平无事,但是周朝各级政府组织机构还没有系统地建立起来,于是周公作《周
《周官》[1],官别其宜;作《立政》,以便百姓,百姓悦。
官》,具体明确了每个官职的权限;又作《立政》说明治国设官之道,老百姓觉得很方便,因此很高兴。

周公在丰,病,将没,曰:"必葬我成周,以明吾不敢离
周公在丰京,病很重,快死了,说:"死后一定要把我葬在成王寿陵地,以表示我不敢离
成王。"周公既卒,成王亦让,葬周公于毕,从文王,以明予
开成王。"周公死了以后,成王也再三谦让,最后把周公安葬在毕原,随从文王,以表示成王不
小子不敢臣周公也。
敢把周公当作臣子看待。

周公卒后,秋未获,暴风雷,禾尽偃,大木尽拔。
周公死了以后,这年秋天还没收获时,突然狂风大作,震雷轰鸣,禾苗都被吹倒了,大树也
周国大恐。成王与大夫朝服以开金縢书,王乃得周公所
被连根拔起。朝廷上下一片恐慌。于是成王与众大臣穿上朝服,恭敬地打开金縢书,看到了当年周公
自以为功代武王之说。二公及王乃问史百执事,史百执
在武王生病时欲代武王而死的祷告简书。成王与周公、召公的儿子就去询问当年跟随周公请命的诸执

---

1 《周官》:又称《周礼》,周公所作,分定百官职掌。王莽时刘歆改称《周礼》。

事曰："信有，昔周公命我勿敢言。"成王执书以泣，曰：
事，大家说："确有其事，以前周公命令我们不准说出去。"成王拿着简书哭了，说："从现在开

"自今后其无缪卜乎！昔周公勤劳王家，惟予幼人弗及
始可以不用占卜了！以前周公为王室日夜操劳，只是我年幼无知。如今天大降风雷，目的是表彰周

知。今天动威以彰周公之德，惟朕小子其迎，我国家礼
公的功德，我应设祭天之礼以迎其神，行我国家先祖配食之礼，灾难才会解除。"于是成王出郊祭

亦宜之。"王出郊，天乃雨，反风，禾尽起。二公命国
天，天才下雨，风向反转，倒在地上的禾苗都重新挺立了起来。周公、召公的儿子又命令全国老百姓，

人，凡大木所偃，尽起而筑之。岁则大孰[1]。
凡是被大风刮倒的树木，都把它扶起来重新栽种。这一年获得了大丰收。

于是成王乃命鲁得郊祭文王。鲁有天子礼乐者，以褒
从此以后，成王就同意鲁国国君在郊外祭祀周文王。鲁国所以拥有天子才有的礼乐祭祀，这是成

周公之德也。
王表扬周公恩德的结果。

国人重栽被刮倒的树木

---

[1] 大孰：大丰收。孰，通"熟"。

▶ 嬴非子骗取西戎马（明内府彩绘本《春秋五霸七雄通俗演义列国志传》插图）

秦襄公始封诸侯

西周末年,随着周王室的衰弱,西北的犬戎族强大起来,不断通过汧水、渭水中间地带向镐京发动攻击,威胁西周王室的安全。连绵的战争给人民带来深重的灾难。在抗击西戎的战争中,地处陕甘陇山一带的秦族发展起来,春秋初建立了秦国,战国时称雄诸侯,最后统一六国,建立秦朝。秦襄公始封诸侯,就是建立秦国的开始。这篇故事就是讲秦国的兴起。秦的祖先是帝颛顼的后代,本是东夷人,与商是近亲氏族,居住在今淮水下游徐州一带。虞舜时代,有个叫大费的人,辅助大禹治水有功,虞舜帝赐姓嬴氏。商朝时代,嬴氏是商的属国。周武王灭殷,迁移嬴氏到西边,居住在西犬丘,在今甘肃省礼县东北一带。嬴氏善养马,一个叫非子的人,得到孝王的宠信,将他封在秦邑,在今甘肃张家川南,为大夫位。非子号秦嬴。

秦嬴是西周的附庸小国,抵御犬戎。秦襄公的祖父秦仲奉周宣王之命讨伐西戎,战败殉职。秦仲有五个儿子,长子就是庄公。周宣王命庄公率领兄弟五人,带兵七千继续与西戎作战。庄公夺回西犬丘之地,号西垂大夫。

庄公有三个子女。长子叫世父,次子襄公,老三是女儿名缪(mù)嬴。为祖父秦仲报仇,专力讨伐西戎,把太子位让给弟弟秦襄公。庄公死后,秦襄公继位为大夫。

秦襄公为了打败西戎,把小妹缪嬴嫁给了戎族丰王为妻,取得联盟,先击西戎。襄公二年，西戎围犬丘，世父出击，兵败被俘。过了一年多，西戎释放了世父。秦人与西戎诸部展开长期激烈的斗争，一步步壮大，成为勇敢善战的部族，有力地保卫了西周的西部疆土。

秦人壮大的同时，西周却在急剧衰落。先是周厉王无道，被国人所逐。周宣王即位一度中兴，尚未恢复元气。公元前782年，周宣王死，子幽王继位。周幽王是一个好色的昏暴之君。二年，镐京附近三条河川震动，天下灾害四起，百姓民不聊生，幽王却置国家社稷于不顾，任用奸人虢石父，四处搜刮民财和美女。后宫褒姒受到专宠，生子伯服，幽王废了申后及太子宜臼。太子跑到申国去避难。申侯是申后的父亲，太子宜臼的外祖父。申侯非常愤怒，就勾结犬戎大举进攻镐京。犬戎得到申侯的帮助，知道周王室虚实，大军长驱直入，突然包围了镐京。幽王点燃烽火召诸侯勤王，诸侯都不来相救，结果镐京被犬戎攻破，幽王及褒姒被犬戎杀于骊山脚下。周王室宝物被掳掠一空。西周灭亡。

犬戎杀幽王，镐京残破，关中国土陷落，太子宜臼无法在关中立足。诸侯勤王之师只有卫武公和秦襄公两支军队。卫武公和秦襄公两人合兵，打退犬戎，护送太子东迁都洛邑，太子即位，这就是周平王，史称东周。洛邑，是西周的东都，在今河南洛阳东，就是洛阳城的前身，是西周初年周武王灭纣、周公东征时经营的。这里驻有重兵，藏有宝器，原本就是陪都，所以平王东迁，十分顺当。

平王安定后，秦襄公告退回秦邑。周平王嘉奖秦襄公护驾之功，就把关中岐山以西的土地赐给秦襄公。秦邑在陇山之西，岐西之地在陇山之东，是关中的西半部。由于岐西之地已被犬戎占领，周平王赐给秦襄公，是让他从犬戎手中收复失地。于是周平王封秦襄公为第三等诸侯，伯爵。

西周五等诸侯，公、侯、伯、子、男。秦襄公受封为诸侯，有了翻越陇山对犬戎征伐之权，获得了名正言顺的出兵之道，开拓疆土，意义非常深远。秦襄公是秦立国的始祖，是秦国发展史上里程碑式的人物。

秦襄公得到周平王的加封，进行了建国典礼，从此与诸侯交往，又用红马一匹，黄牛一只，黑色公羊一只，祭祀上帝，建立西畤。秦襄公十二年，收复了岐西之地。秦人势力进入了关中。这一年秦襄公死，其子文公继位。文公四年，在汧水、渭水交会处兴建新都。随后秦文公完全逐走犬戎势力，拥有岐西之地。

从此，秦国一步步兴旺发展，成为西方大国。

秦襄公抓住机遇，带兵勤王，取得诸侯地位，表现了他的政治目光远大。秦国发展的新时期，从秦襄公开始了。

秦本纪

秦之先，帝颛顼之苗裔孙曰女脩[1]。女脩织，玄鸟陨卵[2]，女
秦的祖先是颛顼帝的后代。颛顼帝的孙女名叫女脩，她吞了玄鸟的蛋，生了儿子
脩吞之，生子大业。大业取少典之子[3]，曰女华。女华生大费，
大业。大业娶了少典的女儿女华为妻，女华生了大费。大费辅助大禹共同治水有功……
与禹平水土……舜赐姓嬴氏。
虞舜帝赐姓大费嬴氏。

非子居犬丘[4]，好马及畜，善养息之。犬丘人言之周孝王，
非子住在犬丘，他很喜欢养马和畜牧，善于繁衍。犬丘人向周孝王做了报告，周孝王召
孝王召使主马于汧、渭之间，马大蕃息……孝王……邑之
见非子，命他在汧、渭水边原野主持养马工作，马匹得到大大的繁殖。周孝王就把秦邑封给非子，
秦[5]，使复续嬴氏祀，号曰秦嬴。
让他接续嬴氏的香火，称为嬴秦。

秦嬴生秦侯。秦侯立十年，卒。生公伯。公伯立三年，
秦嬴生了秦侯。秦侯在位十年，死去。秦侯生子公伯。公伯在位三年死去，

1　帝颛顼：传说的五帝之一。颛顼帝，黄帝之孙。颛顼之孙叫女脩，吞鸟卵而生子，表明为东夷人，以鸟为图腾的部族。

2　玄鸟：黑色燕子。

3　少典：部族名。

4　非子：大费的后代。犬丘：旧注谓扶风槐里县，周时为犬丘，即今陕西兴平市。周灭殷，西迁嬴氏于犬丘。

5　孝王：西周第七代第八位国君，是西周第七位国君懿王的叔父，共王之弟。

秦人养马于西戎

卒。生秦仲。
_{公伯生子秦仲。}

秦仲立三年，周厉王无道，诸侯或叛之。西戎反王室灭犬
_{秦仲在位三年，周厉王无道，诸侯有的叛变厉王。西戎反叛周王室，灭了犬丘、}

丘、大骆之族。周宣王即位，乃以秦仲为大夫，诛西戎。西戎
_{大骆等族。周宣王继位，就任命秦仲为大夫，讨伐西戎。}

杀秦仲。秦仲立二十三年，死于戎。有子五人，其长者曰庄
_{西戎杀了秦仲。秦仲在位二十三年，死于西戎。秦仲有五个儿子，其中长子叫庄公。}

公。周宣王乃召庄公昆弟五人，与兵七千人，使伐西戎，破之。
_{周宣王就命庄公兄弟五人领兵七千人，前去讨伐西戎，攻破西戎。这时重新给予秦仲后}

于是复予秦仲后，及其先大骆地犬丘并有之，为西垂大夫。
_{代原有土地以及先前大骆的土地及犬丘之地一并拥有，并担任西垂大夫。}

秦襄公始封诸侯

庄公居其故西犬丘，生子三人，其长男世父。世父曰：
庄公居住在其故地西犬丘，生子三人，长子叫世父。世父说："西戎杀了我祖
"戎杀我大父仲，我非杀戎王则不敢入邑。"遂将击戎，让其弟
父秦仲，我不杀戎王就不敢进城安居。"于是带兵攻打西戎，把王位让给弟弟襄公。
襄公。襄公为太子。
襄公成为太子。

庄公立四十四年，卒，太子襄公代立。襄公元年，以女
庄公在位四十四年后死去，太子襄公继位。襄公元年，把妹妹缪嬴嫁给丰王为
弟缪嬴为丰王妻。襄公二年，戎围犬丘。世父击之，为戎人
妻子。襄公二年，西戎围攻犬丘，世父攻击他们，被戎人俘虏。一年多后，才又送回
所虏。岁余，复归世父。七年春，周幽王用褒姒废太子，立
世父。七年的春天，周幽王宠信褒姒而废掉太子，立褒姒的儿子为嫡子，并多次欺骗
褒姒子为適，数欺诸侯，诸侯叛之。西戎犬戎与申侯伐周，
诸侯，使得诸侯都背叛了他。西戎、犬戎和申侯攻伐周国，在郦山下杀了幽王。而秦
杀幽王郦山下。而秦襄公将兵救周，战甚力，有功。周避犬
襄公率兵救援周朝，作战勇猛，有功劳。周为了躲避犬戎的战乱，东迁到洛邑，襄公
戎难，东徙雒邑，襄公以兵送周平王。平王封襄公为诸侯，
率兵护送周平王。平王封襄公为诸侯，赏赐给他岐山以西的土地，说："犬戎不讲道义，
赐之岐以西之地[1]，曰："戎无道，侵夺我岐、丰之地，秦能攻
侵占掠夺我岐山丰水地区，秦能逐走犬戎，就当拥有这些土地。"平王与襄公立下誓言，
逐戎，即有其地。"与誓，封爵之。襄公于是始国，与诸侯通
给他封了诸侯爵位。襄公这时开始成为诸侯国，和诸侯通使，和中原诸侯一样行聘享

---

1 赐之岐以西之地：岐山以西之地，即今陕西凤翔、宝鸡一带地方。

使聘享之礼，乃用骝驹、黄牛、羝羊各三[1]，祠上帝西畤。十二
的礼节。又用骝驹、黄牛、羝羊各三头在西畤建祠祭祀上帝。十二年，讨伐西戎而到
年，伐戎而至岐[2]，卒。生文公。
达岐山，襄公死。生子文公。

文公四年[3]，至汧、渭之会。
秦文公四年，秦人势力达到汧水和渭水交汇一带。

1　骝驹：赤色黑鬃马。羝羊：公羊。
2　岐：岐山。在今陕西岐山境内。
3　文公四年：公元前762年。

秦王除奸亲政

这篇故事讲的秦王，就是统一六国的秦始皇。

秦王嬴政，秦庄襄王之子，秦孝公之后第六代秦王。他十三岁继承王位，因年少，大权旁落在太后、相国吕不韦以及奸人假宦官嫪毐集团之手。秦王九年，嬴政二十二岁，已经成人，行加冠礼，嫪毐等人在太后支持下企图发动宫廷政变，废除秦王，秦王不动声色粉碎了政变，从权臣手

嬴政和吕不韦、赵姬

中夺回了政权。这场惊心动魄的斗争显示了秦王是一个铁腕人物。

公元前246年，秦庄襄王死，秦王政继位，时年十三岁，政事无论大小都由相国吕不韦裁决，秦王实际上是一个傀儡。公元前240年，秦王已二十岁，按照古代礼制，男子二十就要举行加冠礼，表示成人，当家做主。国君也有十八岁就行加冠礼的，然后亲政，摄政大臣交权，退归臣子之位；或者太后交权，退归太后之位。但吕不韦与庄襄王后不愿交权，又拖了两年，秦王对此极为不满。双方僵持，都在暗中做准备，一方不愿还政，一方要夺权。到了公元前238年，秦王政九年四月，才勉强举行了加冠礼。但吕不韦仍不肯还政于秦王，他把嫪毐拉来做帮凶，密谋策划宫廷政变。秦王将计就计，集中力量打击嫪毐集团，然后通过审理牵出吕不韦，分化瓦解，各个击破，保持全局主动，一举夺回政权。秦王的策略十分高明。吕不韦是怎样当政？嫪毐又是何许人，他是如何介入政治的？还得从头说起。

吕不韦原来是卫国的一个大商人，靠正常途径，他无法进入政界。他在赵国经商发现秦国公子子楚为质于赵，十分贫困。于是吕不韦以商人的机敏发现子楚是"奇货可居"，决定在政治上做一次赌博。子楚为何"奇货可居"？因为子楚是秦昭王之孙，太子安国君的庶子。安国君宠爱华阳夫人，由于华阳夫人没生儿子，所以安国君没有立嗣子。吕不韦了解到这些情况以后，认为有空子可钻。他主动与子楚交朋友，供他金钱车马。然后带了大宗珍宝到秦国，打通关节见到华阳夫人，劝说华阳夫人收养子楚为儿子，母以子贵，给自己留后路。这样，子楚成了安国君的嗣子。秦昭王死后，安国君继位，只做了三天秦王就死了，于是子楚继位，史称庄襄王。

吕不韦视嬴异人为奇货（明内府彩绘本《春秋五霸七雄通俗演义列国志传》插图）

嬴异人初见赵姬

　　吕不韦在赵国娶了一位天姿国色的邯郸歌女为妾，在一次宴请子楚的酒席上，这位歌女在旁服侍，她的美色让子楚神魂颠倒。子楚回家后，念念不忘，便向吕不韦讨要，吕不韦忍痛割爱，就把歌女送给了子楚。这是公元前260年的事。子楚十分宠爱这位赵国歌女，赐名赵姬，当年正月，赵姬在赵国邯郸生子，因正月生于赵国，所以取名赵政，回秦国后，才改名叫嬴政。据传嬴政实际上是吕不韦的儿子。按公历年，嬴政生于公元前259年。

　　秦庄襄王当政，十分感激吕不韦，就任命他为秦国的相国。庄襄王死时，把秦王政交给吕不韦管教，这样吕不韦做了首席辅政大臣，大权独揽。庄襄王只做了三年秦王就死了，嬴政之母赵太后还非常年轻，吕不韦找到一个粗壮而有力的人，名叫嫪毐，让他冒充阉人入宫，日夜与赵太后鬼混，天长日久，生了两个儿子。太后把这两个私生子藏在咸阳西边两百公里远的雍城蕲年宫，这是秦国早期的京都。赵太后与嫪毐此后更是肆无忌惮长年厮守。

由于裙带关系，赵太后、吕不韦、嫪毐勾结成为一个政治集团，吕不韦控制外朝，嫪毐控制内朝。吕不韦封文信侯，嫪毐封长信侯。赵太后为秦王之母，驾临宫中，这样满朝文武都倒在相国一边。人人都知的事，只把一个秦王蒙在鼓里。

吕不韦推迟秦王的加冠礼，大力扶植嫪毐势力的发展，大小国事皆决于嫪毐。嫪毐有家童千人，宾客求为嫪毐舍人的也有一千人。嫪毐

秦军平叛动员

甚至公开扬言是秦王的"假父"。这一下纸包不住火了，秦王知道了太后的私生活，以及嫪毐、吕不韦政治集团的底细，但不动声色。表面上，秦王更加尊敬相国吕不韦，称他为"仲父"，即"叔父"。

双方都在紧锣密鼓地准备着，秦王决定后发制人。

赵太后的部署，指令吕不韦给秦王举办加冠礼，表面上还政于秦王。自己住在雍县蕲年宫，秦王加冠后必然到雍城蕲年宫晋见太后。这时嫪毐发兵攻击，在蕲年宫杀死秦王，夺取政权，由赵太后与嫪毐所生子来做秦王，由于私生子还是小孩，这样太后、嫪毐、吕不韦集团又可大权独揽了。长信侯嫪毐假传秦王命令，又传下太后命令，发动雍城守军、蕲年宫卫士、官骑，以及舍人数千人戒严，只等秦王到来。

秦王已有戒备，提前知道了嫪毐的行动。他暗中令副相昌平君、昌文君调集精锐部队，做好攻击准备。嫪毐在咸阳的府邸被监视起来。嫪毐作为宫廷总管，他要在咸阳亲临加冠礼，然后陪同秦王去蕲年宫。秦王的部署很严密，嫪毐与吕不韦事前一点也不知道。嫪毐等骄狂自大，没把秦王看在眼里，疏于防范，这一点正好被秦王利用了。

公元前238年，秦王政九年四月己酉日，这是中国历史上一个不平凡的日子。秦国向何处去，历史要在这一天作出裁决。双方磨刀霍霍，决战在这一天进行。

清晨，风和日丽，是一个好日子。双方紧张的心跳提到了嗓子眼，但表面一切平静。秦王似乎自认为稳操胜券，行动举止显得十分安详；嫪毐心怀鬼胎，忐忑不安；吕不韦心事重重，表面平和，全然不像平日颐指气使的模样。今日秦王行加冠礼，他要交还政权，一定要显示出雍容大度的气量来。不知将要发生事变的群臣百官熙熙攘攘，这是难得的庆典，自然兴高采烈。在礼官导引下，巳时庄重肃穆地举行加冠礼，礼拜了太庙祖宗，秦王俨然是一国之君了，全体百官都要听从秦王的诏令。这时嫪毐上前，恭请秦王前往雍城蕲年宫晋见太后。秦王一改常态，庄严地发出命令，回宫先上朝理政事，改日上雍城晋见太后。

嫪毐请不动秦王，警觉事情有变，他自然不肯上朝，托故回府。秦王冷笑一声，允嫪毐回府。秦王知道嫪毐回府发动叛乱，有意让他先动手。嫪毐一走，秦王立刻下令咸阳戒严，四门紧闭，不得放走任何一人出城。

秦王在殿上召集群臣会议，公布嫪毐的罪行，有意不提吕不韦一个字。此时的秦王还要利用吕不韦的声望，用吕不韦之手铲除嫪毐集团，然后顺藤摸瓜牵出吕不韦，再进行打击。秦王发布讨伐嫪毐的宫廷诏令，由吕不韦挂帅征讨。昌平君、昌文君已经做好了攻击准备，吕不韦是赤手空拳，不得不听命于秦王。

秦王军队包围长信府邸，长信侯嫪毐一伙已经动员起来，两军在咸阳发生大战。秦王诏命说："无论官兵还是宦官，都有讨灭叛臣的义务，只要杀叛兵一人，拜爵一级。任何人，只要活捉嫪毐，赏钱一百万；杀死嫪毐，赏钱五十万。"好一阵厮杀，只觉得天昏地暗，血流成河。最后秦王的军队取得胜利。

嫪毐兵败咸阳，被乱兵杀死。重要成员卫尉竭、内史肆、佐弋竭、中大夫令齐等二十余人都被活捉。卫尉竭，是宫廷警卫长名竭。内史肆，是京都首长名肆。他们成为叛乱集团的骨干，这说明嫪毐集团网罗得多么深，这场宫廷政变是多么的惊心动魄。由于嫪毐被杀，蕲年宫的叛乱还没有发动起来就被扑灭了。

秦始皇本纪

秦始皇帝者[1]，秦庄襄王子也。庄襄王为秦质子于赵[2]，见吕
<small>秦始皇，是秦庄襄王的儿子。庄襄王在赵国作为秦国的人质时，见到了吕不韦的</small>
不韦姬，悦而取之，生始皇。以秦昭王四十八年正月生于邯
<small>一个小妾，非常喜爱，就娶了她为妻，生下了始皇。秦昭王四十八年正月在邯郸出生。</small>
郸。及生，名为政[3]，姓赵氏。年十三岁，庄襄王死，政代立
<small>一生下来就取名为政，以赵为姓。十三岁时，庄襄王死了，政继位为秦王。这个时候秦</small>
为秦王。当是之时，秦地已并巴、蜀、汉中，越宛有郢，置
<small>的疆土已经兼并巴、蜀、汉中，越过宛城占有郢都，设置了南郡；北边占有上郡以东地</small>
南郡矣；北收上郡以东，有河东、太原、上党郡[4]；东至荥阳，
<small>区，拥有河东、太原、上党各郡；东方到达荥阳，灭亡了二周，设置了三川郡。吕不韦</small>
灭二周，置三川郡[5]。吕不韦为相，封十万户，号曰文信侯。招
<small>担任秦相，受封十万户，称作文信侯。招引网罗宾客和游说之士，想要利用他们吞并天下。</small>
致宾客游士，欲以并天下。李斯为舍人，蒙骜、王龁、麃公
<small>李斯这时是吕不韦的舍人，蒙骜、王龁、麃公等人为将军。秦王正年少，登临王位之初，</small>

---

1 秦始皇帝：公元前221年，秦并天下，秦王嬴政议尊号说："朕为始皇帝，后世以数计，二世、三世至于万世。"可见始皇帝原应连读，故司马迁称之为"秦始皇帝"。

2 质子：春秋战国时，两国相交，为了表示信任，互派国君的儿子、孙子或重臣，居留在对方国内，叫作"人质"。以儿孙为人质的，称为"质子"。秦昭王五十年以前，子楚在赵为质子。

3 名为政：上古"正""政"相通，嬴政生于正月，故名为政。

4 河东：秦郡名，郡治安邑，在今山西夏县西北。太原：秦郡名，郡治晋阳，在今山西太原市西南。上党郡：秦郡名，郡治长子，在今山西长子县西。

5 三川郡：秦郡名，郡治洛阳，在今洛阳东。因境内有黄河、洛水、伊水，故称三川郡。

等为将军[1]。王年少，初即位，委国事大臣。
将国事委托给大臣。

八年……嫪毐封为长信侯[2]。予之山阳地，令毐居之。宫室车马衣服苑囿驰猎恣毐。事无小大皆决于毐，又以河西太原郡更为毐国。
秦王政八年，嫪毐封为长信侯，赐给他山阳地区，让他住在那里，宫室、车马、衣服、花园、畜圈、围猎等任由使用，事无大小都由嫪毐决定，又把汾河西部的太原郡改为嫪毐的封国。

九年，彗星见，或竟天。攻魏垣、蒲阳。四月，上宿雍[3]。己酉，王冠，带剑[4]。长信侯毐作乱而觉，矫王御玺及太后玺以发县卒及卫卒、官骑、戎翟君公、舍人[5]，将欲攻蕲年宫为乱。王知之，令相国、昌平君、昌文君发卒攻毐。战咸阳，斩首数百，皆拜爵，及宦者皆在战中，亦拜爵一级。毐等败
秦王政九年，彗星出现，有时横过天空。秦军进攻魏国的垣邑和蒲阳。四月间，秦王住到雍城的蕲年宫，斋戒沐浴。己酉这一天，秦王就要举行冠礼、佩剑。长信侯嫪毐作乱被发觉，他假传秦王令，用秦王的御玺和太后的印玺来征发雍城的兵卒、卫队和官骑，还有戎狄的首领、家臣，将要进攻蕲年宫，发动叛乱。秦王政预先知道了此事，命令副相国昌平君、昌文君，发兵攻讨嫪毐。战于咸阳，斩首几百人，给参战者都授予爵位。对那些参加讨伐的宦官也授给爵位一

---

1 蒙骜(ào)：蒙恬祖父。王齮(yǐ)：又名王龁。麃(biāo)公：旧注谓麃为秦邑，麃公为麃邑公，史失其名。陈直《史记新证》考证认为，麃为鲁人姓氏。
2 嫪(lào)毐(ǎi)：吕不韦送进后宫与秦王母赵太后私通的假宦官。
3 雍：秦旧都，在今陕西省宝鸡市凤翔区南，此指雍城蕲年宫。
4 王冠、带剑：秦俗，男子年满二十二岁举行冠礼，戴上簪发的帽子，表示成年。秦王行冠礼，依礼带剑表示威仪，并意味着亲自掌权。
5 矫王御玺(xǐ)：盗用皇帝印。翟：同"狄"。

走。即令国中：有生得毐，赐钱百万；杀之，五十万。尽得
级。嫪毐等失败逃走。秦王当即通令全国，有生擒嫪毐的，赐钱一百万；杀死他的赏钱五十万。

毐等。卫尉竭、内史肆、佐弋竭、中大夫令齐等二十八人皆
结果全部捉到嫪毐等人。卫尉竭、内史肆、佐弋竭、中大夫令齐等二十八人都被枭首，车裂示众，

枭首[1]，车裂以徇，灭其宗。及其舍人，轻者为鬼薪[2]。及夺爵迁
灭了他们的宗族。对于嫪毐的家臣，罪轻的罚在宗庙服劳役三年，罪重的免去官爵，流放到蜀地

蜀四千余家，家房陵。
的有四千多家，处置在房陵。

十年，相国吕不韦坐嫪毐免[3]……齐、赵来置酒[4]。齐人茅
十年，相国吕不韦由于嫪毐案件的牵连被免职。齐国、赵国遣使祝贺秦王亲政。

焦说秦王曰："秦方以天下为事，而大王有迁母太后之名，恐
齐人茅焦劝谏秦王说："秦国正在进行统一天下的大业，可是大王您有迁谪太后的名

诸侯闻之，由此背秦也。"秦王乃迎太后于雍而入咸阳，复居
声，恐怕诸侯知道了，会因此而背叛秦国啊。"秦王就从雍城迎接太后回咸阳，仍居

甘泉宫。
住在甘泉宫。

十二年，文信侯不韦死，窃葬[5]。其舍人临者[6]，晋人也，
十二年，文信侯吕不韦死，被偷偷埋葬。秦王下令，他的门客中前来吊丧的，如果是三

---

1 内史：掌管京师地区的行政长官。佐弋（yì）：掌管天子射猎的副长官。中大夫令：中大夫的主管官员。枭（xiāo）首：把头砍下来挂在木杆上示众。
2 鬼薪：古代徒刑的一种，为宗庙打柴，刑期三年。
3 坐：因事受株连犯罪。
4 置酒：敬酒庆贺，指齐、赵遣使庆贺秦王亲政。
5 窃葬：吕不韦被迫服鸩酒自杀，秦王不举行国葬，他的门客私葬之于洛阳北邙山。
6 临者：前来吊丧的人。

茅焦劝秦王与太后重归于好

逐出之；秦人，六百石以上夺爵，迁[1]；五百石以下不临，
晋的人就驱逐出境；如果是秦国的人，六百石以上的官员，罢官夺爵，流放到外地；五百石以

迁，勿夺爵。自今以来，操国事不道如嫪毐、不韦者籍其
下的官员不参与吊丧的，流放但不夺爵位。从今以后，主持国事不走正道，效法嫪毐、吕不韦的，

门[2]，视此[3]。
将他们的家属全部编入另册，收作奴隶，照此办理。

---

1 六百石：令、丞一级的中层官员。迁：流放。
2 操国事不道：此指违背君意操纵国事。籍其门：将他的全家族编入簿册为徒隶。籍，编入徒役簿册。
3 视此：照此法办理。视，比，比照。按，以上"其舍人临者"至"视此"，为史家概括的秦王诏令。

▲ 清·陈士倌《圣帝明王善端录·汉高祖》

汉高祖入关

汉高祖刘邦，西汉的开国皇帝。他四十八岁起兵参加秦末农民起义，秦亡后又与项羽争夺天下。前后历经八年征战，终于灭楚称帝。他出身布衣，因宽仁好谋，知人善任，从谏如流，竟登上皇帝的宝座，成一统大业。他不愧为中国历史上杰出的政治家。

刘邦，字季，泗水郡沛县丰邑（今江苏省丰县）人。相传其母困于池塘边，梦与神龙会，因而怀孕生下他。刘邦长大，颜貌似龙，长颈而高鼻，须髯美，左大腿有七十二颗黑痣。他待人宽厚仁义，乐善好施，豁达大度。

刘邦从小胸怀大志，不事农耕产业。三十岁时，试用补吏，担任了小小的亭长。有次去咸阳服徭役，他看到秦始皇出行时的威武宏大场面，不由得喟然长叹："嗟乎，大丈夫当如此矣！"沛令家请客，他诡称有万钱朝贺，径自坐入上位。他的异志和豪气，深为客居沛令家的吕公所赏识，便主动把女儿吕雉许配给他。

有一次，他奉命押送一批刑徒到咸阳骊山（今陕西省西安市临潼区南）修墓，刚出发没多久，就有不少人逃亡，让他无法交差。在丰县西的大泽林休息时，他干脆对余下的刑徒说："各位自找生路去吧，我也从此销声匿迹了。"刑徒们便各自逃亡。其中有十几个壮汉佩服刘邦，愿意跟随他闯荡。从此，刘邦隐藏在芒、砀两山（在今河南永城东北）中，过着逃亡生活。他曾

亭长刘邦

在草泽中挥剑腰斩大蛇，人们传为白帝之子被赤帝之子斩杀。这使他声名大振，不时有罪犯逃来投奔。

秦二世元年（前209年）七月，陈胜、吴广起义，各地苦于秦朝苛政的百姓和六国旧贵族都纷纷响应。刘邦带领数百人回到沛县，与萧何、曹参、樊哙等人里应外合，攻下县城，杀死县令。众人公推刘邦主事，响应陈胜反秦。陈胜当时已为楚王，遵循楚国旧制，县宰称公，因此刘邦被拥立为沛公。刘邦宣誓就任，召集县中少年豪吏，聚集三千多人，然后率部转战于丰、沛等地，加入了烽烟滚滚的反秦斗争。在转战途中，他得到谋士张良辅助，在薛县（今山东省滕州）与旧楚国贵族项梁、项羽叔侄的义军会合。刘邦与项羽结拜为把兄弟，并肩作战。

秦二世二年（前208年）十二月，陈胜、吴广起义失败，项梁在薛地召集各路起义军会商，共立死于秦国的楚怀王之孙熊心为王，仍称楚怀王，都盱

楚怀王拒绝项羽请求

台（今江苏省盱眙县东北），以他统领各路人马，继续反秦大业。

项梁因骄傲轻敌，在定陶（今山东省菏泽市定陶区）被秦将章邯打败，战死。正在围攻陈留（今河南省开封市东南）的刘邦和项羽立即撤兵至彭城（今江苏省徐州市），并迁楚怀王于彭城。章邯打败项梁后，又移军攻义军赵歇。赵歇被困，求救于彭城义军。楚怀王令宋义、项羽率军北上救赵；命刘邦进关中，攻咸阳。部队临行，与诸将相约："先入定关中者王之。"

当时，秦兵强盛，义军诸将都存畏惧之心，以入关为难。独有项羽，愤恨秦兵杀项梁，愿与刘邦西入关中。而怀王的老将们都说："项羽为人剽悍，好为祸乱，所过无不残灭。宜派一仁德宽厚之人，扶义而西，方可攻入咸阳。项羽不可遣，只有沛公，素来待人宽厚，可担此任。"因此，项羽的请求未得到许可。

刘邦奉命后，收编了陈胜、项梁的散卒，他以"扶义而西"为口号，争取秦民支持，团结各种反秦力量，同时广揽人才，听取谋士献策，向西进伐。他联合皇欣、武蒲，攻克了栗县（今河南省夏邑县）；得彭越之力，攻昌邑（今山东省金乡县西北）。他采纳高阳看门小吏郦食（yì）其（jī）之策，取陈留，得到充足的补给；听从张良之谏，回兵围攻宛城（今河南省南阳市），并依陈恢之言，招降南阳郡守，并封侯，使秦朝地方官纷纷归降。刘邦军队纪律严明，所到之处秋毫无犯，受到沿途百姓拥护。

秦二世三年（前207年）八月，刘邦军攻克武关（在今陕西省商洛市商州区），打开了关中的东南大门。此时，项羽已杀宋义，代为上将军，在巨鹿把章邯、王离所率秦朝关东主力击溃，率40万大军杀向关中。

义军逼近，秦王朝内部乱作一团，内部矛盾迅速激化，内讧不断。先是秦丞相李斯与赵高争权，被赵高诬陷谋反罪死于非命，接着赵高又杀了秦二世，派人与刘邦相约，平分关中而王。刘邦不允。赵高想称帝，秦群臣不服，于是只好立秦始皇的宗族子弟子婴为秦王。子婴为王后，杀赵高，发兵守峣关（在今陕西省蓝田县南），以抗刘邦大军。刘邦用张良计，一面在峣关附近山上多树旗帜作疑兵，一面派郦食其、陆贾以利诱降守将。秦将为利所动，戒备疏忽，刘邦乘虚绕过峣关，在蓝田大破秦军，然后驻军霸上（在今陕西省西安市东），兵临咸阳。

公元前206年十月，秦王子婴素车白马，颈上系着带子，手捧封好的皇帝印玺、兵符、节杖等，率大臣出城向刘邦投降，秦王朝灭亡。是年十月，史称高祖元年，又称汉元年。

子婴降后，有将领请求诛之。刘邦说："楚怀王派我西进，是因我能宽容待人，今子婴已降服，杀之不祥。"于是，将子婴交付狱吏看管。

张良、樊哙劝刘邦不要贪恋一时的富贵

刘邦入咸阳，本打算占据秦皇宫殿，经樊哙、张良指出，此乃亡秦之物后，他只好封闭宫殿府库，还军霸上。然后召集各县豪杰、父老，做收买人心的工作。他说："父老苦于秦之苛法久矣！怀王与诸侯约定：先入关者王之，我当称王关中。今与父老约法三章：杀人者死，伤人及盗抵罪。除此之外，秦法全部废除，吏民皆各行其是。我之所以来，是为父兄除害，不会对你们造成侵扰的，不必害怕。"然后，刘邦派人与秦朝原来的官吏一道，去各地宣布自己的这番话。关中吏民大喜，争先恐后地送酒肉来犒劳将士。刘邦又推让说："仓里粮食多，不必父老费心。"吏民更加高兴，一心拥护刘邦，唯恐他不能当秦王。

且说项羽，这时率领大军四十万向关中进发。项羽在行军途中担心秦军入关后反叛，于是在新安（今河南省渑池县东）活埋了秦军二十余万，手段十分残忍。项羽先挖下大坑,在黑夜集合秦军,乘其无备,发动突然袭击,把秦军全部赶入大坑活埋,只留下秦军的三个降将章邯、董翳、司马欣随军入关。项羽的残暴行为激起了秦民的义愤,他们的父兄子弟被项羽杀死,无不咬牙切齿。

项羽入关,见秦民拥护刘邦,更是怀恨在心,他放了一把火烧了咸阳宫室,大火延续了三个月,咸阳城成了废墟。项羽又杀了秦王子婴,还派军队挖掘秦始皇墓。这些举动违反道义,更遭到老百姓的反对。项羽无法在关中立足,他自称西楚霸王,回到东方彭城。项羽把关中分为三份,让秦军的三个降将为三秦王,章邯为雍王,董翳为翟王,司马欣为塞王。项羽分封刘邦为汉中王。项羽一共分封了十八个王,一个个都心怀不满,项羽刚回到彭城,诸侯就造了反。刘邦趁机从汉中杀出,赶走三秦王,夺了关中。刘项两人正式争夺天下。这时是公元前206年八月。

由于项羽失民心,刘邦得民心,刘项相争五年,到公元前201年项羽失败,刘邦胜利,建立了汉朝,史称西汉。刘邦成了开国皇帝。

高祖本纪

高祖，沛丰邑中阳里人[1]，姓刘氏，字季[2]。
汉高祖出生在沛县丰邑中阳里村，姓刘，表字季。

高祖为人，隆准而龙颜[3]，美须髯，左股有七十二黑子[4]。仁
高祖的长相，高鼻梁，额骨突起像龙头，长着漂亮的胡须，左腿上有七十二颗黑痣。

而爱人，喜施，意豁如也。常有大度，不事家人生产作业。
他个性宽厚爱人，喜欢施舍，性情豁达简易。一向又宏达大度，不肯从事家人的生产劳动。

及壮，试为吏，为泗水亭长[5]……高祖常徭咸阳，纵观，观秦
等到成年，试做小吏，担任泗水亭长……高祖曾经服徭役到咸阳，遇上秦始皇出巡，允许

皇帝，喟然太息曰："嗟乎！大丈夫当如此也！"
百姓观瞻，高祖感慨地叹息说："啊！大丈夫应当这样呀！"

单父人吕公善沛令[6]，避仇从之客，因家沛焉。沛中豪杰
单父人吕公是沛县县令的好友，逃避仇家到沛令家客居，因而搬家到沛地。沛县中

吏闻令有重客，皆往贺。萧何为主吏[7]，主进，令诸大夫曰：
的豪杰官吏，听说县令有贵客，都前往拜贺。萧何担任主持，主管接收礼品，传言宾客说：

---

1 沛：秦县名，今江苏省沛县东。丰：沛县所属乡镇，西汉建置为县。刘邦出生在沛县丰邑中阳里村。
2 季：排行第三，并以此为刘邦之名。刘邦之名是成人后才起的正式名字，于是季成为刘邦的表字。
3 隆准：高鼻子。龙颜：额骨突出。
4 七十二黑子：此为传说，表示刘邦有异相。
5 泗水亭：在今江苏省沛县东。亭，秦朝基层行政组织。十里为一亭，亭长负责徭役、租税和处理民间争讼事件。
6 单（shàn）父（fǔ）：秦县名，在今山东单县。
7 萧何：西汉开国功臣，事详《萧相国世家》。主吏：即主吏掾，又称主吏功曹，职掌人事考核。

"进不满千钱,坐之堂下。"高祖为亭长,素易诸吏,乃绐

"送礼不满一千钱的,请坐在堂下。"高祖担任亭长,一向看不起这些官吏,就假写了一

为谒曰[1]"贺钱万",实不持一钱。谒入,吕公大惊,起,迎

张名帖说"贺钱一万",其实没拿一个钱。名帖递进去,吕公大惊,起身到大门前迎接刘邦。

之门。吕公者,好相人,见高祖状貌,因重敬之,引入坐。

吕公喜好给人看相,见到高祖的形象面貌,十分敬重他,引他入座。萧何说:"刘季向来

萧何曰:"刘季固多大言,少成事。"高祖因狎侮诸客,遂坐

说大话,很少能干成事。"高祖趁机轻侮那些客人,于是坐在上座,毫不客气。酒宴将要

上坐,无所诎[2]。酒阑,吕公因目固留高祖。高祖竟酒,后。

结束时,吕公用目光示意一定要他留下。高祖一直等到酒散,最后剩下自己一个人。吕公说:

吕公曰:"臣少好相人,相人多矣,无如季相,愿季自爱。

"我年轻时就喜好给人相面,相过面的人太多了,没有像您这样的相貌,希望您多多自爱。

臣有息女[3],愿为季箕帚妾。"酒罢,吕媪怒吕公曰:"公始常

我有亲生女,愿意给您做执箕帚的使女。"酒宴罢后,吕媪对吕公生气地说:"您平常总

欲奇此女[4],与贵人。沛令善公,求之不与,何自妄许与刘

认为此女不平凡,应该嫁给贵人。沛县县令与您交情好,求娶她您不给,为何自己胡乱许

季?"吕公曰:"此非儿女子所知也。"卒与刘季。吕公女乃

给刘季?"吕公说:"这不是你们女流之辈所能知道的。"终于嫁给刘季。吕公的女儿就

吕后也,生孝惠帝、鲁元公主[5]。

是吕后,生了孝惠帝和鲁元公主。

---

1 绐(dài):说谎。
2 无所诎:毫不客气。诎,同"屈",此指谦让。
3 息女:亲生女。
4 奇:认为不凡。
5 鲁元公主:惠帝姐,食邑鲁,故称鲁元公主。元,长,老大。

高祖以亭长为县送徒郦山[1]，徒多道亡。自度比至皆亡
高祖担任亭长时，为县令送刑徒到郦山，许多刑徒沿途逃亡。他估计到达目的地时
之[2]，到丰西泽中，止饮，夜乃解纵所送徒，曰："公等皆去，
会全都跑光，便在走到丰西湖边时，停下来招呼大家休息饮酒，夜间就解开绳子，放所送
吾亦从此逝矣！"徒中壮士愿从者十余人。高祖被酒，夜
刑徒都离开，说道："你们大家都走吧，我也从此逃亡了！"刑徒中有十多个壮士愿意跟
径泽中，令一人行前。行前者还报曰："前者大蛇当径，愿
从他。高祖带着醉意，夜间走在湖边小路上，命令一人在前面开路。前行者回来报告说："前
还。"高祖醉，曰："壮士行，何畏！"乃前，拔剑击斩蛇。
面有一条大蛇挡住去路，请求拐头回去。"高祖酒还没醒，说："壮士前行，有什么可怕的！"
蛇遂分为两，径开。行数里，醉，因卧。后人来至蛇所，
就上前拔剑击斩了大蛇，大蛇于是分为两半，路径开通。走了几里路后，酒意上来了，就
有一老妪夜哭。人问："何哭？"妪曰："人杀吾子，故哭
卧倒在地。后面的人来到斩蛇的地方，有一个老妇人在黑夜中哭泣，有人问："为什么哭呀？"
之。"人曰："妪子何为见杀[3]？"妪曰："吾子，白帝子也[4]，
老妇说："有人杀了我了儿子，故而哭泣。"问道："老婆婆的儿子为何被杀？"老妇说："我
化为蛇，当道。今为赤帝子斩之[5]，故哭。"人乃以妪为不
的儿子是白帝的儿子，变化为蛇，挡住了路。现今被赤帝的儿子斩杀了，故而哭泣。"大

---

1 徒：刑徒。郦山：即骊山，在今陕西省西安市临潼区东南。当时是秦始皇坟墓所在地。
2 自度：暗自思考。
3 妪子何为见杀：老婆婆的儿子为什么被杀。见，被。
4 白帝：传说中的五天帝之一，位于西方。秦居西方，自以为是白帝的子孙。秦襄公作西畤，祠白帝，白帝成为秦的象征。
5 赤帝子：传说中的五天帝之一，位于南方。刘邦自称是赤帝的子孙。西方金，南方火，火克金。赤帝子杀白帝子，预示着火克金，汉代秦。

刘邦醉斩拦路大蛇

诚，欲告之[1]。妪因忽不见。后人至，高祖觉。后人告高祖，
_{家都认为老妇人胡说八道，想要惩罚她。老妇人却忽然不见了。后面的人赶到，高祖酒醒了。}

高祖乃心独喜，自负。诸从者日益畏之。
_{大伙把刚才的事告诉了高祖，高祖心中暗暗高兴，自命不凡。那些跟从的人日益敬畏他。}

秦始皇帝常曰"东南有天子气"，于是因东游以厌之[2]。高
_{秦始皇帝常说："东南有天子的气象。"因此就巡游东方来压制它。高祖便怀疑与}

祖即自疑，亡匿，隐于芒、砀山泽岩石之间[3]。吕后与人俱求，
_{自己有关，逃亡藏匿，隐蔽在芒山、砀山一带深山大泽间。吕后和人一起去找他，经常能}

常得之。高祖怪问之。吕后曰："季所居上常有云气，故从
_{找到。高祖奇怪，便问她。吕后说："您所居住的上方常有云气，故而跟着前往，便能经}

---

1 欲告之：要告发她。告，《汉书》作"苦"，谓欲困苦辱之，责难之，义更长。
2 厌（yā）：同"压"，震慑。
3 芒、砀：两山名，在今河南永城市东北。芒山在北，砀山在南，秦时属砀郡。

汉高祖入关

往，常得季。"高祖心喜。沛中子弟或闻之，多欲附者矣[1]。
常找到。"高祖心中高兴。沛中子弟有听闻此事的，大多想依附他。

秦二世元年秋[2]，陈胜等起蕲，至陈而王，号为"张楚"。
秦二世元年秋天，陈胜等人在蕲县起兵，到陈县后自立为王，号称"张楚"。各郡

诸郡县皆多杀其长吏以应陈涉。沛令恐，欲以沛应涉。掾、
县大都杀死当地官吏来响应陈涉。沛县县令害怕，想以沛县来响应陈涉。狱掾曹参、主吏

主吏萧何、曹参乃曰："君为秦吏，今欲背之，率沛子弟，恐不
萧何就向他建议说："您身为秦朝官吏，现在想背叛它，率领沛县子弟，恐怕大家不会听从。

听。愿君召诸亡在外者，可得数百人，因劫众，众不敢不听。"
希望您召回逃亡在外的人，可以得到数百人，利用他们挟持县里的民众，大家不敢不听从。"

乃令樊哙召刘季。刘季之众已数十百人矣。
就派樊哙去召回刘季。这时，刘季的部属已有几百人了。

于是樊哙从刘季来。沛令后悔，恐其有变，乃闭城城守，
这时，樊哙跟刘季回来。沛县县令后悔了，恐怕刘季有变故，就关闭城门，严加防守，想要诛

欲诛萧、曹。萧、曹恐，逾城保刘季。刘季乃书帛射城上，谓
杀萧何、曹参。萧、曹二人恐惧，翻过城墙来投靠刘季。刘季就用帛写了一封信射上城去，对沛县父

沛父老曰："天下苦秦久矣，今父老虽为沛令守，诸侯并起，今
老说："天下被秦所苦已经很久了。现今父老们虽为沛县的县令守城，但各地诸侯共同起兵，沛县如

屠沛。沛今共诛令，择子弟可立者立之，以应诸侯，则家室完。
今将要被屠城。沛县百姓现在一起来诛杀县令，选择子弟中可以充当头领的人拥立他，来响应诸侯，

不然，父子俱屠，无为也[3]。"父老乃率子弟共杀沛令，开城门迎
那么大家的家室便可以保全完好了。不然的话，父子都要被屠杀，太不值得了。"父老们就率领子弟

---

1 附：追随。
2 秦二世元年：公元前209年。
3 无为也：没意义，犯不着。

刘季，欲以为沛令。刘季曰："天下方扰，诸侯并起，今置将不
_{一起杀了沛县县令，打开城门迎接刘季，想请他做沛县县令。刘季说："天下当今大乱，诸侯纷纷起兵，}
善，一败涂地[1]。吾非敢自爱，恐能薄，不能完父兄子弟。此大
_{如今选择将领不当，就会一败涂地。我并非爱惜自己的性命，恐怕能力微薄，不能保全父老兄弟。这}
事，愿更相推择可者。"萧、曹等皆文吏，自爱，恐事不就，后
_{是件大事，希望大家再商议，推选可以胜任的人。"萧何、曹参等人都是文笔小吏，看重自身，恐怕}
秦种族其家[2]，尽让刘季。诸父老皆曰："平生所闻刘季诸珍怪，
_{大事不成，以后要被秦绝灭种族，所以都尽力推举刘季。诸位父老都说："平时我们就听闻刘季您众}
当贵，且卜筮之，莫如刘季最吉。"于是刘季数让，众莫敢为，
_{多的奇闻逸事，应当显贵，而且我们占卜此事，没有比刘季更吉利的了。"尽管刘季几次推让，众人}
乃立季为沛公。祠黄帝，祭蚩尤于沛庭[3]，而衅鼓，旗帜皆赤。
_{没有敢担当的，就拥立刘季为沛公。在沛县衙门祭祀黄帝、蚩尤，并且杀牲畜祭战鼓，旗帜都用赤色。}
由所杀蛇白帝子，杀者赤帝子，故上赤。于是少年豪吏如萧、
_{由于刘季所杀的大蛇是白帝的儿子，杀蛇的是赤帝的儿子，因而崇尚赤色。这时年少豪侠的县吏如萧何、}
曹、樊哙等皆为收沛子弟二三千人，攻胡陵、方与，还守丰。
_{曹参、樊哙等人都为他召集沛县的青年子弟两三千人，攻打胡陵、方与，回军驻守丰邑。}

　　秦二世二年，陈涉之将周章军西至戏而还。燕、赵、齐、
_{秦二世二年，陈涉的将军周章西进到戏水，兵败而还。燕、赵、齐、魏都自立为王。}
魏皆自立为王。项氏起吴[4]……引兵之薛……沛公闻项梁在
_{项氏在吴县起兵……项梁渡过长江进入薛邑……沛公听说项梁在薛地，带一百多随从骑}

1　一败涂地：一旦失败，就不可收拾。
2　种族：灭种，灭族。
3　祠黄帝，祭蚩尤：古以黄帝、蚩尤为战神，祭祀战神，发动起义。
4　项氏：指项梁、项羽。

汉高祖入关　　101

薛，从骑百余往见之。项梁益沛公卒五千人、五大夫将十人[1]。
兵去拜见项梁。项梁增拨给沛公五千兵卒和十五名大夫级的将官。沛公回来后，领兵攻

沛公还，引兵攻丰。
打丰邑。

从项梁月余，项羽已拔襄城还。项梁尽召别将居薛。闻
跟从项梁一个多月，项羽攻下襄城回来。项梁把将领们都召集到薛县。听说陈王确

陈王定死，因立楚后怀王孙心为楚王，治盱台[2]。项梁号武信君。
实已死，因而立楚国后代怀王的孙子熊心为楚怀王，在盱台建都。项梁号称武信君。过了

居数月，北攻亢父，救东阿，破秦军。齐军归，楚独追北[3]，使
几个月，向北攻打亢父，援救东阿，攻破秦军。齐军回归本国，楚军独自追击秦兵，派沛公、

沛公、项羽别攻城阳，屠之。军濮阳之东，与秦军战，破之。
项羽另外攻打城阳，屠灭全城。驻军濮阳东面，和秦军交战，攻破秦军。

秦军复振，守濮阳，环水[4]。楚军去而攻定陶，定陶未下。
秦军重新振作，驻守濮阳，这里四面环水。楚军离去而攻打定陶，定陶没有攻下。

沛公与项羽西略地至雍丘之下，与秦军战，大破之，斩李由[5]。
沛公和项羽向西攻城略地到达雍丘城下，和秦军交战，大破秦军，斩杀李由。回军进攻外黄，

还攻外黄，外黄未下。
外黄没有攻下。

项梁再破秦军，有骄色。宋义谏[6]，不听。秦益章邯兵，
项梁连破秦军，流露出骄傲的神色。宋义劝谏，不听从。秦增援章邯的军队，夜晚，

1 五大夫将：有五大夫爵位的将领。五大夫，秦爵第九级。
2 盱台：秦县名，县治在今江苏盱眙东南。台（yí），读"眙"。
3 追北：追击败逃的秦军。
4 环水：濮阳城四周环水，易守难攻。
5 李由：李斯子，为秦三川郡守。
6 宋义：项梁部将。

汉朝崇尚红色

夜衔枚击项梁，大破之定陶，项梁死。沛公与项羽方攻陈留[1]，
<small>为了不出声响，兵士们都口衔小木棍偷袭项梁的军队，在定陶大破楚军，项梁战死。沛公</small>
闻项梁死，引兵与吕将军俱东[2]。吕臣军彭城东，项羽军彭城
<small>和项羽正在攻打陈留，听闻项梁战死，率军和吕将军一起东撤。吕臣驻军彭城东面，项羽</small>
西，沛公军砀。
<small>驻军西面，沛公驻扎在砀县。</small>

　　章邯已破项梁军，则以为楚地兵不足忧，乃渡河，北击
<small>章邯攻破项梁的军队后，认为楚地的兵力不足担忧了，就渡过黄河，向北进攻赵国，</small>
赵，大破之。当是之时，赵歇为王[3]，秦将王离围之巨鹿城，此
<small>大破赵军。在这个时候，赵歇为赵王，秦将王离率军将他围困在巨鹿城中，这就是所称的"河</small>

---

1 陈留：秦县名，县治在今河南开封东南。
2 吕将军：陈胜部将吕臣。
3 赵歇：战国时赵国后裔，秦末为赵王。

汉高祖入关

所谓河北之军也。

秦二世三年，楚怀王见项梁军破，恐，徙盱台，都彭城[1]，并吕臣、项羽军自将之。以沛公为砀郡长，封为武安侯，将砀郡兵；封项羽为长安侯，号为鲁公；吕臣为司徒，其父吕青为令尹[2]。

赵数请救，怀王乃以宋义为上将军，项羽为次将，范增为末将[3]，北救赵。令沛公西略地入关。与诸将约，先入定关中者王之。

当是时，秦兵强，常乘胜逐北。诸将莫利先入关。独项羽怨秦破项梁军，奋，愿与沛公西入关。怀王诸老将皆曰："项羽为人僄悍猾贼[4]。项羽尝攻襄城，襄城无遗类[5]，皆坑

---

1 彭城：即今江苏徐州。
2 令尹：楚官名，即司丞相之职。
3 范增：项梁谋士。
4 僄悍猾贼：勇猛凶残。
5 无遗类：全部灭绝，没留下一人。

之，诸所过无不残灭。且楚数进取，前陈王、项梁皆败，不
众多地方无不遭到残酷毁灭。况且楚兵多次进攻，以前的陈王、项梁都失败了。不如派宽

如更遣长者扶义而西，告谕秦父兄。秦父兄苦其主久矣，今
厚长者以正义为号召而西进，对秦的父老兄弟讲明道理。秦的父老兄弟受秦王的苦很久了。

诚得长者往，毋侵暴，宜可下。今项羽僄悍，今不可遣。独
现今果真得到宽厚长者前往，不施暴虐，应该可以攻下。而今项羽凶暴剽悍，不可派他去。

沛公素宽大长者，可遣。"卒不许项羽，而遣沛公西略地，收
唯独沛公一向是宽厚的长者，可以派遣。"最终没有答应项羽，而派沛公西进攻城略地，

陈王、项梁散卒。乃道砀至成阳，与杠里秦军夹壁，破秦二
收集陈王、项梁的散兵，便取道砀郡到城阳，和驻在杠里的秦军对垒，击败了秦的两支部队。

军。楚军出兵击王离[1]，大破之。
楚军出兵攻击王离的军队，大破秦军。

沛公引兵西……西过高阳[2]。郦食其为监门[3]，曰："诸将过
沛公率军西进，经过高阳。郦食其担任高阳的监门，说："诸将经过此地的很多，

此者多，吾视沛公大人长者。"乃求见说沛公。沛公方踞床[4]，
我看沛公是大人长者。"就求见游说沛公。沛公正坐在凳上，让两个女子为她洗脚。郦生

使两女子洗足。郦生不拜，长揖[5]，曰："足下必欲诛无道秦，
不跪拜，深深地拱手行礼，说："足下一定想诛灭无道的秦朝，便不应当坐着接见长者。"

不宜踞见长者。"于是沛公起，摄衣谢之，延上坐。食其说沛
这时沛公起来，整理好衣服向郦生道歉，请他上坐。郦食其劝说沛公袭击陈留，得到秦军

---

1 楚军出兵击王离：指项羽的巨鹿之战。
2 高阳：古邑名，在今河南杞县西南。
3 郦食其：刘邦的谋士和说客，事详《郦生陆贾列传》。监门：即监门吏，秦代基层役吏。
4 踞床：坐在床上。床，类似板凳一类的坐具。
5 长揖（yī）：深深地拱手行礼。

公袭陈留，得秦积粟。乃以郦食其为广野君，郦商为将[1]，将陈
的存粮。就封郦食其为广野君，任命郦商为将军，统率陈留的军队，与他一起攻打开封，

留兵，与偕攻开封，开封未拔。西与秦将杨熊战白马，又战
开封没有攻下。向西进军，和秦将杨熊在白马交战，又在曲遇东面打了一仗，大破秦军。

曲遇东，大破之。杨熊走之荥阳，二世使使者斩以徇。南攻
杨熊败逃到荥阳，二世派使者杀了他来示众。向南攻取颍阳，屠杀全城。刘邦靠张良的协

颍阳，屠之。因张良略韩地轘辕。
助才攻占了韩地。

是时章邯已以军降项羽于赵矣。
这时，秦将章邯已经在赵地率军投降了项羽。

初，项羽与宋义北救赵，及项羽杀宋义，代为上将军，诸
当初，项羽和宋义北上救援赵国，等到项羽杀了宋义，代替他为上将军，诸位将领

将黥布皆属；破秦将王离军，降章邯，诸侯皆附。
黥布等都归属项羽；大破秦将王离的军队，收降章邯后，诸侯都归附他。

及赵高已杀二世，使人来，欲约分王关中。沛公以为诈，
赵高杀了秦二世，派人来联系，想约定分割关中称王。沛公认为是个阴谋，就用张

乃用张良计，使郦生、陆贾往说秦将[2]，啖以利[3]，因袭攻武关，
良的计谋，派郦生、陆贾前去游说秦将，诱之以利益，因此袭击攻下武关，大破秦军。又

破之。又与秦军战于蓝田南，益张疑兵旗帜，诸所过毋得掠
和秦军在蓝田南面交战，多设疑兵，多树旗帜，迷惑秦军，并命令所过之处不得掳掠，秦

---

1 郦商：郦食其之弟。事详《樊郦滕灌列传》。
2 郦生：即郦食其。陆贾：刘邦谋士，与郦生同传。
3 啖（dǎn）以利：诱之以利。啖，以食喂人。

卤[1]，秦人喜，秦军解[2]，因大破之。又战其北，大破之。乘胜，
人很高兴，秦军纷纷瓦解，乘机大破秦军。又在蓝田北面大战，大破秦军。乘着胜利，彻

遂破之。
底打败秦军。

汉元年十月[3]，沛公兵遂先诸侯至霸上。秦王子婴素车
汉王元年的十月，沛公的军队先于各路诸侯到达霸上。秦王子婴乘着白色丧车、

白马，系颈以组[4]，封皇帝玺符节，降轵道旁[5]。诸将或言诛秦
驾着白马，用丝带系颈，手捧着皇帝的玉玺符节，在轵道旁投降。诸将有的提出诛杀秦王。

刘邦见郦食其

---

1 卤：同"掳"。
2 解：同"懈"。
3 汉元年十月：公元前206年，刘邦为汉王，为汉纪年之始。十月，阴历十月。
4 系颈以组：用丝带系着脖子，这是亡国的国君向别人投降时表示服罪的样子。组，丝条。
5 轵（zhǐ）道：即轵道亭，在今陕西西安东北。

汉高祖入关

王。沛公曰："始怀王遣我，固以能宽容，且人已服降，又
沛公说："当初楚怀王派我来，本来就因为我能宽容，并且人家已经投降服从，又杀他，

杀之，不祥。"乃以秦王属吏，遂西入咸阳。欲止宫休舍，
不吉利。"就把秦王交给司法官吏，于是西入咸阳。想在秦宫中住下休息，樊哙、张良

樊哙、张良谏，乃封秦重宝财物府库，还军霸上。召诸县
劝阻他，于是封存秦的贵重宝器财物和府库，率军回到霸上。召见各县的父老豪杰说："父

父老豪杰曰："父老苦秦苛法久矣，诽谤者族，偶语者弃市。
老们被秦的严刑酷法所苦很久了，诽谤的人要灭族，相聚议论的要斩于街市。我和诸侯

吾与诸侯约，先入关者王之，吾当王关中。与父老约法三
约定，谁先进入关中谁为关中王，我应当在关中称王。和父老们约法三章：杀人者处以

章耳：杀人者死，伤人及盗抵罪。余悉除去秦法。诸吏人
死刑，伤人和抢劫者依法判罪。我废除秦的全部法律，诸位官吏百姓都像过去一样各安

皆案堵如故。凡吾所以来，为父老除害，非有所侵暴，无
其位。我所以来这里是为父老们除害，并非来侵害暴虐的，不要害怕！而且我之所以回

恐！且吾所以还军霸上，待诸侯至而定约束耳。"乃使人与
军霸上，为了等待各路诸侯来到再决定大家共同遵守的规约。"就派人和秦朝官吏在各

秦吏行县乡邑，告谕之。秦人大喜，争持牛羊酒食献飨军
县乡邑巡行，向百姓宣告说明这个意思。秦人十分高兴，争着送牛、羊、酒食慰劳军士。

士。沛公又让不受，曰："仓粟多，非乏，不欲费人。"人
沛公又推让不接受，说："仓库的粮食很多，并不缺乏，不想劳费大家。"百姓们更加

又益喜，唯恐沛公不为秦王。
高兴，唯恐沛公不当秦王。

▲ 清·沈振麟《帝鉴图说·入关约法》

▲ 明·仇英《帝王道统万年图·殷高宗》

任贤故事 七则

▲ 清·陈士倌《圣帝明王善端录·殷高宗》

殷武丁托梦得傅说

武丁是商朝中后期的一位贤王，他任用贤才治国，使已经衰弱的商朝一度复兴。武丁时有一个贤人叫傅说，他沦落为官奴隶，在傅岩地方服苦刑。武丁知道他是一个人才，想重用他，但当时中国社会还是种姓奴隶制，傅说的出身是一个奴隶，连自由民都不是，贵族大臣反对，根本不可能得到重用。武丁思来想去，想出了一个好办法。他托梦说得到神的启示，商朝当有贤人辅佐。这个贤人的相貌如何如何。武丁告诉了大臣，然后召集朝廷百官察看相貌，在朝廷百官中没有一个人符合武丁梦中的人像。于是画上图形，派出使者到全国各地寻找，果然在傅岩地方找到了武丁的梦中人，这样傅说就摆脱了奴隶身份，成了天派的贤人，做了商朝的国相。傅说很有才干，他精心治国，商朝复兴。

托梦得贤人，占卦问鬼神，在上古人们迷信时代往往具有权威。战国时齐国将军田单抗燕，他让即墨城中的人吃饭时在院子中央祭祀祖先，由于食物引来远方飞鸟，城中人感到很奇怪，哪来这么多飞鸟。田单说："这是神的暗示，有神人来帮助抗击燕师。"这时一个士兵说："我就是神师。"田单立刻把那个士兵请到上坐，亲自下拜，向神师请教。那个士兵说："报告将军，我刚才说了假话，实在没有什么本领，当不了军师。"田单说："不要讲话，你就是神师。"田单的许多作战计划和命令，通过神师之口说出，极大地动员了军民士气，增强了凝聚

神师喂鸟

力。武丁商王托梦得贤人，实际上表现了武丁商王的独特思想意识，他要破格起用人才，用托梦的办法消除了阻力，也增加了傅说的权威。傅说因为是奴隶，没有姓名，做了国相后，以傅岩地方为姓，取名傅说（说，读为"悦"）。

武丁商王用奴隶出身的贤人傅说治国，在中国历史上留下了一段任贤使能的佳话。

殷本纪

帝武丁即位，思复兴殷，而未得其佐。三年不言，政事
_{武丁帝即位后，想复兴殷朝，但没有得到辅佐的大臣。他三年不说话，政事由冢宰决定，}
决定于冢宰[1]，以观国风[2]。武丁夜梦得圣人，名曰说[3]。以梦所见
_{他冷静地观察国家的风气。武丁托称夜晚做了一个梦，遇到一位圣人，名叫说。他按梦中所}
视群臣百吏，皆非也。于是乃使百工营求之野[4]，得说于傅险
_{看到的形貌来观察各位大臣和官吏，没有一个像梦中人。于是派出百官到都外郊野设法寻找，}
中。是时说为胥靡[5]，筑于傅险。见于武丁，武丁曰是也。得
_{果然在傅险找到了说。这时，说正服刑役，在傅险筑路。把他引见给武丁，武丁说："正是他。"}
而与之语，果圣人，举以为相，殷国大治。故遂以傅险姓之，
_{跟他谈话，果然是一位圣人，便提升他做宰相，殷国治理得很好。因而用傅险作了他的姓，}
号曰傅说。
_{称作傅说。}

---

1 冢宰：佐天子治国的百官总长，即后世之丞相。
2 国风：民情风俗。
3 说（yuè）：读"悦"。
4 百工：百官。
5 胥靡：古代的一种奴隶之称，汉时用作一种刑徒之称。

▲ 周公承祖训（清·佚名《豳风十二月图说·一日于貉》）

周公捉发吐哺待贤士

周公姬旦,是西周开国功臣之一,我国历史上著名的贤相。周公辅佐武王灭殷,辅佐成王治国,开创西周一代制度,奠定西周盛世基础,本书在前面《周公辅政兴礼乐》故事中已做了全面评述,这里就不重复。周公谦虚谨慎,思贤若渴,也留下了动人的故事。

成王即位,封周公于鲁。周公留京辅政,就让他的大儿子姬伯禽到封地上去做鲁侯。伯禽上路,周公送行,谆谆告诫伯禽的就是让儿子到了封地鲁国,最大的政务就是访求贤才,不要以富贵骄人。周公对儿子

饭点来客

伯禽说:"我是你祖父文王的儿子,你大伯武王的弟弟,当今天子的叔父,可以说地位除当今天子一人外,无人可比。即使这样,我一刻也不敢懈怠,虚心接待贤士。我洗一次头,要三次中断提发;我吃一顿饭,要三次放下碗筷。原因是,有贤士来访,我是立即接见,所以中断了洗头,或中断了吃饭,即使这样,我还担心遗漏了贤士。你是我的儿子,得到天子恩典,如今被封鲁国。你就任后要发扬我的精神,绝不放走贤才,绝不怠慢来访人士。你千万记住,不可富贵骄人,团结了民众,大家安居,才是我的好儿子。"伯禽也没有辜负周公教育,他治理鲁国,讲究礼义,网罗人才,使鲁国成为保存周文化传统最多的国家。

　　成语"捉发吐哺",就是从周公告诫伯禽的这段话来的。

鲁周公世家

（周公）使其子伯禽代就封于鲁。周公戒伯禽曰:"我文王之子,武王之弟,成王之叔父,我于天下亦不贱矣。然我一沐三捉发,一饭三吐哺[1],起以待士,犹恐失天下之贤人。子之鲁,慎无以国骄人。"

周公让自己的儿子伯禽代替自己到封地鲁国去做鲁侯。临行前,周公告诫伯禽说:"我是文王的儿子,武王的弟弟,成王的叔父,与天下人相比我的地位也不算低了。但是我还要洗一次头三次提发,吃一顿饭三次放下饭碗,站起来接待贤士,即使这样还担心错过了天下的人才。你到鲁国去后,千万谨慎行事,不要向国人摆架子。"

---

[1] 捉发吐哺:洗一次头三次提发,吃一顿饭三次放下饭碗。意指周公不敢怠慢贤士。

明·戴进《渭滨垂钓图》

文王渭滨遇吕尚

这个故事讲周文王是怎样发现、重用吕尚的。

周文王姬昌，周朝兴起时的一个贤王，他替儿子武王姬发选拔培养了一大批人才，吕尚是最出色的一个。

周文王在殷纣时被封为西伯，即西方诸侯小国的盟主，替殷纣王监护这些小国。西伯利用这个权力，经营周朝天下，到他死时，天下三分已有其二，奠定了武王灭纣的基础。武王灭殷建周，追封西伯为文王，史称周文王，又称西伯，原因在这里。

吕尚是西周开国的第一功臣，他辅佐西伯完成了对西边诸侯的统一，接着又辅佐武王灭殷。西周建国后，武王封吕尚于齐，成为齐国的始祖。

吕尚原本姓姜。最早的祖先在尧舜时代做过四岳的官，协助大禹治水有功，因此子孙在夏商时代为诸侯，有的封于吕，有的封于申。吕尚是吕国的一支后代，以封地为姓，所以称吕尚，按原本的姓又称姜尚。因此姜尚、吕尚是一个人。

吕尚原本生在东海，长大成人后游说诸侯，施展抱负，但没有人赏识他。年已七十的他，听说西伯很开明，访求贤才。吕尚就来到西方，隐居在渭水边上垂钓。民间传说，吕尚钓鱼用直针不用弯钩，所以民间有"姜太公钓鱼——愿者上钩"的话。因为吕尚垂钓，用意不在钓鱼，他在等待西伯访贤，"愿者上钩"者指西伯。这是民间传说的故事。按照《史

姜太公钓鱼

记·齐太公世家》的记载，有一天西伯出去打猎，先算了一卦。传说西伯作八卦，精通易学。无论做大小事，都事先算一卦，以卜吉凶。这一天按卦象可以解释为出行打猎，什么收获也没有，但可以得遇一位辅佐周人的圣人。西伯非常高兴。他一路行来，既没有碰上猎物，也没有什么行人，到了渭水岸边，遇上一位垂钓的老者。西伯于是与这位老者攀谈，老者谈吐不凡，胸中装有天下大事。西伯大惊，莫非这位老者就是占卦中说的那位圣人吧。西伯对老者说："我的祖父太公对我说过，在我当政时，将有圣人来到周地，是辅佐周人兴盛的。您老人家就是这个人啊！我的祖父太公盼望你已经很久了。"于是西伯请老者同车回到周原，委任为国师，号为太公望，表示西伯实现了祖父太公的愿望，找到兴周的圣人了。

这位老者就是吕尚，西伯给他加号"太公望"，于是尊礼吕尚的人，就称他为姜太公了。

西伯的祖父叫古公亶父，他是周人兴起的一个重要人物，他把周人从豳地迁到岐山脚下的周原，避开戎狄的锋芒，周人在周原日益兴旺起来。古公亶父有三个儿子，长子太伯，次子仲雍，三子季历。西伯是季历的儿子，从小就聪颖过人，古公亶父非常喜欢，决心把国家传给西伯姬昌。太伯、仲雍两兄知道了父亲的意思后，两人为了让国就逃到南方吴越之地，这里的蛮人非常喜欢这两兄弟的到来，就拥戴太伯为吴地首领，后来西周建立以后，正式封太伯的后代为吴国，史称吴太伯。

古公亶父，如此器重西伯，谆谆告诫西伯访贤兴周。西伯牢记在心，所以他得遇吕尚。加号"太公望"，表示不忘古公亶父的教诲，时时刻刻以求贤兴周为己任。西伯自得遇吕尚后，军国大事，君臣共谋，暗中修德，蓄聚力量，推翻殷纣王的统治。西伯把洛水西岸之地献给殷纣王，请求他废去炮烙之刑，争取民心；又用计让殷纣王除了崇侯虎这个与西伯为敌的崇国诸侯。接着西伯征伐犬戎，灭掉密须，打败耆国。密须在今甘肃省灵台县西。耆国在今山西省长治市西北黎城县。也就是说西伯的周国疆域，以关中为腹心，西边越过大陇山，势力达到陇右，东边到达太行山以西，只要越过太行山就是殷朝都城朝歌。这时西伯死了，周人天下已三分有其二了。这些计谋多半出自吕尚之手。武王即位，吕尚辅佐武王灭商。牧野之战，周武王为统帅，吕尚为军师，是实际的总指挥。灭掉殷朝以后，祭告天地战功。打开殷纣王的仓库，把钱财散给百姓，把粮食分给群众，修缮殷朝忠臣比干等人的坟墓，释放纣王关押的政治犯，迁九鼎于周，改革新政，建立新王朝。一切善政办法，大多出于吕尚之谋。

周武王封吕尚于齐，在山东半岛，都营丘，即今山东临淄。当时这是十分荒凉的边远地，夏、商、周的政治中心都在黄河中下游的华北平原。

吕尚到封国，入乡随俗，安抚当地人民，又招来四方之民，开垦土地，发展渔业和工商业，到了春秋时，齐国成为大国。

吕尚是中国历史上著名的政治家和军事家，他是西周的开国功臣，齐国的始祖，开发山东地区的历史伟人。当然，这一切都离不开西伯的慧眼识英雄。

齐太公世家·吕尚

太公望吕尚者[1]，东海上人。其先祖尝为四岳，佐禹平水
<small>太公望姜尚，是东海人。他的祖先曾经做过四岳的官，辅佐禹治理洪水建立了大功。到了虞</small>
土甚有功。虞夏之际封于吕，或封于申，姓姜氏。夏商之时，
<small>夏时代，分别被封在吕和申这两个地方，姓为姜。再到夏商之际，申和吕这两个地方有的封给了非嫡</small>
申、吕或封枝庶子孙，或为庶人，尚其后苗裔也。本姓姜氏，
<small>亲的子孙，有的没受封的后来都沦为平民百姓了。吕尚就是他们的后代，本来姓姜，因是封于吕国的</small>
从其封姓，故曰吕尚。
<small>一支，以封地为姓，所以叫吕尚。</small>

吕尚盖尝穷困，年老矣[2]，以渔钓奸周西伯[3]。西伯将出猎，
<small>吕尚原先也穷愁潦倒，年纪又大，在河边钓鱼时遇上周西伯。西伯有一次去打猎，事先算</small>
卜之，曰："所获非龙非彲[4]，非虎非罴；所获霸王之辅。"于
<small>了一卦，卦辞上说："打猎得到的不是龙不是彲，不是虎也不是罴，而是能辅佐你成为霸主的人。"</small>
是周西伯猎，果遇太公于渭之阳，与语大说，曰"自吾先君
<small>于是西伯就出门了，果然在渭水的北边碰到了姜太公，西伯与太公作了交谈，非常投机，就说："我</small>
太公曰：'当有圣人适周，周以兴。'子真是邪？吾太公望子
<small>的祖先太公曾经说过：'如果有圣人来到周地，周就会兴旺起来。'你就是圣人吧！我的太公期</small>

---

1 太公望吕尚：即太公望姜尚，姓姜，名尚，字子牙，因祖先虞夏之际封于吕，故吕为氏，又名吕尚。姜尚辅周文王称伯，佐武王灭商，是周初开国功臣之一，封于齐。太公望是周文王给他的称号，武王尊为师尚父。
2 年老矣：《荀子·君道篇》载，姜尚遇文王时，年已七十有二，牙已脱落。
3 奸（gān）：读"干"，请托。
4 彲（chī）：异本古作"螭"，大爬虫类动物。

文王渭滨遇吕尚

久矣。"故号之曰"太公望"，载与俱归，立为师。
望你已经很久了。"所以把吕尚称作"太公望"，同坐一辆车，回去就让他做了国师。

或曰，太公博闻，尝事纣。纣无道，去之。游说诸侯，
有一种传闻，说太公望见闻广博，曾经辅助过殷纣王。因为纣王暴虐无道，所以他才毅然

无所遇，而卒西归周西伯。或曰，吕尚处士，隐海滨。周西
离去。但遍游诸侯各国，都没有碰到英明之主，后来终于归顺了周西伯。另一种说法是，吕尚是

伯拘羑里[1]，散宜生、闳夭素知而招吕尚。吕尚亦曰："吾闻西
位隐士，住在海边。周西伯被殷纣王关押在羑里时，散宜生和闳夭平时知道吕尚是不一般的人，

伯贤，又善养老，盍往焉。"三人者为西伯求美女奇物，献之
就来请他去西周。吕尚也说："我早听说周西伯很贤明，又尊重德高望重的人，为什么不去那里

于纣，以赎西伯。西伯得以出，反国。言吕尚所以事周虽异，
呢？"他们三人为了救出西伯，找来了绝色女子和珍奇宝物，献给了殷纣王。纣王这才释放了西伯，

然要之为文武师。
并让他回到西周。虽然吕尚事周的说法各家不一，但都认为他是周文王和周武王的国师。

周西伯昌之脱羑里归，与吕尚阴谋修德以倾商政，其事多兵
周西伯姬昌从羑里脱险回来，和吕尚暗中修德以颠覆殷商政权，其中有许多是用兵权谋与奇

权与奇计，故后世之言兵及周之阴权皆宗太公为本谋。周西伯政
计，所以后代人们谈论用兵之道以及西周的权谋，都很推崇姜太公。周西伯的政治太平，以及能正

平，及断虞、芮之讼，而诗人称西伯受命曰文王。伐崇、密须、
确解决虞国与芮国之间的纷争，所以诗人们说西伯是受天命而叫文王。文王讨伐崇国、密须和犬

犬夷，大作丰邑。天下三分，其二归周者，太公之谋计居多。
夷国，兴盛于丰邑。天下三分，其中二分归周所有，多半是出于太公的谋划。

---

1 羑（yǒu）里：古邑名，在今河南汤阴县北。

伐纣准备工作

文王崩，武王即位。九年，欲修文王业，东伐以观诸侯
周文王死后，武王姬发继位。武王九年，周武王打算重修文王伐纣的事业，向东兴兵，

集否。师行，师尚父左杖黄钺[1]，右把白旄以誓，曰："苍兕苍
以此看看其他诸侯的态度。部队出发时，国师吕尚左手拿着黄钺，右手拿着白旄，对天发誓说：

兕[2]，总尔众庶，与尔舟楫，后至者斩！"遂至盟津。诸侯不期
"苍兕啊苍兕，率领你的部下，带着你的舟楫前进，后到者一律斩首！"于是进军到了盟津。

而会者八百诸侯。诸侯皆曰："纣可伐也。"武王曰："未可。"
结果不约而来的诸侯多达八百国。大家都说："可以去讨伐纣王。"可是周武王却说："时机

还师，与太公作此《太誓》。
还不成熟。"于是撤回了军队，与太公一起写下了《太誓》这篇文章。

---

1 杖：执持。
2 苍兕：传说的水兽名，有九个头，用为主舟楫的官名。

文王渭滨遇吕尚

居二年，纣杀王子比干，囚箕子。武王将伐纣，卜，龟
过了二年，殷纣王凶狠地杀了王子比干，又把大臣箕子囚禁了起来。周武王这才准备出兵伐纣，他

兆不吉，风雨暴至。群公尽惧，唯太公强之劝武王，武王于
让人算了一卦，龟背上显示的卦象不吉利，暴风雨又突然而来。大臣们都惊慌失措，只有太公一人坚持劝

是遂行。十一年正月甲子，誓于牧野，伐商纣。纣师败绩。
勉周武王，武王这才下定决心出师。十一年正月甲子这一天，周武王率领众人在牧野誓师，坚决讨伐商纣。

纣反走，登鹿台[1]，遂追斩纣。明日，武王立于社，群公奉明
纣王发兵迎战，吃了败仗。纣王仓皇逃回，登上了朝歌的鹿台，最后被追兵所杀。第二天，周武王站在土地

水[2]，卫康叔封布采席，师尚父牵牲，史佚策祝[3]，以告神讨纣之
神社前，大臣们奉着清水，卫康叔铺开彩席，国师尚父牵着牲畜，史佚诵读着祭文，向天神禀告讨伐纣王之罪。

罪。散鹿台之钱，发巨桥之粟，以振贫民。封比干墓，释箕
接着又把鹿台的存钱，巨桥仓库的粮食，分散出去拯救平民百姓。然后为比干建墓，又释放了箕子。还把象

子囚。迁九鼎，修周政，与天下更始。师尚父谋居多。
征天子权位的九鼎移到了西周，修理政治，开创了一个崭新的时代。所有这些，大多是国师吕尚谋划的。

于是武王已平商而王天下，封师尚父于齐营丘。东就国，
周武王灭掉商纣，统一天下后，就把国师吕尚封在了齐地营丘。吕尚向东到封国去，路

道宿行迟。逆旅之人曰："吾闻时难得而易失。客寝甚安，殆
上走走停停，行动迟缓，路上的行人就说："我听说机不可失，时不再来。太公在路上睡得那

非就国者也。"太公闻之，夜衣而行，黎明至国。莱侯来伐，
么安稳，实在不像一个要去封国的人。"太公知道后，连忙半夜起来穿好衣服就走，天亮时就

与之争营丘。营丘边莱，莱人，夷也，会纣之乱而周初定，
到了封国。正碰上莱侯来攻打，要与太公争夺营丘。营丘边邻莱国，而莱国都是夷族，刚好遇

---

1 鹿台：朝歌城内的一座大型建筑物。
2 明水：用鉴在月下取得的明洁之水。
3 策祝：诵读祭天之文。

齐国代天子征伐

未能集远方，是以与太公争国。
到纣王暴乱而周王朝又才建立，还没来得及征服到远方，所以趁机来与太公争夺营丘。

太公至国，修政，因其俗，简其礼[1]，通商工之业，便
太公到封国后，修明政治，依照当地的民俗而简化了烦琐的周礼，又开放工商业，让人们从事

鱼盐之利，而人民多归齐，齐为大国。及周成王少时，
渔盐生产，获取好处，所以人心向齐，齐成了当时的大国。到周成王年幼即位时，管叔和蔡叔阴谋造反，

管蔡作乱，淮夷叛周[2]，乃使召康公命太公曰[3]："东至海，
淮河流域的夷人也趁机背叛了周天子，这时周王朝派遣召康公对齐太公下命令说："东到海，西到黄

西至河，南至穆陵，北至无棣，五侯九伯，实得征之。"
河，南到穆陵，北到无棣，在这范围之内的五等诸侯和九州方伯，如果有罪，你都可以去征讨他们。"

齐由此得征伐，为大国。都营丘。
齐国由此得到了代周天子征伐的权力，不断兼并成了大国，国都建在营丘。

---

1 简其礼：依其民俗而简化烦琐的周礼。
2 淮夷：淮河流域的夷人。
3 召康公：召公姬奭。

▲ 清人绣乾隆书《管子·修德修刑论》

齐桓公捐嫌任管仲

　　齐桓公姜小白是春秋五霸之一，并且是第一个打出"尊王攘夷"旗号进而称霸的人。齐桓公能够称霸，是因为得到贤人管仲的辅佐。管仲原是齐桓公的政敌，双方在交战中，管仲一箭射中齐桓公，幸亏被衣服上装饰的带钩挡住了箭头，要不然齐桓公就被管仲射死了。起初，齐桓公对管仲恨得咬牙切齿，一定要处死他。由于管仲朋友鲍叔牙的推荐，齐桓公捐弃前嫌，任用管仲为国相，推行改革，齐国大治，国富兵强，齐桓公称霸。

君明臣贤，留下一段历史佳话。

齐桓公是齐襄公的弟弟。齐襄公名姜诸儿，他继位国君后荒淫无道，与鲁桓公的夫人，自己的妹妹私通，事情败露，暗中派大力士杀了鲁桓公，结怨鲁人。齐襄公对身边左右的人也经常施暴，又多次欺侮大臣。齐襄公还嫉妒两个贤能的弟弟，一个叫公子纠，其母是鲁国公室之女；一个就是姜小白，其母是卫国公室之女。齐国大夫召忽是公子纠的师傅，鲍叔牙是公子小白的师傅。小白还与大夫高傒关系很好。齐襄公无道，公子纠逃到鲁国母家避难，小白在高傒等人保护下住在莒国——齐的附属小国。

公元前685年，公孙无知怨襄公，与管至父等人谋乱，杀了齐襄公。公孙无知自立为齐君。齐人不服，特别是齐雍林人本来就怨恨无知，他们趁其出巡雍林的机会杀了他。雍林人通告齐国大夫，另立新的国君。

公子小白脱身入齐

避难鲁国的公子纠听说齐国内乱，他与师傅召忽，在鲁兵的拥护下回齐国争位。这时管仲辅佐公子纠，他率领了一个支队的鲁兵拦阻在莒国通往齐都临淄的路上。公子小白在鲍叔牙的辅佐下，率兵从莒国往都城赶，高傒在齐都城做小白的内应。公子纠与公子小白，谁先进入齐都，谁就可以捷足先登立为齐国国君。

鲍叔牙和管仲两人是好朋友。管仲出身平民，青年时困顿，时常得到鲍叔牙的资助。鲍叔牙有恩于管仲，他知道管仲是个人才，所以时常周济管仲，想不到齐国内乱，鲍叔牙与管仲各为其主，双方成了你死我活斗争的对头。管仲挡住了鲍叔牙的前进之路。鲍叔牙请公子小白安抚管仲，劝管仲辅佐自己。管仲不听，挽弓搭箭向公子小白射去，一箭射中小白，但被衣带钩挡住箭头，小白没有受伤，但他十分机灵，立即倒下装死。管仲趁机指挥鲁军冲杀上去，打败了公子小白的齐军。鲍叔牙率领残军，带着假死的小白向莒城方向逃回。管仲十分高兴，一面派快马向公子纠报告消息，一面退兵赶往公子纠处，一起向齐都进发。

公子纠与召忽得到管仲战胜小白，并且小白已死的捷报，放慢了进军速度，等待管仲合兵前进，于是走了六天才到达齐都。这时公子小白已赶在前面进了齐都，已被齐国大夫立为国君，原来小白装死骗过了管仲，等管仲退兵以后，公子小白与鲍叔牙日夜兼程赶往齐都，又有高傒内应，所以小白顺利地成为齐君，这就是齐桓公。

齐桓公发兵拒鲁，在齐都临淄西南郊的乾时打败了鲁军。鲁军溃退，归路又被齐兵切断。齐桓公发重兵围困鲁兵，定要捉拿管仲，以报一箭之仇。这时鲍叔牙进谏齐桓公。鲍叔牙说："管仲是个有才干的人，臣等赶不上他。您若只是治理好齐国，用臣和高傒就够了。您若想称霸，干一番大事业，没有管仲就不行。"齐桓公答应赦免管仲，并委托鲍叔牙去与鲁军交涉。鲍叔牙代表齐桓公致辞鲁人说："公子纠是我亲兄弟，请鲁君处置，管仲、召忽是我的仇人，必须把他们交给我亲自处治才甘心。只要贵方答应这些条件，齐军就可以让开大路。"鲁人只好照办，在笙渎地方杀死公子纠，召忽自杀，管仲请囚。齐军让开了道路，鲁人交出了管仲。一进入齐境，鲍叔牙立即释放了管仲。

齐桓公破格任用管仲，管仲感谢齐桓公恢宏大度与知遇之恩，尽心治理齐国。鲍叔牙、隰朋、高傒等齐国大夫也都信服管仲，大家齐心协力治理齐国，又进行了一系列改革，齐国很快富强起来，齐国上下无不欢欣鼓舞。

齐太公世家·管仲

桓公元年春[1]，齐君无知游于雍林。雍林人尝有怨无知，及
齐桓公元年春，齐国国君无知到雍林地方巡游。雍林人曾经与公孙无知有宿怨，所以等到

其往游，雍林人袭杀无知，告齐大夫曰："无知弑襄公自立，
公孙无知到雍林游玩时，他们就把他给暗杀了，并传话给齐国的大臣们说："公孙无知杀掉齐襄

臣谨行诛。唯大夫更立公子之当立者，唯命是听。"
公自立为王，所以我们也把他给杀了。希望你们重新拥立可以继位的公子，我们一定唯命是从。"

初，襄公之醉杀鲁桓公，通其夫人，杀诛数不当，淫于
起初，齐襄公趁鲁桓公酒醉时把他杀掉，又与鲁桓公的夫人私通，还经常无辜杀人，沉湎女色，

妇人，数欺大臣，群弟恐祸及，故次弟纠奔鲁。其母鲁女也。
欺瞒大臣，所以他的几个弟弟都担心大难临头，其中的老二纠就趁早逃到了鲁国，因为他的母亲是鲁

管仲、召忽傅之。次弟小白奔莒，鲍叔傅之。小白母，卫女
国人。管仲和召忽两人辅佐他。襄公的另一个弟弟小白逃到了莒国，由鲍叔牙辅佐。小白的母亲是卫

也，有宠于釐公。小白自少好善大夫高傒。及雍林人杀无知，
国人，很受釐公的宠爱。小白从小就和大夫高傒非常友好，等到雍林人杀掉公孙无知，大臣们讨论拥

议立君，高、国先阴召小白于莒。鲁闻无知死，亦发兵送公
立新君时，高、国两姓大臣便暗中抢先从莒国召回小白。鲁国知道公孙无知死后，也用兵送公子纠回国，

子纠，而使管仲别将兵遮莒道，射中小白带钩。小白佯死，
并且派管仲另外率领军队去阻止从莒国回来的小白。交战中，管仲一箭射中了小白的带钩。小白趁机

---

[1] 桓公：齐桓公小白，襄公之弟，公元前685至前643年在位，是春秋时代第一个霸主。

管仲使人驰报鲁。鲁送纠者行益迟，六日至齐，则小白已入，
假装中箭而死。管仲信以为真，派人飞快地报告了鲁国。因此，鲁国护送公子纠的部队的行动就放慢了，

高傒立之，是为桓公。
等六天后赶到齐国时，小白已经先行到达，并被高傒立为国君，这就是齐桓公。

  桓公之中钩，佯死以误管仲，已而载温车中驰行[1]，亦有
  齐桓公当时被管仲射中带钩后，假死以迷惑管仲，然后乘着辒凉车飞驰前进，再加上有高、国两姓大臣

高、国内应，故得先入立，发兵距鲁。秋，与鲁战于乾时，
从中接应，所以能抢先回到齐国做了国君，并发兵抵抗鲁国护送公子纠的军队。这年秋天，齐桓公与鲁国的军队

鲁兵败走，齐兵掩绝鲁归道。齐遗鲁书曰："子纠兄弟，弗
在乾时交战，鲁军失败逃跑，但退路被齐军切断。齐桓公写信给鲁国国君说："公子纠是我的兄弟，不忍心亲手

齐桓公期待管仲的到来

1　温车：又名辒凉车，一种封闭严密而又有通风设备的卧车。后世作为丧车的专名。

忍诛，请鲁自杀之。召忽、管仲仇也，请得而甘心醢之。不
不杀死他，请鲁国自己把他杀掉。至于召忽和管仲，是我的仇人，请交给我，我要处以醢刑才甘心。否则的话，我
然，将围鲁。"鲁人患之，遂杀子纠于笙渎。召忽自杀，管
们就要来围攻鲁国。"鲁国吓坏了，就把公子纠杀死在笙渎。这时召忽也自杀了，只有管仲自愿囚禁去齐。齐桓
仲请囚。桓公之立，发兵攻鲁，心欲杀管仲。鲍叔牙曰：
公即位后，派兵攻打鲁国，目的是想杀掉管仲。但鲍叔牙劝阻说："我有幸能够追随你，你也终于做了国君。你
"臣幸得从君，君竟以立。君之尊，臣无以增君。君将治齐，
的尊贵已到了顶点，我是没有能力再给你增添光彩了。你如果只想治理好齐国，有高傒和我就足够了。你假如想
即高傒与叔牙足也。君且欲霸王，非管夷吾不可。夷吾所居
当霸主，那就非用管仲不可。管仲在哪里受重用，那个国家就一定盛强，这样的人才是不能失掉的啊！"于是齐
国国重，不可失也。"于是桓公从之。乃佯为召管仲欲甘心，
桓公接受了鲍叔牙的意见，就假装要求鲁国送来管仲亲自治罪才甘心，实际上是要重用他。管仲也知道齐桓公
实欲用之。管仲知之，故请往。鲍叔牙迎受管仲，及堂阜而
的用意，所以也愿意引渡到齐国。鲍叔牙亲自接收鲁国交出的管仲，等回到齐国的堂阜，就解除了管仲身上的刑具，
脱桎梏[1]，斋祓而见桓公[2]。桓公厚礼以为大夫，任政。
沐浴更衣以后，才去见齐桓公。齐桓公举行隆重的典礼，任命管仲为大夫，管理国家大事。

桓公即得管仲，与鲍叔、隰朋、高傒修齐国政，连五家之
齐桓公得到管仲以后，与鲍叔牙、隰朋、高傒共同整顿齐国的政治，制定了五家为一轨，十轨为一里，四里为一连，
兵[3]，设轻重鱼盐之利，以赡贫穷，禄贤能，齐人皆悦。
十连为一乡的军事制度，实施了一系列均衡渔业、盐业的经济政策，赈济贫穷的，奉养贤能的，齐国上下无不欢欣鼓舞。

1 堂阜：齐邑名，在今山东蒙阴县西北。桎梏：刑具。
2 斋祓：沐浴更衣，使身清洁谓之斋；举行祈福的祭祀谓之祓。
3 五家之兵：管仲治齐规定的户籍编制，五家为一轨，十轨为一里，四里为一连，十连为一乡，并依此编制军队。

▲ 明·仇英《人物故事图册·吹箫引凤》

秦穆公任贤霸西戎

这是秦穆公任贤称霸西戎的故事。齐桓公死后，楚国势力向北发展，齐国内乱，丧失霸主地位。宋襄公起来试图接过齐国的"尊王攘夷"旗号，阻止楚国势力，成为霸主。无奈宋国因国小力弱，承受不起这副担子。接着是晋文公兴起，与楚争霸，秦晋联盟，共同对付楚国。楚国势力收缩，秦晋关系紧张，两国时战时和。晋文公、秦穆公两个英主，同在一个时代，晋强秦弱，秦国只好主要经营西方，一来解除后顾之忧，二来拓地西戎，增强国力再向东发展。这就是秦穆公称霸西戎的时代背景。

秦国祖先嬴氏，本东夷人，与商近亲，西周初被迁西方替周朝看守西疆，杂于戎狄之间，被视为戎狄之人，不得与东方诸侯会聚。西周灭亡，平王东迁，秦襄公护驾有功，被平王封为诸侯，但东方各诸侯国仍然轻视秦国，称其为蛮夷之国。从秦襄公到秦穆公又经历了一百多年，秦国更换了八个国君，势力日益增强，但处于戎狄包围之中，国力还不足以参与中原诸国盟会。秦穆公面对这一局势，主动采取与晋国联姻的办法，一方面追随晋国之后参与中原事务，另一方面大力向西发展，并国二十成为西方大国，占有关中全境，向东的疆域直达黄河岸边。秦穆公是秦国发展史上的一位贤君。

秦、晋联姻结盟。秦穆公娶晋献公之女为夫人，晋惠公、晋文公与秦穆夫人是兄妹关系。秦穆公又把秦的宗室女先后嫁给晋惠公、晋文公。

百里奚荐蹇叔（明内府彩绘本《春秋五霸七雄通俗演义列国志传》插图）

民间风俗，男女双方定亲，称为结秦晋之好，就从这里开始。不过秦晋结盟，各为自己利益打算，晋与秦结盟，为的是与楚争霸没有后顾之忧。由于秦、晋两国近邻，利害相关，只要中原平静，秦、晋两国就起冲突。和平是暂时的，斗争是绝对的。公元前645年，秦、晋韩原大战，争夺黄河西岸地方，秦军大胜，俘虏了晋惠公。晋惠公允许黄河西岸为秦人势力范围，秦穆公释放了晋惠公，灭了河西地区的梁、芮等国。公元前632年，秦穆公亲率秦军支援晋文公与楚在城濮决战，晋军战胜，晋文公称霸。但没有几年，晋文公死了，晋襄公即位，在公元前626年，秦军向东扩展，与晋国发生崤山之战，秦败晋胜，两国又烽烟交结。总体实力，晋强秦弱，秦穆公就采取收纳人心、任用贤才、先让一着、后发制人的战略，秦晋相争，秦国反而占了上风。就拿公元前645年的韩原之战来说吧。先是秦穆公帮助晋惠公登上国君之位，晋国闹灾荒，秦国援助粮食。反过来，秦国闹灾荒，晋惠公不但不援助，反而趁火打劫进攻秦国，挑起韩原大战。结果晋军师出无名，吃了败仗。秦穆公释放晋惠公，以德报怨，树立了好名声，挖了晋国的人才，丕豹、公孙支入秦。

秦穆公治国有方，外交灵活，他得益于众多贤才之助，李斯《谏逐客书》说："昔穆公求士，西取由余于戎，东得百里奚于宛，迎蹇叔于宋，来丕豹、公孙支于晋。比五子者，不产于秦，而穆公用之，并国十二，遂霸西戎。"这段话是对秦穆公任贤的生动写照。秦穆公为了得到由余，千方百计挖敌人的墙角。他听说虞国大夫百里奚贤能，虞国亡后，百里奚沦落为楚国一个富人的家奴，他便用五张黑羊皮赎出了百里奚，任用为大夫。百里奚推荐蹇叔，秦穆公立即请来蹇叔也用为大夫。蹇叔的儿子孟明视在崤山打了败仗，秦穆公自己承担责任，赢得了孟明视卖死命，

百里奚和羊儿

终于报复了晋人。秦穆公招揽人才,不仅传为佳话,而且成为秦国的求贤任贤传统。后来秦孝公下求贤令,敞开秦国大门招纳贤才,卫人商鞅入秦,变法图强,秦国大治,从此称雄诸侯。秦惠王用魏国人张仪连横诸侯,破了苏秦的合纵,东取三川,西并巴、蜀。秦昭王用魏国的范雎,远交近攻,蚕食三晋,削弱楚国。到了秦始皇,秦国三分天下有其二。秦始皇又用楚国李斯,吞并六国,统一天下。从秦国发展史来看,有秦穆公、秦孝公、秦惠王、秦昭王四个国君,四个发展阶段,都是重用客卿人才,包容天下之才为我用而取得的。秦穆公任贤,开风气之先,具有重大的历史意义。

秦本纪

缪[1]公任好元年，自将伐茅津，胜之。四年，迎妇于晋，
秦穆公，名任好，在位的第一年，亲自率兵攻伐茅津，战胜了它。四年，从晋国迎娶妻子，

晋太子申生姊也。其岁，齐桓公伐楚，至邵陵。
是晋国太子申生的姐姐。这一年，齐桓公讨伐楚国，到达邵陵。

五年，晋献公灭虞、虢[2]，虏虞君与其大夫百里奚，以璧马
五年，晋献公攻灭虞、虢二国，俘虏虞的国君和他的大夫百里奚，这是因为用白玉

赂于虞故也。既虏百里奚，以为秦缪公夫人媵于秦。百里奚
宝马贿赂虞国借道的缘故。已经俘虏了百里奚，把他作为秦穆公夫人的陪嫁奴仆送给秦。

亡秦走宛，楚鄙人执之[3]。缪公闻百里奚贤，欲重赎之，恐楚人
百里奚逃离秦，来到宛，被楚国的乡下人抓住。穆公听说百里奚贤能，想要重金赎回他，

不与，乃使人谓楚曰："吾媵臣百里奚在焉，请以五羖羊皮赎
恐怕楚人不给，就派人对楚人说："我的陪嫁奴仆在贵国，请求用五张黑羊皮赎回他。"

之[4]。"楚人遂许与之。当是时，百里奚年已七十余。缪公释
楚人于是同意把百里奚给秦国。这个时候百里奚年纪已经七十多岁了。穆公为他松绑，和

其囚，与语国事。谢曰："臣亡国之臣，何足问！"缪公曰：
他讨论国事。百里奚辞谢说："我是亡国的臣子，如何值得询问？"穆公说："虞君不任

---

1 缪（mù）：通"穆"。
2 虞、虢（guó）：二国相邻，其地在今山西平陆县境。虢，北虢。
3 鄙人：乡下人。
4 羖（gǔ）羊皮：黑色的羊皮。

"虞君不用子，故亡，非子罪也。"固问，语三日，缪公大悦，
用您，故而亡国，并非您的罪过。"坚持向他请教，谈了三天，穆公大为高兴，请他处理
授之国政，号曰五羖大夫。百里奚让曰："臣不及臣友蹇叔，
国政，号称"五羖大夫"。百里奚推让说："我比不上我的朋友蹇叔，蹇叔贤明而世人
蹇叔贤而世莫知。臣常游困于齐而乞食铚（zhì）人，蹇叔收臣。
不了解他，我曾经游历在齐国陷入困境，并且向铚地人乞食，蹇叔收留了我。我因而想
臣因而欲事齐君无知，蹇叔止臣，臣得脱齐难，遂之周。周
事奉齐君公孙无知，蹇叔制止了我，我得以摆脱齐国的灾难，于是到了周。周的王子颓好牛，
王子颓好牛，臣以养牛干之。及颓欲用臣，蹇叔止臣，臣去，
我就用养牛术来求见他。等到颓想要任用我时，蹇叔又制止我，我离开了，得以不被诛杀。
得不诛。事虞君，蹇叔止臣。臣知虞君不用臣，臣诚私利禄
事奉虞君时，蹇叔制止我。我知道虞君不会任用我，我内心贪恋私利和爵禄，便暂且留下。

百里奚的养牛术

秦穆公任贤霸西戎

爵，且留。再用其言，得脱；一不用，及虞君难：是以知其
两次听他的话得以脱险，一次不听从，就遇上虞君的亡国之难。因为这个我知道他的贤能。"

贤。"于是缪公使人厚币迎蹇叔，以为上大夫。秋，缪公自将
这时穆公派人用重金迎接蹇叔，封他为上大夫。这年秋天，穆公自己率军攻伐晋国，在河

伐晋，战于河曲。
曲地方交战。

九年，齐桓公会诸侯于葵丘[1]……十二年，齐管仲、隰朋死。
秦穆公九年，齐桓公在葵丘会盟诸侯。秦穆公十二年，齐国的贤臣管仲、隰朋死了。

晋旱，来请粟。丕豹说缪公勿与，因其饥而伐之。缪公
晋国大旱，来向秦国借粮食。丕豹劝说穆公不要给，利用饥荒去攻击他。穆公问

问公孙支[2]，支曰："饥穰更事耳，不可不与。"问百里奚，奚曰：
公孙支，公孙支说："饥年和丰年是交替出现的事，不可不给。"问百里奚。百里奚说：

"夷吾得罪于君，其百姓何罪？"于是用百里奚、公孙支言，
"夷吾得罪了你，他的百姓有何罪过？"这时采纳了百里奚和公孙支的意见，到底给晋

卒与之粟。以船漕车转，自雍相望至绛[3]。
国借了粮。用车船水陆并运，从雍城到绛城络绎不绝。

十四年，秦饥，请粟于晋。晋君谋之群臣。虢射曰[4]："因
十四年，秦国饥荒，向晋国借粮，晋君和群臣商议此事，虢射说："利用他们饥荒去攻打，

其饥伐之，可有大功。"晋君从之。十五年，兴兵将攻秦。缪
可以取得大成功。"晋君听了他的意见。十五年，兴兵要攻打秦国。穆公发兵抵抗，任用丕

1　葵丘：邑名，在今河南兰考东。其地有盟台遗址，名台盟乡。
2　公孙支：秦大夫公孙子桑。
3　雍：秦都，在今陕西凤翔南。绛：晋都，在今山西翼城东南。
4　虢射：读"虢石"。

公发兵，使丕豹将，自往击之。九月壬戌，与晋惠公夷吾合
_{豹为大将，亲自前往迎战。九月壬戌日，与晋惠公夷吾在韩地会战。晋君脱离了他的大部队，}

战于韩地。晋君弃其军，与秦争利，还而马螯[1]。缪公与麾下驰
_{和秦军争夺利益，晋君在退回时战马陷入泥中。穆公和部下纵马追击他，没有抓到晋君，}

追之，不能得晋君，反为晋军所围。晋击缪公，缪公伤。于
_{反而被晋军包围。晋军攻击穆公，穆公受了伤。这时曾在岐山偷吃良马的那三百人奔驰冲}

是岐下食善马者三百人驰冒晋军[2]，晋军解围，遂脱缪公而反生
_{杀晋军，晋军撤去包围，于是穆公脱险，反倒活捉了晋君。起初穆公走失了好马，岐下的}

得晋君。初，缪公亡善马，岐下野人共得而食之者三百余人[3]，
_{乡下人有三百多人，一起杀吃了这匹好马。官吏追捕到了这些人，要依法惩治。穆公说："君}

吏逐得，欲法之。缪公曰："君子不以畜产害人。吾闻食善马
_{子不能为了牲畜而伤害人，我听说吃了好马肉如果不喝酒，会使人生病。"就赐酒并且赦}

肉不饮酒，伤人。"乃皆赐酒而赦之。三百人者闻秦击晋，皆
_{免了他们。三百人听说秦穆公迎击晋军，都请求跟从。三百人赶到战场，正好看见秦穆公}

求从，从而见缪公窘，亦皆推锋争死，以报食马之德。
_{被围，就都奋勇杀敌，冒死冲锋，报答吃马被赦的恩德。}

　　于是缪公虏晋君以归，令于国："斋宿，吾将以晋君祠上
_{这时穆公俘虏晋君回来，传令全国说："大家斋戒沐浴而宿，我准备杀晋君夷吾祭祀}

帝。"周天子闻之，曰"晋我同姓"，为请晋君。夷吾姊亦为缪
_{上帝。"周天子听闻此事说："晋是我同姓之国。"为晋君求情。夷吾姐姐便是穆公夫人，}

1　马螯：战马陷于泥泞中。
2　驰冒晋军：奔驰冲杀晋军。
3　岐下野人：传说在雍城东二十里有地名野人坞，就是岐下野人盗食善马处，因之得名。野人，
　　乡下人。

秦穆公任贤霸西戎　145

秦穆公赦免岐下野人

公夫人，夫人闻之，乃衰（cuī）绖（dié）跣（xiǎn），曰："妾兄弟
夫人听说此事，就穿着丧服光着脚来见穆公说："我不能挽救自己的兄弟，来破坏您的命令。"

不能相救，以辱君命。"缪公曰："我得晋君以为功，今天子为
穆公说："我获得晋君当作一件大功，现今天子来求情，夫人为之忧伤。"就和晋君订立盟约，

请，夫人是忧。"乃与晋君盟，许归之，更舍上舍，而馈之七
答应让他回国，于是把晋君更换到上等馆舍里居住，而且供给丰盛的宴席。十一月，送夷吾

牢。十一月，归晋君夷吾，夷吾献其河西地，使太子圉（yǔ）为
回国，夷吾献出河西土地，派太子圉到秦国做人质，秦国把同宗女嫁给了圉。这时秦地东疆

质于秦。秦妻子圉以宗女。是时秦地东至河。
已到达黄河岸边。

十八年，齐桓公卒。二十年，秦灭梁、芮。
秦穆公十八年，齐桓公死。二十年，秦灭梁国、芮国。

三十二年冬，晋文公卒。

三十二年冬，晋文公死。

三十四年……戎王使由余于秦。由余，其先晋人也，亡入戎，能晋言。闻缪公贤，故使由余观秦。秦穆公示以宫室、积聚。由余曰："使鬼为之，则劳神矣；使人为之，亦苦民矣。"缪公怪之，问曰："中国以诗书礼乐法度为政，然尚时乱，今戎夷无此，何以为治，不亦难乎？"由余笑曰："此乃中国所以乱也。夫自上圣黄帝作为礼乐法度，身以先之，仅以小治。及其后世，日以骄淫。阻法度之威[1]，以责督于下[2]，下罢极则以仁义怨望于上[3]，上下交争怨而相篡弑，至于灭宗，皆以此类也。夫戎夷不然。上含淳德以遇其下，下怀忠信以事其上，一国之政犹一身之治，不知所以治，此真

三十四年……戎王派由余出使秦国。由余的祖先本是晋国人，逃亡到戎地，所以能说晋国的语言。戎王听说秦穆公贤能，因此派由余来观察秦国情况。秦穆公把宫室、积聚显示给他看。由余说："使用鬼神得到这些，那么就劳累鬼神了；使用人得到这些，就使人民辛苦了。"穆公很惊奇，问由余说："中国用诗书礼乐和法度来治理国家，还经常发生纷乱。而今戎夷没有这些，用什么来治理，不是很困难吗？"由余笑着说："这些正是中国纷乱的缘由，自从最高至人黄帝创立了礼乐法度，以身作则执行，仅仅达到小治局面。等到后世君主，日益骄纵淫逸，仗恃法度的权威，来斥责督促臣下，剥削下民。下民疲惫到极点，就怨恨君主不仁不义，上下互相争斗怨恨，相互夺权残杀，以至于全族灭绝，都是这个缘故！说到戎夷不是这样。在上位的国君用淳朴的德行对待他的臣民，在下位的臣民用忠信来事奉他们的君长。治理一个国家，如同修养自身一样，不

---

[1] 阻：仗恃。
[2] 责督于下：刻剥下民。责督，察其罪而责之以刑罚。督，察。
[3] "下罢（pí）极"句：底层百姓疲弊到了极点，就怨恨上面不仁不义。罢，同"疲"。

秦穆公任贤霸西戎　147

圣人之治也。"于是缪公退而问内史廖曰[1]:"孤闻邻国有圣
知不觉就治理好了,这才是真正圣人的治世方法。"这时穆公退朝,同内史廖说:"我
人,敌国之忧也。今由余贤,寡人之害,将奈之何?"内
听闻邻国有圣人是敌国的忧患。现今由余有贤德,是我的祸害,该怎么办呢?"内史廖说:
史廖曰:"戎王处辟匿,未闻中国之声。君试遗其女乐,
"戎王居处在偏僻的地方,没有听过中原的音乐,你试着送给他一队女乐来迷乱他的心
以夺其志[2];为由余请,以疏其间;留而莫遣,以失其期。
志;再替由余请功,来疏远他们君臣的关系,故意挽留由余盘桓时日,使他超过回国的
戎王怪之,必疑由余。君臣有间[3],乃可虏也。且戎王好
日期,戎王一定很惊异,必然怀疑由余。戎王君臣间有了裂痕,就可获得由余了。而且
乐,必怠于政。"缪公曰:"善。"因与由余曲席而坐[4],传器
戎王喜好了女乐,必然会懈怠政务。"缪公说:"好。"因而紧挨着由余屈膝同坐一席,
而食[5],问其地形与其兵势尽詧[6],而后令内史廖以女乐二八
吃饭时亲密地共用一盘菜,互相传递进餐。穆公询问戎国的地形和兵势,由余尽情相告。
遗戎王[7]。戎王受而说(yuè)之,终年不还。于是秦乃归由
随后,穆公派内史廖把一队十六人的女乐送给戎王。戎王接受了,非常喜欢,整年迷恋
余。由余数谏不听,缪公又数使人间要由余。由余遂去
忘而不返。这时秦穆公才送由余回国。由余多次劝谏戎王不听,穆公又多次派人邀请由余。

---

1 内史廖:内史,官名,在宫中备顾问之官。廖,人名。
2 遗(wèi):赠送。女乐:伎乐女。内史廖劝秦穆公送一队女乐与戎王以迷乱其心志。
3 君臣有间:君臣互不信任,产生裂痕。间,裂痕。
4 曲席而坐:盘膝而坐于一席。
5 传器而食:即转器而食,同一盘菜互相推让转食,示亲密也。
6 尽詧(chá):由余尽情相告。
7 二八:女乐八人一队,二八为十六人。

降秦。缪公以客礼礼之，问伐戎之形。
由余终于离开戎王投奔了秦国。穆公待以贵宾之礼，询问征伐戎国的事情。

三十七年，秦用由余谋伐戎王，益国十二，开地千里，遂
穆公三十七年，用由余谋划征伐戎王，兼并了十二个小国，拓广土地千里之远，于是

霸西戎。天子使召公过贺缪公以金鼓。三十九年，缪公卒，
称霸西戎。周天子派召公庆贺秦穆公，送给他象征霸主地位的金鼓。三十九年，秦穆公去世，

葬雍。
葬在雍地。

周天子赐给秦穆公的金鼓

燕昭王求士师郭隗

战国时燕王哙昏聩，听信奸臣子之的花言巧语，效法唐尧、虞舜把君位禅让给子之，国人不服，燕国大乱，齐人趁机破燕，燕国差点儿灭亡。公元前311年，燕太子平在国人拥护下即位，即燕昭王。燕昭王决心好好治理燕国，富国强兵，报仇雪耻，收复失地。郭隗（wěi）是燕国名士，在燕王哙时不得重用，闲居在家。燕昭王求贤若渴，带着厚礼，亲到郭隗家登门拜访，寻问救国之策。

燕昭王对郭隗先生说："齐国趁我国内乱，发动突然袭击，打败了燕国。我深知燕国国小力弱，硬拼不可能报仇，但这口气咽不下，请问先生，我怎样做才能得到人才，共同治理好燕国，打败齐国，洗雪先王的耻辱。这是国家大事，先生一定要告诉我该怎么做。"

郭隗见燕昭王如此谦恭，礼贤下士，十分感动，也就一五一十把心里话说出来。郭隗说："成就帝业的国君，以贤人为师，同朝共事；成就王业的国君，以贤人为朋友，同朝共事；成就霸业的国君，以贤人为臣，同朝共事。亡国的国君，以贤人为奴仆，当然不能保有国家。国君尊重有才干的人，把他们当作老师一样来请教，那么才干超过自己一百倍的人就来效劳；烦劳的事抢在前面，享受的事放在后面，事事肯向人请教，尊重贤人像宾客一样，那么超过自己十倍的人就来效劳；事事与别人平等，那么与自己相同的人来给你效劳；如果国君颐指气使，指手画脚，

邹衍、剧辛投燕（明内府彩绘本《春秋五霸七雄通俗演义列国志传》插图）

五百金买马骨

　　任意呵斥，那么只有唯唯诺诺，唯命是从的无赖无能的人才来效劳。如何对待贤人，这就是古代治理国家最要紧的王道，概括为一句话，就是招揽人才。大王如能广泛地招揽人才，亲自登门拜访，天下的贤人都会到燕国来替大王效劳啊！"

　　燕昭王问："那么我具体怎么样做呢，还请先生明示。"郭隗说："我听说，古代有个国君想用千金购买千里马，三年也没买到。宫中有个内臣自告奋勇去买马，还立下军令状，国王很高兴。过了三个月，内臣找到了一匹千里马，不过这匹马已经死了，他就用五百金买下这具千里马的骨头。内臣回来报命，国君大怒，说：'我要活的千里马，谁要买这死马骨头。'内臣不慌不忙地说：'大王息怒。臣民们不相信大王千金购买千里马，所以都把千里马藏起来了。我特意买下这匹千里马的骨头，消息一传出去，大王你就等着吧，不出十天，千里马会送上门来。'国君听了消了气，果然不出十天，三匹千里马就送上门来了。现在燕国要发愤图强，大王广招贤者。我郭隗已经老了，还有点虚名，大王就把我当作那匹千里马的死骨头，从我这里做起，天下贤才都会到燕国来。"

燕昭王听了，心胸豁然开朗，立即行动起来，考核燕国的百官，能者提拔，不能者罢免。燕昭王给郭隗专修了高等府第，建了求贤馆，尊郭隗为老师，事事请教。燕昭王礼贤下士，尊礼郭隗，一传十，十传百，不仅燕国的人知道，列国的人都知道，乐毅从魏国到了燕国，邹衍从齐国到了燕国，剧辛从赵国到了燕国，天下的能人都往燕国跑。燕昭王一面尊礼贤人，一面关心老百姓生活，悼念死去的人，安慰活着的人，同老百姓同甘共苦。

这样过了二十八年，燕国富强。燕昭王又联络韩、赵、魏、秦，于公元前284年征讨齐国，乐毅为将军，一举打破齐国，攻下七十二座城池，只剩下聊、莒、即墨几座城没攻下。燕昭王尊礼贤人，果然国富兵强，洗雪了先王之耻。很可惜，不久燕王死了，他的儿子燕惠王忌恨乐毅，赶走了乐毅，派一个庸才骑劫去替换，结果被齐人打败，燕国灭亡齐国的计划功亏一篑。

燕召公世家·燕昭王

燕昭王于破燕之后即位,卑身厚币以招贤者。谓郭隗
燕昭王在燕国残破不堪的时候即位,于是就以诚恳谦虚的态度和优厚丰裕的物质条件来招揽

曰:"齐因孤之国乱而袭破燕,孤极知燕小力少,不足以报。
贤才。昭王对大臣郭隗说:"齐国趁我们发生动乱的时候打败了燕国,我非常清楚,燕国地盘小,力

然诚得贤士以共国,以雪先王之耻,孤之愿也。先生视可
量弱,一时无法报仇。然而,得到贤才来共同治理好国家,洗掉先王所蒙受的耻辱,才是我的最大心愿。

者,得身事之。"郭隗曰:"王必欲致士,先从隗始。况贤
先生认为好的人,我会好好对待他的。"郭隗说:"大王一定想得到贤能之士,可以先从我开始。

于隗者,岂远千里哉!"于是昭王为隗改筑宫而师事之。乐
这样比我更贤能的人,就会不远千里而来。"于是燕昭王就为郭隗改建了住宅,并把他当老师看待。

毅自魏往,邹衍自齐往,剧辛自赵往,士争趋燕。燕王吊
不久乐毅从魏国来到燕国,邹衍从齐国来到燕国,剧辛从赵国来到燕国,其他有识之士也争先恐后

死问孤,与百姓同甘苦。
地来到燕国。燕昭王更是凭吊死者,慰问孤儿,与老百姓同甘共苦。

二十八年,燕国殷富,士卒乐轶轻战,于是遂以乐毅
二十八年,燕国变得殷实富足了,士兵们也安逸快乐,愿意打仗,于是昭王就派乐毅为上将军,

为上将军,与秦、楚、三晋合谋以伐齐。齐兵败,湣王
与秦、楚、韩、赵、魏五国联合协商,共同攻打齐国。齐国军队一触即败,齐湣王也仓皇逃出都城。燕

出亡于外。燕兵独追北,入至临淄,尽取齐宝,烧其宫
国的部队单独追杀败兵,进入齐国国都临淄,把齐国值钱的东西全部攫为己有,而且一把火烧掉了齐国

室宗庙。齐城之不下者，独唯聊、莒、即墨[1]，其余皆属
的王宫宗庙。齐国的城池没有被攻下来的，只有聊城、莒城和即墨三个城邑，其他地方全部属于燕国，

燕，六岁。
时间长达六年。

昭王三十三年卒，子惠王立。
三十三年，燕昭王死了，他的儿子燕惠王继位。

惠王为太子时，与乐毅有隙；及即位，疑毅，使骑
惠王在做太子的时候，与大将乐毅有矛盾；等到即位以后，就不信任乐毅，派骑劫替换

劫代将。乐毅亡走赵。齐田单以即墨击败燕军，骑劫
乐毅为上将军。乐毅因此逃到了赵国。齐国的将军田单趁机凭借即墨城向燕军反击，一举打败

死。燕兵引归，齐悉复得其故城。
了燕军，骑劫也战死了。燕国的军队只好撤退回国，齐国重新收复了失去的所有城池。

---

[1] 聊、莒、即墨：三城齐邑，即今山东省聊城市、莒县、即墨县。

▲ 清·沈振麟《帝鉴图说·任用三杰》

汉高祖任贤取天下

公元前202年二月初三，汉王刘邦即皇帝位，宣告汉朝正式建立。刘邦称帝，即西汉开国皇帝汉高祖。五月，汉高祖在洛阳南宫举行盛大酒会，庆祝成功，君臣同乐，热闹非凡。饮酒到高兴的时候，汉高祖兴致勃勃地对群臣说："各位列侯，各位将军，请大家不要隐瞒我，敞开胸膛说心里话，我取得天下，项羽失去天下，是什么缘故。"高起、王陵等回答说："陛下性情傲慢，喜欢凌辱别人；项羽性情仁厚，注意爱护别人。虽然如此，但是陛下用人攻城略地，攻下城邑就分封给他，与天下人同享利益；而项羽却嫉贤妒能，对有功的人加以伤害，对贤能的人轻易猜疑，打了胜仗不给人家授功，得了土地不给人家奖励，这就是失去天下的原因。"高祖说："公知其一，不知其二。"接着高祖说出了一番任贤得天下的道理。高祖说："夫运筹策帷帐之中，决胜于千里之外，吾不如子房。镇国家，抚百姓，给馈饷，不绝粮道，吾不如萧何。连百万之军，战必胜，攻必取，吾不如韩信。此三者，皆人杰也。吾能用之，此吾所以取天下也。项羽有一范增而不能用，此其所以为我擒也。"

子房是张良的字。高祖以张良为军师，极为敬重，所以说话不称名而称字。高祖当众称誉张良、萧何、韩信为人杰，相提并论，这就是汉初三杰的来历。高祖君臣的这一席对话，司马迁郑重其事写在《史记·高祖本

项羽举鼎

纪》中。班固写《汉书》，在《高帝纪》中，引录了这一段对话，在高祖说完之后有"群臣悦服"四个字，表明群臣打心眼里佩服三杰的功绩，赞同汉高祖的评价。

汉初三杰，张良是大谋略家，封留侯；萧何是大政治家，封酂侯；韩信是大军事家，初封王，后降为淮阴侯。三杰同功一体，辅佐刘邦，创建了西汉王朝。刘邦一介布衣，因他得贤用贤，取得了天下。谋略用智，政治用仁，军事用勇。张良、萧何、韩信三人都是智、仁、勇兼备的全才，而各人又有所侧重，高祖兼收并蓄，使自己成为大智、大勇、大仁的人，从而无敌于天下。

项羽勇敢，力大无穷，他身经百战，无不取胜。于是自逞武勇，认为打天下就靠的是打仗，自己是天下无敌的将军，因而骄傲自大，看不起别人。韩信、陈平原来都是项羽的部下，经常提出好建议，项羽不采纳，于是韩信、陈平就投到刘邦阵营去了。项羽只信任一个人，他叫范增，很有智谋，项羽尊称他为"亚父"，即叔父。但是项羽信人不专，刘邦派人挑拨离间，项羽上当，逼走了范增，身边没有了一个出主意的人，从此处处被动，终于被刘邦打败。所以高祖说项羽有一个范增还不用，只有失败一条路了。

得人者兴，失人者亡。刘邦打天下，有切身体会。他自己总结经验说任贤取天下，十分精彩，成为后世借鉴的宝贵经验。打天下要靠人才，守天下也要靠人才。古今中外，同是一个理。经商搞市场，也靠的是人才。现代高科技，无不是人创造的，并且也是人在操控。所以人的因素第一，办任何事情都离不开人才。汉高祖君臣的一席谈话，永远是我们借鉴的宝贵遗产。

高祖本纪

（五年）五月[1]高祖置酒雒阳南宫。高祖曰："列侯诸将无敢隐朕，皆言其情。吾所以有天下者何？项氏之所以失天下者何？"

汉五年（前202年）五月，高祖在洛阳南宫大摆酒席庆功。高祖说："列侯诸将，大家不许隐瞒朕，都要讲真话。朕所以取得天下是什么原因？项羽丢失天下又是什么原因？"

高起、王陵对曰[2]："陛下慢而侮人，项羽仁而爱人。然陛下使人攻城略地，所降下者因以予之，与天下同利也。项羽妒贤嫉能，有功者害之，贤者疑之，战胜而不予人功，得地而不予人利，此所以失天下也。"

高起和王陵等回答说："陛下傲慢而侮辱人，项羽仁厚而爱人。但是陛下使人攻城略地，肯把攻下的城邑分封给攻占城邑的人，能与天下的人共同分利。项羽嫉贤妒能，有人立了功，项羽便加以杀害。凡是有才干的人，都受到项羽的猜忌。诸将打了胜仗，项羽不给奖功，攻占了城邑，项羽不给分封。这些是项羽丢失天下的原因。"

高祖曰："公知其一，未知其二。夫运筹策帷帐之中[3]，决胜

高祖说："你们但知其一，不知其二。说到运筹用谋，在帷帐中策划就能决胜

---

1. 五年：汉高祖五年，公元前202年。
2. 高起、王陵：高起封都武侯，王陵封安国侯。高祖置酒洛阳宫时，群臣尚未封，论功行赏提出议事日程，所以才有君臣的对话。
3. 筹策：古代计数的筹码，引申为策谋。

于千里之外，吾不如子房；镇国家，抚百姓，给馈饷[1]，不绝粮
_{在千里之外，朕不如子房；镇守国家，安抚百姓，供给粮饷，不绝粮道，朕不如萧何；}
道，吾不如萧何；连百万之军，战必胜，攻必取，吾不如韩信。
_{指挥百万大军，战必胜，攻必取，朕不如韩信。这三个人都是人中豪杰，朕能够任用}
此三者，皆人杰也，吾能用之，此吾所以取天下也。项羽有一
_{这三个人，这才是我所以取得天下的原因。项羽只有一个范增，但他还不能信用，这}
范增而不能用[2]，此其所以为我擒也。"
_{就是项羽所以丢失天下的原因。"}

---

1 馈饷：粮饷。
2 范增：策谋士，年七十余，投戎项梁，项羽以父事之，称亚父。

▲ 明·仇英《帝王道统万年图·汉文帝》

纳谏故事 四则

▲ 宋淳化阁帖《秦丞相李斯田畴帖》

李斯上书秦王止逐客

李斯是辅佐秦始皇统一六国的丞相,是一位奇才。他原是楚国上蔡县(今河南省上蔡县)人,在楚国不得志,只做过小官。有一天他在厕所中见到老鼠吃粪便,一见有人和犬,立即惊慌四散;而官仓中的老鼠,整天吃粮食,却安然无恙。李斯由此大发感慨:"人有贤达与不肖之分,恰如同老鼠,就在于处在什么地位。"于是他决定离开楚国,到秦国去闯荡天下,做一番事业。

李斯观察仓库中的老鼠

　　李斯到了秦国，投在丞相吕不韦门下做舍人，长期郁郁不得志。这时韩国派遣的间谍叫郑国，他游说秦王修水渠，由此耗费了秦国大量人力财力，延缓了秦国进攻韩国。事情败露，秦王逮捕了郑国。秦国的保守势力趁机挑动秦王，驱逐所有来自山东六国的人。他们说，从六国地区进入秦国的人都是间谍，不为秦国办事，应当全部驱逐出境。李斯也在被驱逐的人之内。但李斯很不甘心，他揣摩秦王意在统一天下，能够听得进好的意见，会任用贤才。于是他上了一道奏章，劝谏秦王收回成命，制止逐客，任用人才，统一天下；不但不要逐客，还要大力招揽人才。秦王读了李斯的上书，大为赏识，停止了逐客，追回李斯，任用为客卿，委以政事。不久又提升李斯为廷尉"全国最高司法长官"，最后官至丞相，秦国称为"相国"。

李斯上书秦王止逐客

国君治理好国家，听取意见，称为纳谏。纳谏是治国的头等大事，任用贤才，首先就要纳谏。秦王就是后来的秦始皇，他在统一六国过程中虚心纳谏，破格用人，就是从读李斯的上书开始。秦王不仅破格任用了李斯，他还释放了郑国，让郑国继续主持修渠，就是郑国渠。取名郑国渠就是为了纪念郑国修渠的功绩。修渠延缓进攻韩国，韩国只不过苟延残喘几时，而水渠修成，是秦国的万世之利。这是秦王纳谏的具体表现。

李斯的上书称为《谏逐客书》。这篇文章写得非常漂亮，是脍炙人口的散文名篇，辞章优美，阅读和背诵这篇文章，是一种高雅的语言艺术享受。这篇论说文，全篇辩词充分地借助了逻辑推理的力量，充满智慧，启发秦王由果溯因认识逐客的错误。秦王读了这篇文章，立即下令停止逐客，火速派人追还已经上路的客卿。李斯就是在半路被追回来的。

一个好的道理，让人接受，要有说话的艺术。李斯《谏逐客书》，开门见山，不加掩饰地批评秦王以偏概全，下令逐客，但全文说理透彻，句句在理上，而且极有分寸，靠的是论辩的逻辑力量，使被批评的人听了很舒服。纠正错误就是有理，占理，捍卫真理。文章语言精妙，多上下对句，开骈体文的先河，句子成双成对飞出，说理的同时，增强可读性，朗朗上口。论辩过程，使用了综合的推理，有事实，有比喻，有正说，有反衬，收到了很好的效果，不仅李斯个人的官职得到恢复，而且使秦王改变了国策，产生了不可估量的社会效果。这篇文章充满了李斯智慧的光芒，是值得一读的。文章收入《史记·李斯列传》中，它既是一篇善谏的妙文，又起到很好的社会效果，进谏与纳谏双美。下面只采《谏逐客书》原文，关于李斯的传记省略。

李斯列传·谏逐客书

臣闻吏议逐客,窃以为过矣。昔缪公求士,西取由余于戎,东得百里奚于宛,迎蹇叔于宋,来丕豹、公孙支于晋。此五子者[1],不产于秦[2],而缪公用之,并国二十,遂霸西戎[3]。孝公用商鞅之法,移风易俗,民以殷盛,国以富强,百姓乐用,诸侯亲服,获楚、魏之师[4],举地千里[5],至今治强。惠王用张仪之计,拔三川之地,西并巴、蜀[6],北收上郡,南取汉

> 我听说朝臣建议要驱逐客卿,我个人认为这是错误的。从前秦穆公招揽人才,西边从戎地求得由余,东边在宛地得到了百里奚,从宋国迎来了蹇叔,从晋国招来丕豹、公孙支。这五个人,都不出生在秦国,可是秦穆公任用他们,吞并了二十个小国,于是称霸西戎。秦孝公采用商鞅的新法,移风易俗,人民因此殷实兴盛,国家由此富足强大,百姓乐于为国效力,诸侯亲近归服,打败了楚国、魏国的军队,开拓土地一千多里,至今国家太平强盛。秦惠王采用张仪的计谋,东面攻下三川地区,西面征服了巴、蜀两地,北面收服上郡,南面夺取了汉中,囊括九夷,控制鄢、郢,在东面占据了

---

1 五子:即西戎之由余、虞人百里奚、寓居于宋的蹇叔、晋臣丕豹、游于晋的公孙支等五人,皆为秦穆公所用。事详《秦本纪》。

2 产:出生。

3 霸西戎:秦穆公征服诸戎,周襄王命他为西伯。

4 获楚、魏之师:指秦孝公二十一年(前340年),商鞅南侵楚,孝公二十二年(前341年),商鞅伐魏,俘魏将公子卬。卬,读"昂"。

5 举地:攻占土地。

6 西并巴、蜀:事在公元前316年,司马错伐蜀,并巴。

李斯上书秦王止逐客 167

中[1]，包九夷[2]，制鄢、郢，东据成皋之险[3]，割膏腴之壤，遂散六

<small>险要的成皋，割取了肥沃的土地，结果瓦解了六国的合纵联盟，使东方六国争相西向事奉秦国，功</small>

国之从[4]，使之西面事秦，功施到今。昭王得范雎，废穰侯，

<small>业延续到今天。秦昭王得到范雎，废除了穰侯，驱逐了华阳君，加强了王室的权力，堵塞了私人权</small>

逐华阳，强公室，杜私门[5]，蚕食诸侯，使秦成帝业。此四君

<small>势的膨胀，吞食诸侯，成就了秦国建立帝业的基础。穆公、孝公、秦惠王、秦昭王，这四个国君，</small>

者[6]，皆以客之功。由此观之，客何负于秦哉！向使四君却客

<small>都是依靠客卿的功劳。由此看来，客卿有什么对不起秦国的呢？假如这四位国君拒绝客卿不接纳，</small>

而不内[7]，疏士而不用，是使用无富利之实而秦无强大之名也。

<small>疏远贤才不任用，这就会使国家既没有富足的实际，也没有强大的名声。</small>

　　今陛下致昆山之玉，有随、和之宝[8]，垂明月之珠，

<small>现今陛下搜集了昆山的玉石，拥有随侯的明珠、卞和的宝玉，垂挂着明月珠，佩带</small>

服太阿之剑[9]，乘纤离之马[10]，建翠凤之旗，树灵鼍之鼓[11]。

<small>着太阿剑，骑着纤离马，竖起翠凤旗，立着鼍皮鼓。这几件宝物，没有一件是秦国的产品，</small>

此数宝者，秦不生一焉，而陛下说之，何也？必秦国

<small>可陛下非常爱好，为什么呢？一定要秦国生产的才可以，那夜光之璧就不能陈设在朝堂上，</small>

---

1 汉中：原属楚地，秦占有后置汉中郡，郡治南郑，即今陕西汉中市。惠王时秦将魏章取楚汉中。
2 九夷：泛指当时散居于楚国境内的若干少数民族。
3 成皋：又名虎牢关，今河南荥阳市汜水镇，为古代军事重镇。
4 散：瓦解。从（zòng）：合纵。
5 杜私门：堵塞私人的权势膨胀。
6 四君：穆公、孝公、惠文王、昭襄王。
7 却：拒绝。内（nà）：同"纳"。
8 随、和之宝：即随侯珠、和氏璧。
9 服：佩带。太阿：宝剑名，春秋时吴国干将所铸。
10 纤离：亦作纤骊，骏马名。
11 鼍（tuó）：一名鼍龙，又名猪婆龙，皮厚，古代用以张鼓。

李斯讽刺秦王使用他国之物

之所生然后可，则是夜光之璧不饰朝廷[1]；犀、象之器不
_{犀牛角、象牙制作的器皿就不能作为玩好，郑、卫之地的美女就不应进入后宫，还有那驶}
为玩好[2]；郑、卫之女不充后宫[3]；而骏良駃騠不实外厩[4]；
_{骐千里马也不该养在马棚里，江南出产的黄金、白锡就不该使用，西蜀出产的丹青颜料不}
江南金锡不为用；西蜀丹青不为采[5]。所以饰后宫、充下
_{能用来绘画。如果用来装饰后宫，充作姬妾，以及一切赏心悦目的玩好，一定要秦国出产}
陈[6]、娱心意、说耳目者，必出于秦然后可，则是宛珠之
_{的才可以，那么用宛地珠子装饰的簪子、嵌着玑珠的耳坠、绸绢制成的衣服、织锦刺绣的}

---

1 不饰朝廷：秦不产夜光璧，若只用秦物，则朝廷上就没有夜光璧。不饰，非秦产不能用以装饰。下文"不为""不充""不实"等，句法同。

2 玩好：珍贵的器物。

3 郑、卫之女：郑国、卫国女子以美貌著称，能歌善舞。

4 駃騠：骏马名。

5 丹青：红色和青色的颜料，借指绘画。采：彩绘。

6 下陈：侍妾。

李斯上书秦王止逐客

簪[1]、傅玑之珥[2]、阿缟之衣[3]、锦绣之饰不进于前，而随俗
装饰，就不会进献到面前，还有时髦艳丽、文雅漂亮的赵地美女就不会侍立在两侧了。再说，

雅化、佳冶窈窕赵女不立于侧也。夫击瓮叩缶、弹筝
敲击着瓦瓮坛，叩打着土酒墩，弹着竹筝，拍着大腿，呜呜地歌唱，用这些来快活耳目的，

搏髀[4]，而歌呼呜呜快耳目者，真秦之声也。郑、卫、桑
才是地道的秦国音乐。至于郑、卫、桑间等地的悦耳动听的民间音乐，《昭》《虞》《武》

间[5]，《昭》《虞》《武》《象》者[6]，异国之乐也。今弃击
《象》等经典古代乐舞，都不是秦国所产的音乐。可是现今陛下抛弃了敲打瓦坛、酒墩一

瓮叩缶而就郑、卫，退弹筝而取《昭》《虞》，若是者何
套秦国音乐而听郑、卫之音，不去听弹筝而欣赏《昭》《虞》之曲，这又是为什么呢？说

也？快意当前[7]，适观而已矣。今取人则不然，不问可否，
穿了，只不过是图眼前快乐，用以满足耳目观赏需求而已。可是陛下现在用人就不是这样，

不论曲直，非秦者去，为客者逐。然则是所重者在乎色
不问能用不能用，也不问是非曲直，只要不是秦国人一律排斥，只要是客卿一律驱逐。这

乐珠玉，而所轻者在乎人民也。此非所以跨海内、制诸
样看来，陛下所看重的不过是美女、音乐、珍珠、宝玉，所轻视的恰是人才。这并不是统

侯之术也。
一天下、制服诸侯的方法。

---

1 宛珠之簪：用宛地所产珠子装饰的簪子。
2 傅玑之珥：镶着小珠的耳饰。傅，通"附"，附着。玑，不圆的珠子。
3 阿缟：齐国东阿所产的白绢。
4 搏髀（bì）：拍着大腿打拍子。
5 郑、卫：指郑、卫两国的民间乐曲。桑间：卫国地名，在濮水之上，此句特指地方音乐，古代著名的靡靡之音。
6 《昭》《虞》：亦作《韶》《虞》，虞舜时之音乐。《武》《象》：周文王时的舞蹈乐曲。
7 快意当前：只图眼前快乐。

秦国武器精良，士兵勇敢

臣闻地广者粟多，国大者人众，兵强则士勇。是以太山
我听说土地宽广产粮就多，国家广大人口就众多，武器精良士兵就勇敢。因此，泰山不

不让土壤[1]，故能成其大；河海不择细流，故能就其深；王者
舍弃尘土，所以成就了高大；河海不挑剔细小的流水，所以才能那样深广；帝王不抛弃民众，

不却众庶，故能明其德。是以地无四方，民无异国，四时充
才能显出他的盛德。因此土地无论东西南北，民众不区分国内国外，一年四季都美好，鬼神就

美[2]，鬼神降福，此五帝、三王之所以无敌也。今乃弃黔首以
会降临福泽，这就是五帝三王无敌于天下的原因。现今陛下都抛弃民众来帮助敌国，排斥宾客

---

1 太：同"泰"。让：推辞，排斥。
2 四时充美：一年四季都美好。时，一季。

资敌国[1],却宾客以业诸侯[2],使天下之士退而不敢西向,裹足
来成就诸侯的事业,使得天下的人才退缩不敢面向西方,止步不敢到秦国,这就叫作"借兵器

不入秦[3],此所谓"藉寇兵而赍盗粮"者也。
给敌人,送粮食给盗贼"啊!

夫物不产于秦,可宝者多;士不产于秦,而愿忠者众。
物品不出产在秦国而值得珍贵的有很多;人才不出生在秦国而愿效忠尽责的也很多。现

今逐客以资敌国,损民以益仇,内自虚而外树怨于诸侯,求国
今驱逐客卿用来资助敌国,损害人民去加强仇敌,对内使自己走向虚弱,对外又与许多诸侯结

无危,不可得也。
下怨仇,像这样来要求国家没有危险,是不可能的。

1　黔首:百姓。
2　业诸侯:使诸侯成就事业。
3　裹足:如缠住双脚一样。

刘敬进言高祖迁都

楚汉相争，汉王刘邦以洛阳为大本营，前线的供给基地。汉军依托成皋、荥阳一带的山势，阻挡项羽西进，所以楚汉相争的主战场就在成皋、荥阳，史称成皋之战。楚汉两军对峙近三年，汉王在前线亲自坐镇指挥，洛阳也成了汉王的行宫。洛阳又是东周的都城，四面为形胜之地。公元前202年，汉王战胜项羽，刘邦即皇帝位，很自然地洛阳成了汉朝的都城。五月，汉高祖刘邦在洛阳南宫举行隆重的庆功宴，庆贺汉朝胜利。汉高祖还与群臣总结汉之所以得天下，项羽之所以失天下的原因，认为自己能用

汉高祖迁都

贤才，高度评价张良、萧何、韩信三人的功绩。这表明汉高祖要与天下人同乐，与功臣们共享和平幸福。

汉高祖起兵于丰、沛，功臣宿将大多是家乡人，他们很满意洛阳作为都城，离家乡又近。张良等大臣却认为西汉以武力夺取天下，六国旧贵族在秦末又一度起来称王。汉高祖为了打败项羽，封韩信为齐王，封彭越为梁王，封黥布为淮南王，封张耳为赵王。西汉政权还没有巩固，洛阳处于四战之地，不利于居高临下镇抚诸侯，新创国家就当定都在关中。项羽退出关中是他失败的原因之一，刘邦取胜因为有关中为根本。张良虽然是帝王师，刘邦对他言听计从，但张良极有智慧谋略，总是抓住时机，才说出自己的意见，往往一言九鼎，刘邦高兴地采纳。

正在大家议论都城之时，一个普通的布衣之士——齐人娄敬，被征发到陇西戍守服兵役，路过洛阳。娄敬是一个有远见的人，他认为新创国家应当定都关中，占有形胜。这既是进言立功的机会，也是一个臣民应当做

▲ 清·冷枚《仿仇英汉宫春晓图》局部

的事，好的建议要奉献国家才对。娄敬找到同乡虞将军，要他引见去见刘邦。虞将军认为有道理，拿出朝衣给娄敬穿。娄敬说："我原来穿什么衣服就什么衣服，还是老样子好。"娄敬要以布衣之身见皇帝，认为这样更能引起皇帝的注意和重视。虞将军于是向汉高祖做了汇报。这是一件非同小可的国家大事，汉高祖立即召见了娄敬。娄敬对汉高祖说："秦地被山带河，四塞以为固；卒然有急，百万之众可具，此所谓天府。"关中不仅地形险固，而且八百里秦川，又是粮食基地，娄敬称为"天府"，一座自然的府库。"天府"一词，由此而来。

汉高祖把这个课题交群臣讨论。群臣绝大多人都是山东人，他们不愿意西迁，纷纷提出反对意见，说什么洛阳有险可恃，东周数百年建都，历史悠久等；而且洛阳在天下之中，全国各地进京、纳贡赋道路均等。这些都有道理，但国家安危是最大的道理。周朝以德制天下，秦汉以力制天下，需要有利的地形险阻，洛阳形胜无法与关中相比。汉高祖认为娄敬说的与群臣争论的,都有道理,拿不定主意。汉高祖就问张良。张良见时机已到,他分析利弊,支持娄敬。汉高祖当天就下令停止争论,立即打点迁都关中。汉高祖接受正确意见,总是雷厉风行,这也正是他取胜之道的原因之一。

汉高祖迁都后,认为最初的建议是娄敬,立即拜为郎中,并赐姓刘氏,于是史称刘敬。古时皇帝赐同姓是莫大的荣誉,娄敬欣然接受。

▲ 明·仇英《汉长信宫词图》

刘敬叔孙通列传

刘敬者，齐人也。汉五年[1]，戍陇西，过洛阳，高帝在焉。
_{刘敬原名娄敬，是齐地人。汉五年被征发到陇西戍边，从洛阳经过，当时汉高祖在洛阳。娄}

娄敬脱辂辂[2]，衣其羊裘，见齐人虞将军曰："臣愿见上言便事[3]。"
_{敬卸了车，身穿羊皮衣，找到同乡虞将军。娄敬说："我想见高皇帝，谈一谈关系国家的大事。"}

虞将军欲与之鲜衣[4]，娄敬曰："臣衣帛，衣帛见；衣褐，衣褐见。
_{虞将军想让娄敬换上华丽的朝服，娄敬说："我穿绸衣就绸衣见，穿粗麻短衣就粗麻短衣见。不敢}

终不敢易衣。"于是虞将军入言上。上召入见，赐食。
_{更换衣服。"于是虞将军向高皇帝做了汇报。高皇帝刘邦立即召娄敬入宫，赐给他饭食。}

已而问娄敬，娄敬说曰："陛下都洛阳，岂欲与周室比隆
_{饭后，刘邦问娄敬，娄敬说："陛下建都洛阳，是不是想效法周朝呢？"刘邦说：}

哉？"上曰："然。"娄敬曰："陛下取天下与周室异。周之先自后
_{"是。"娄敬说："陛下夺取天下与周大不相同。周的祖先后稷，尧的时候封}

稷，尧封之邰，积德累善十有余世。公刘避桀居豳。太王以狄
_{地在邰，周人在那个地方积德累善十几代。周王先公公刘为躲避桀的暴政迁居豳。}

伐故，去豳，杖马箠居岐，国人争随之。及文王为西伯，断虞、
_{太王时狄常侵扰，又骑马从豳迁至岐，国人争相跟随。周文王被封为西伯，出}

---

1 汉五年：公元前202年。
2 脱辂辂：解脱了车前牵引的横木，即卸了车。辂，鹿车前的横木。
3 便事：有利于国家的事。
4 鲜衣：华美的新衣。

刘敬进言高祖迁都

芮之讼，始受命，吕望、伯夷自海滨来归之。武王伐纣，不期而
断虞、芮两个小国之争，开始称王，吕望、伯夷等从海滨前来辅佐。周武王伐纣，

会孟津之上八百诸侯，皆曰纣可伐矣，遂灭殷。成王即位，周公
孟津会聚八百诸侯，大家都说纣可以伐，遂灭殷。周成王即位，周公等人辅佐，

之属傅相焉，乃营成周洛邑，以此为天下之中也，诸侯四方纳贡
于是营造成周洛邑，因为这里在天下之中，诸侯从四方纳贡，距离大体相当。

职，道里均矣，有德则易以王，无德则易以亡。凡居此者，欲令
有德的人容易统治，无德的人容易灭亡。凡定都洛邑，就要效法周人以德使人

周务以德致人，不欲依阻险，令后世骄奢以虐民也。及周之盛
归附，不依靠地势险要，不让后人骄奢淫逸暴虐人民。当周朝强盛的时候，天

时，天下和洽，四夷向风，慕义怀德，附离而并事天子[1]，不屯一
下和睦，四方夷人也向往教化，遵守德义，使分裂的人都归附而服从天子，不

卒，不战一士，八夷大国之民莫不宾服，效其贡职[2]。及周之衰也，
须驻守一兵一卒，八方的夷人大国没有不归附的，献纳贡赋不断。等到周朝衰

分而为两[3]，天下莫朝，周不能制也。非其德薄也，而形势弱也。
落了，分而为二，诸侯不再朝贡，周也无可奈何。这并不是其道德衰落了，而

今陛下起丰、沛，收卒三千人，以之径往而卷蜀汉，定三秦，与
是形势变弱了。而今陛下起兵丰、沛，开始只有三千人，不断发展，卷蜀汉，

项羽战荥阳，争成皋之口，大战七十，小战四十，使天下之民肝
定三秦，与项羽战荥阳、争成皋，大战七十次，小战四十次，使天下之民惨死

脑涂地，父子暴骨中野，不可胜数，哭泣之声未绝，伤痍者未
沙场，父子暴尸荒野，多得无法计算，哭泣之声没有断绝，战争的创伤尚未恢复，

1　附离：使离者相附。
2　八夷：八方之夷。效：献纳贡赋。
3　周之衰也，分而为两：指东周后分为东周君、西周君。

清·唐岱等画《院本新丰图》

起[1]，而欲比隆于成康之时，臣窃以为不侔也[2]。且夫秦地被山带河，
在这时想效法西周的成康之治，臣认为是办不到的。再说秦地依山靠河，四面

四塞以为固，卒然有急，百万之众可具也。因秦之故，资甚美膏
关隘坚固，即使有突然事变，百万之众可以立即招聚。依靠秦人的开发，凭借

腴之地，此所谓天府者也。陛下入关而都之，山东虽乱，秦之故
肥沃的土地，可以说是天然的府库。陛下入关建都，即使华山以东叛乱，关中

地可全而有也。夫与人斗，不搤其亢[3]，拊其背，未能全其胜也。
秦国原有土地，可以保全。与人相斗，不扼其喉咙，不能获得全胜。今陛下入

今陛下入关而都，案秦之故地，此亦搤天下之亢而拊其背也。"
关建都，据有秦国故地，这就是扼制天下喉咙，打击天下后背的举动啊。"

高帝问群臣，群臣皆山东人，争言周王数百年，秦二世即
高帝询问群臣，群臣大都是山东之人，都争相进言，说周朝有几百年天下，秦朝两代皇

亡，不如都周。上疑未能决。及留侯明言入关便，即日车驾
帝就灭亡了，还是建都洛阳为好。刘邦犹豫不定。等到留侯张良明确表态入关好，刘邦当天就

西都关中。
驾车西进关中。

于是上曰："本言都秦地者娄敬，'娄'者乃'刘'也[4]。"
于是高祖皇帝说："最初建议建都秦地的是娄敬，'娄'乃'刘'。"赐姓刘，

赐姓刘氏，拜为郎中，号为奉春君。
官拜郎中，号奉春君。

---

1 伤痍者未起：指人民饱受战争之祸还没有恢复。痍，肌肤受创。
2 不侔：谓今日之时势不能与周成康之时相提并论。
3 亢：喉咙。
4 "娄"者乃"刘"也：谓两字谐音，娄，即刘。

▲ 匈奴生活场景（南宋·佚名《胡笳十八拍》局部）

季布强谏吕太后罢战

秦末汉初，北方匈奴族强大起来，冒顿单于统一各部，匈奴东西万里，控弦之士四十万。冒顿单于不断侵扰汉边，是汉朝安全的一大威胁。公元前 200 年，匈奴寇边，高帝刘邦亲自率领 32 万大军征讨，在平城（今山西省大同市）东白登山被匈奴围困七日七夜，汉军差点全军覆没。白登之围以后，汉朝被迫与匈奴和亲，汉朝公主出嫁匈奴单于为阏氏（王后），陪嫁大量财物。汉匈边境获得暂时安定。

寂寞的吕后

高帝死后,惠帝即位,年十七,性格懦弱,其母吕太后专权,凡军国大政,都由太后决断。

吕太后名吕雉,高帝皇后,曾协助高帝打天下,性格刚强,手段也狠毒,诛杀汉朝功臣韩信、彭越,残害高帝戚夫人,断四肢,挖眼,灌哑药,扔到猪圈里称为"人彘"。由此可见,吕太后是一个女强人,她也的确是中国历史上少有的专权太后。汉朝开国的诸大臣王陵、陈平、周勃等人,也都小心谨慎,唯唯诺诺。

吕太后对待政敌残忍,但她备尝艰难,懂得怎样治理国家,虚心纳谏,重用贤才。所以在吕太后当政时继续奉行休养生息的无为政策,国家无事,人民生活逐渐好起来。吕太后听取季布直言,与匈奴罢战和亲,就是吕太后执行无为政策的一个生动故事。

冒顿单于是匈奴的一个王,他统一匈奴,围困高帝,威名远扬。冒顿当政时期，正当匈奴的鼎盛时期。不过冒顿杀父自立，不受约束，傲慢少礼。他听说汉朝是吕太后当政，又听说吕太后颇有姿色，就顿生非分之想，遣使给汉朝发来一封书信。信中说："孤偾之君，生于沮泽之中，长于平野牛马之域，数至边境，愿游中国。陛下独立，孤偾独居。两主不乐，无以自虞，愿以所有，易其所无。"（《汉书·匈奴传》）

冒顿单于的这封信狂妄至极，侮辱吕太后。吕太后大怒，宣召丞相陈平及大将樊哙、季布等商议对策。皇太后受如此大辱，国家体面不存，大臣们都气愤不已。吕太后更是震怒，变了脸色。樊哙是一员猛将，他又是吕太后的妹夫，极力主张杀掉匈奴来使，发兵征讨。樊哙说："臣愿得十万众，横行匈奴中。"吕太后问季布。季布说："樊哙说这话，讨好太后，不负责任，犯了欺君的死罪。想当年，高帝在平城被匈奴围困，樊哙在军中，他拿不出一点解围的办法。汉军被围七天，断了口粮，举弓的力气都没有。现今国家创伤没有平复，而樊哙妄言以十万众横行匈奴，是在当面说大话，不惜使国家动摇，所以说犯了死罪。"季布接着说："太后不必生气。匈奴人本来如同禽兽，不懂礼义，他们说一句好话不值得高兴，说一句坏话不值得发怒。"吕太后想了想，认为季布说得对，夸奖了一句："说得好。"吕太后让大谒者张泽写了一封回信，语言谦恭，说自己"年老气衰，发齿堕落"，走路都困难，请单于不要信道听途说。言下之意，吕太后可以给冒顿单于当妈妈，怎能当情人呢？吕太后还送给冒顿单于御车两辆，好马八匹。冒顿单于得了回信和礼物，对照自己的粗鲁行为，自觉没有意思。重新遣使与汉朝休好，写了一封道歉的信，说："未尝闻中国礼义，陛下幸而教之。"送了一批好马给汉朝，恢复了和亲。

季布冒着危险，在吕太后受辱发怒时敢讲真话，分析了国情，退让求

吕后反击匈奴来信

全,表现了他的忠诚,对国家安危负责。吕太后也极有雅量,她冷静思考,接受季布谏言。这也使当时汉朝文武大臣达成共识,深深认识到国力不强,受人欺负;更认识到力量不够,要忍辱退让,以保国家安全为第一等大事。吕太后讷谏,不仅仅化解一场汉匈间的战争,而且从这以后,保持了汉朝君臣几代人的励精图治,发愤图强。吕太后之后,又经过文帝、景帝两代皇帝的休养生息,到了汉武帝即位,汉朝已有六十多年的生息与积累,国力盛强,反击匈奴,雪国耻报仇,这一大事提上议事日程。汉武帝伐匈奴,取得胜利之后,在太初四年(前101年)布告天下说:"高皇帝遗朕平城之忧,高后时单于书绝悖逆。昔齐襄公复九世之仇,《春秋》大之。"(《史记·匈奴列传》)《公羊传·庄公四年》说:"九世犹可复仇乎?虽百世可也。"匈奴侵扰汉边。侮辱中国,自己种下的苦果,在汉武帝强大的攻击下,自己吞进肚里。这是后话,就不多说了。

季布列传

孝惠时，(季布)为中郎将[1]。单于尝为书嫚吕后，不逊，吕后大怒，召诸将议之。上将军樊哙曰："臣愿得十万众，横行匈奴中[2]。"诸将皆阿吕后意，曰"然"。季布曰："樊哙可斩也！夫高帝将兵四十余万众，困于平城，今哙奈何以十万众横行匈奴中，面欺！且秦以事于胡，陈胜等起，于今创痍未瘳[3]。哙又面谀，欲摇动天下。"是时殿上皆恐，太后罢朝，遂不复议击匈奴事。

---

1 季布：原楚将，骁勇善战多次陷刘邦于困境。汉朝建立，高帝赦免季布，用为郎中，惠帝时升迁为中郎将，官至河东太守。
2 横行：往来无阻。
3 创痍未瘳：人民遭受战争的创伤还未平复。

▲ 清·陈士倌《圣帝明王善端录·汉文帝》

冯唐论将、文帝赦魏尚

　　北宋大诗人苏东坡四十岁时被贬出京，任密州知州，但他时刻不忘国家安危，希望报国出力。公元1075年，辽国又胁迫北宋割让大片边地，西夏也时常犯边。苏轼渴望有冯唐这样的人识才举荐，使自己得到朝廷重用，效力疆场。他写了一首《江城子》，纪念一次打猎活动，题为《密州出猎》，发抒自己的报国感慨。这是一首有名的述志词，其中有"持节云中，何日遣冯唐"的诗句。苏轼自比汉代的云中太守魏尚。这里就来讲说冯唐论将与汉文帝赦魏尚的故事。

　　冯唐是西汉文帝时人。冯唐祖上是战国时赵国人，汉初迁入关中安陵县，在今陕西咸阳东北。冯唐任汉文帝的中郎署长。中郎是皇帝的警卫队，署长是中郎的一个小头目。郎官在皇帝身边，皇帝高兴了就问长问短，郎官就有与皇帝说话的机会。

　　有一天汉文帝车驾经过中郎署，出来一位老郎官接驾，这位老郎官就是冯唐。汉文帝是中国历史上有名的开明之君，举贤良就是由汉文帝开创的。举贤良，就是由中央或地方高官按朝廷要求的条件和名额推举敢讲真话、实话的人到朝廷评议政治。朝廷出题，贤良答卷，直言得失。这是一种选拔人才的制度，也是皇帝讷谏的机会。冯唐是多年的老郎官，年事已高，还未得到升迁。汉文帝见冯唐年岁大，就尊称他为"父老"，就是老人家的意思。文帝问："老人家，你是什么时候出来做郎官的？家在哪里？"冯唐说："臣家世居赵国代地，本朝迁到安陵。"冯唐讲说他的身世。汉文帝原来就是封为代王。代地在今山西东北部与河北西北部一带，在汉时是边地，与匈奴接壤。汉文帝得知冯唐祖籍代地，一下拉近了君臣关系，话也多了起来。汉文帝感慨地说："我在当代王时，我的尚食监高袪（qū）多次谈起秦末巨鹿之战赵将李齐的非凡才干，直到今天，我每端起饭碗，脑子里就浮现出李齐骁勇善战的身影，我的心就飞到了巨鹿城下。老人家可知道李齐的事吗？"冯唐说："臣当然知道。但李齐与战国时赵将廉颇、李牧比起来，那就差得多了。"文帝说："你怎么知道的呢？"冯唐说："臣祖父在李牧帐下做百人之长，臣父亲做过代国相，与李齐同僚，深知他们各自的为人。"文帝听了很兴奋，情不自禁慨叹起来，

汉文帝和冯唐

拍着大腿说:"我恨不能得到廉颇、李牧为将,若有此二人,还怕匈奴吗?"冯唐接着冲口而出,他说:"陛下,臣斗胆说一句,只怕有了廉颇、李牧,陛下也未必能用!"文帝脸色一沉,怒气冲冲地进入宫中,把冯唐晾在一边。左右的人都受到惊吓,大家埋怨冯唐说话没分寸,又都替冯唐捏一把汗。过了好一阵,汉文帝消了气,召见冯唐说话。文帝问冯唐:"你为何当众给我难看,难道不能单独对我讲吗?"冯唐赔罪说:"臣是一个大老粗,说话没轻重,还望陛下宽恕。"

汉文帝不愧是一个开明之君。他原谅了冯唐的冲撞,感到冯唐话中有话,朝廷可能有什么过失,所以他才召见冯唐,询问为什么有了廉颇、李牧不能用。冯唐一一道出了原委。原来云中太守魏尚,抵挡匈奴有功,只是在申报战功时,差了六个首级,就把魏尚抓起来,以虚报战功的罪名投入监狱。

冯唐说:"臣认为陛下处事赏轻罚重,对良将不信任,因此才说,陛下

魏尚入狱

虽得廉颇、李牧也不会用，魏尚就是例子。"冯唐还滔滔不绝讲了一番君臣信任的用将之道。文帝见冯唐指出了他的过失，不但不生气，而且非常高兴，立即特委冯唐为钦差大臣，带着皇帝的诏书前往云中，赦出魏尚，官复原职。苏轼问："持节云中，何日遣冯唐？"这个典故说的就是这件事。诗人在密州，天天企盼冯唐到来，什么时候朝廷让我像魏尚一样立功疆场呢！冯唐只是一个小郎官，但他有高度的爱国热情，敢于向汉文帝进谏，汉文帝则虚心纳谏，于是中国历史上就留下了冯唐论将、文帝赦魏尚的故事。

魏尚复出，匈奴从此不敢犯汉云中边境。

冯唐列传

冯唐者，其大父赵人[1]。父徙代[2]。汉兴徙安陵。唐以孝著，
<small>冯唐，他的祖父是赵国人。父亲迁往代地。汉朝建立，迁移安陵。冯唐以孝顺著称，</small>

为中郎署长，事文帝。文帝辇过，问唐曰："父老何自为郎[3]？
<small>做中郎署长，事奉文帝。有一次，文帝乘车经过中郎府衙，问冯唐说："老人家，你什么时</small>

家安在？"唐具以实对。文帝曰："吾居代时，吾尚食监高祛
<small>候做郎官的？家住哪里？"冯唐据实回答。文帝说："我做代王时，我的尚食监高祛多次为</small>

数为我言赵将李齐之贤[4]，战于巨鹿下。今吾每饭，意未尝不
<small>我说起赵将李齐的才能，还讲到李齐在巨鹿之战时的生动情景。直到今天，我每当吃饭时，</small>

在巨鹿也。父知之乎[5]？"唐对曰："尚不如廉颇、李牧之为将
<small>脑海里就浮现李齐在巨鹿之战的情景，老人家知道吗？"冯唐说："李齐比不上廉颇、李牧</small>

也。"上曰："何以？"唐曰："臣大父在赵时，为官率将[6]，善李
<small>两将军。"皇上说："为什么？"冯唐说："我祖父生前，在赵国军队里为百人的官率将，</small>

牧[7]。臣父故为代相，善赵将李齐，知其为人也。"上既闻廉颇、
<small>交好李牧。我父亲生前为代国相，交好赵将李齐，知道他的为人。"皇上听了廉颇、李牧的</small>

---

1 大父：祖父。
2 代：古国名，在今河北蔚县东北，战国时为赵所灭。汉初封同姓九国，代为其一。
3 父老：老人家，敬称。何自为郎：您什么时候做郎官的？
4 尚食监：管理帝王膳食的官。
5 父："父老"二字的省文。
6 官率将：即官帅将，百夫之长。率，帅。
7 善：交好。

冯唐论将、文帝赦魏尚

李牧为人,良说[1],而搏髀曰[2]:"嗟呼!吾独不得廉颇、李牧,时
为人后,非常高兴,不禁拍着大腿说:"唉!我偏偏得不到廉颇、李牧,他们生在当今为我

为吾将[3],吾岂忧匈奴哉!"唐曰:"主臣[4]!陛下虽得廉颇、李
的大将,我难道还忧虑匈奴吗?"冯唐说:"臣诚惶诚恐,冒昧说一句,陛下即使得了廉颇、

牧,弗能用也。"上怒,起入禁中[5]。良久,召唐让曰:"公奈何
李牧,也不能用的。"皇上发怒,起身走入宫中,过了一阵,又召见冯唐责备说:"你为何

众辱我,独无间处乎[6]?"唐谢曰:"鄙人不知忌讳。"
当众羞辱我,难道不能私下告诉我吗?"冯唐赔罪说:"我是粗人,不懂忌讳。"

当是之时,匈奴新大入朝䢳(nà),杀北地都尉卬[7]。上
那个时候,匈奴刚刚大举入侵朝䢳县,杀了北地郡都尉孙卬。皇上很忧虑匈奴侵扰,

以胡寇为意,乃卒复问唐曰:"公何以知吾不能用廉颇、李
终于又一次询问冯唐,说:"你凭什么说我不能任用廉颇、李牧?"冯唐回答说:"我听说

牧也?"唐对曰:"臣闻上古王者之遣将也,跪而推毂[8],曰:
古代英明的君主派遣将军出征,亲自跪下来推车,说:'国门以内的事,寡人决断;国门以

'阃以内者[9],寡人制之;阃以外者,将军制之。'军功爵赏
外的事,由将军裁定。'军人立功封爵赏赐,都由主外事的将军决定,回朝上奏就行了。这

---

1 良说(yuè):非常高兴。
2 搏髀(bì):拍着大腿。拍打。髀,大腿外侧。
3 时为吾将:这样的人做我的大将。时,此,是。
4 主臣:臣子进对时的惶恐之词。
5 禁中:宫中。
6 独无间处乎:难道不会找机会私下对我讲吗?间处,无人之处,合适的空隙。
7 杀北地都尉卬:事在文帝前元十四年(前166年),匈奴大入,京师戒严。北地,汉郡名,郡治马领,在今甘肃省环县东南。都尉,郡守佐官,掌郡兵。卬,姓孙名卬。
8 跪而推毂(gǔ):古时命将出师,王者弯腰屈身亲自为之推车。
9 阃以内者:朝中之事。下文"阃以外者",指军中之事。阃,门槛,此指城门。

皆决于外，归而奏之。此非虚言也。臣大父言，李牧为赵
_{不是一句空话。我的祖父说，李牧为赵将驻守边防。驻军区域内的市场租税，自己处置全用}
将居边[1]，军市之租皆自作飨士[2]，赏赐决于外，不从中扰也。
_{来犒劳士卒，一切赏赐由将军决定，不受朝中的干扰。君王把重任交给了他，而只要求他的}
委任而责成功，故李牧乃得尽其智能，遣选车千三百乘，
_{成功，所以李牧才能充分发挥他的聪明才智，派遣精选的战车一千三百辆，善于射箭的士兵}
彀骑万三千[3]，百金之士十万[4]，是以北逐单于，破东胡[5]，灭澹
_{一万三千人，立功可赏百金的勇士十万，因此能够在北边驱逐匈奴单于，打破东胡，灭了澹林，}
林[6]，西抑强秦，南支韩、魏。当是之时，赵几霸。其后会
_{在西边遏制强秦，在南边支援韩、魏。那个时候，赵国几乎称霸。后来赵王迁即王位，他母}
赵王迁立，其母倡也。王迁立，乃用郭开谗，卒诛李牧，
_{亲是没见识的卖唱女子，所以赵王迁即王位后，信用奸臣郭开的谗言，终于杀了李牧，派颜}
令颜聚代之。是以兵破士北[7]，为秦所禽灭。今臣窃闻魏尚
_{聚代他为将。因此军队溃败，士卒逃散，被秦人俘虏消灭。如今我听说魏尚为云中太守，他}
为云中守，其军市租尽以飨士卒，出私养钱[8]，五日一椎牛[9]，
_{把军市上的租税全都用来犒赏士卒，还献出了个人的俸禄，五天杀一次牛，宴请宾客、军吏、}

---

1 居边：驻守边防。
2 军市之租：驻军区域内的市场租税。飨（xiǎng）士：犒劳将士。
3 彀（gòu）骑：善射的骑士。彀，张弓。
4 百金之士：其功可赏百金之战士，指英勇善战的精兵。
5 东胡：我国古代北方的少数民族，因居住于匈奴之东，故曰东胡。
6 澹林：活动于山西以北的少数民族，亦作襜褴（chān lán）。
7 兵破士北：军队溃败，士卒逃散。北，败逃。
8 私养钱：个人的俸给。
9 椎牛：击杀牛。

冯唐论将、文帝赦魏尚　　193

▲ 辽·胡瓌《出猎图》

飨宾客军吏舍人，是以匈奴远避，不近云中之塞。虏曾
亲近左右，因此匈奴远远逃去，不敢靠近云中边界。匈奴曾经入侵一次，魏尚率领车骑军
一入，尚率车骑击之，所杀甚众。夫士卒尽家人子[1]，起
队出迎，杀死很多敌人。能战的士兵都是农家子弟，从田间来到战场，哪里懂得军队中的
田中从军[2]，安知尺籍伍符[3]。终日力战，斩首捕虏，上功
文书证件？他们整天拼命作战，杀敌抓俘虏，到幕府报功，只要有一句话不符实际，法官
莫府[4]，一言不相应，文吏以法绳之。其赏不行而吏奉法
就依律令条文治罪。将士的赏赐难以兑现，而执法官对过失却依法惩处。臣愚笨，也认为
必用。臣愚，以为陛下法太明，赏太轻，罚太重。且

---

1 家人子：普通百姓家的子弟。
2 起田中：出身农民。
3 尺籍：汉代军中书其斩首之功于一尺之板，称尺籍。伍符：军人伍伍相保之证件。
4 上功莫府：向幕府报告战功。莫，同"幕"。幕府，军队中最高长官的公署。

▲ 辽·胡瓌《回猎图》

云中守魏尚坐上功首虏差六级[1]，陛下下之吏，削其爵，罚
_{陛下的法令奖励太轻而惩罚太重。况且云中太守魏尚仅仅因为上报斩杀敌人首级差了六个就被}
作之。由此言之，陛下虽得廉颇、李牧，弗能用也。臣诚
_{判罪，陛下的执法官夺了他的爵位，判处苦刑。由此说来，陛下虽然得到了廉颇、李牧，也是}
愚，触忌讳，死罪死罪！"文帝说（yuè），是日令冯唐持节
_{不会重用的。臣真是愚笨，触犯忌讳，该死，该死！"文帝很高兴，当天就派冯唐拿着符节出}
赦魏尚，复以为云中守，而拜唐为车骑都尉，主中尉及郡
_{使云中赦免魏尚，仍为云中太守，而任命冯唐为车骑都尉，职掌中尉官所属，以及郡国所属的}
国车士。
_{战车部队。}

---

1 坐：被判罪。

▲ 清·佚名《郑子产像》

爱民故事

五则

齐顷公赈孤问疾

齐顷公无野，春秋中叶齐国国君，公元前598至582年在位，执政十七年。齐顷公执政初年，晋楚争霸告一段落，列国之间友好往来，出现一个短暂的和平安宁时期。

齐顷公六年（前593年），晋景公派大夫郤克出使齐国，约齐顷公会盟。郤克是个跛脚的人，人又矮小，上台阶时一跛一颠。齐顷公的母亲萧桐叔子好奇，她藏在帷幕后边偷看郤克拜会齐顷公，郤克登台阶，顷公母

齐顷公之母嘲笑使者

在帷幕后边笑出声来。郤克知道有人取笑他，内心非常痛苦，十分愤怒。郤克离开齐国时，发出誓言："不报复这次耻辱，就不再渡黄河！"

郤克回到晋国，请求出兵讨伐齐国。因为当时晋国是盟主，齐国对盟主国使者不尊重，讨伐也有理由。晋国君臣都反对郤克，为了这点小事就动干戈，未免太霸道，不同意出兵。随后齐国遣使到晋国答谢，郤克乘齐使返回时在半道中截杀了，算是出了一口气，但还没有解郤克的心头之恨。

齐顷公十年（前589年），齐国攻打鲁、卫。鲁、卫两国派人到晋国求救，他们知道郤克仇恨齐国，于是到晋国后，先拜会郤克，让郤克出力，促成晋国出兵。晋国君臣不满齐国擅自兴兵，破坏了晋国的盟主地位。晋君让郤克领兵八百辆去援救鲁、卫，进攻齐国，借机让郤克雪耻，肯定会拼命战斗。齐顷公听到晋国出兵，亲率大军迎敌。齐晋两国军队在齐地鞍相遇，史称齐晋鞍之战。

晋军报仇，齐军卫国，因此这场战斗十分激烈。郤克被箭射伤，流血到了脚跟，染红了鞋子，但郤克坚持战斗，大大鼓舞了晋军士气，齐军被打得大败。齐顷公为了鼓动齐军士气，亲自临阵观战。没想到齐军战败退却，大家夺路混乱而逃，齐顷公的坐车马缰绳被挂在树木上，晋将韩厥追了上来，包围了齐顷公的战车，出言戏弄齐君。幸亏齐顷公的警卫车右逢丑父灵机一动，在混战时与齐顷公换了位置，韩厥把逢丑父当成了齐君。逢丑父命齐顷公下车去汲水，齐顷公借机逃走。逢丑父成了俘虏。

郤克得知逢丑父放走了齐顷公，就下令杀掉逢丑父。逢丑父对郤克说："我忠于国君，放走国君是我的本分，你杀了我，就是杀忠臣，难道盟主之国不要忠臣吗？"郤克听了，放走了逢丑父。

齐国战败，献上宝器，请求和好。郤克说："齐国要交出那个嘲笑我的妇人。"齐使说:"那是国君之母萧桐叔子,做人臣的不能对国母施暴,齐国接受教训了,就放过她吧。"郤克提出齐国归还侵占鲁、卫两国的土地。齐顷公答应了,齐、鲁两国和好罢兵。

  齐顷公经过这场战争,明白了治理国家不能儿戏,一个玩笑使齐国蒙受如此灾难。从此齐顷公励精图治,齐国有灾,发放救济,人民有疾苦,访问关心,把老百姓的事放在心上。齐顷公缩小国君的苑囿,把多余的土地分给贫民耕种,减少征税,增加国家粮食储备,保障人民生活。齐民欢呼跳跃。外交上齐顷公尊礼使臣。齐国富强了,有礼貌了,诸侯另眼相看,不敢再犯齐国边境。

齐太公世家·齐顷公

六年春[1]，晋使郤克于齐，齐使夫人帷中而观之。郤克
<small>顷公六年春天，晋国派郤克到齐国，齐顷公让母亲躲在帷幔后面观看相见的礼节。郤克上台阶时，</small>
上，夫人笑之。郤克曰："不是报，不复涉河！"归，请
<small>因脚跛姿势滑稽，顷公母亲禁不住笑了起来。郤克知道后说："此仇不报，不再渡河！"郤克回国后，</small>
伐齐，晋侯弗许。齐使至晋，郤克执齐使者四人河内，杀
<small>立即请求攻打齐国，晋侯没有同意。齐国的使者来晋国，郤克在河内把齐国的四个使者抓了起来，全</small>
之。八年，晋伐齐，齐以公子强质晋，晋兵去。十年春，
<small>部杀掉了。顷公八年，晋国攻打齐国，齐顷公把公子强送到晋国做人质，晋国的军队才撤退。顷公十</small>
齐伐鲁、卫。鲁、卫大夫如晋请师，皆因郤克。晋使郤克
<small>年春天，齐国攻打鲁国和卫国。鲁国和卫国的大夫到晋请救援助，都走郤克的后门。晋国果然派郤</small>
以车八百乘为中军将，士燮将上军，栾书将下军，以救鲁、
<small>克率领八百辆车为中军统帅，士燮带领上军，栾书带领下军，为了解救鲁、卫两国而向齐国发动攻击。</small>
卫，伐齐。六月壬申，与齐侯兵合靡笄下。癸酉，阵于
<small>六月十七日，郤克与齐顷公的部队在靡笄相遇。十八日，在鞍地摆开了战场。逢丑父做齐顷公的车右。</small>
鞍[2]。逢丑父为齐顷公右[3]。顷公曰："驰之，破晋军，会食[4]。"
<small>顷公命令他说："奋勇前进，打败晋国的军队，我们再聚餐庆功。"齐兵用箭射伤了郤克，血流到了</small>

1　六年：齐顷公六年，公元前593年。
2　癸酉：鲁成公二年（前589年）的六月十七日。鞍：齐地名，即历下，在今济南市西。
3　右：车右。即骖乘。古制，一车三人，尊者在左，御者在中，保镖即骖乘在右。作战时尊者居中。
4　会食：聚餐庆功。

射伤郤克，流血至履。郤克还入壁，其御曰："我始入，再
鞋子上。郤克想退回军营中去，给他赶车的人说："我刚上阵就受了二次伤，可是不敢大叫痛苦，恐
伤，不敢言疾，恐惧士卒[1]，愿子忍之。"遂复战。战，齐
怕损伤了士兵的士气，希望将军也坚强些。"于是郤克又投入战斗。交战中，齐军的形势很危急，逢
急，丑父恐齐侯得，乃易处[2]，顷公为右，车絷于木而止。
丑父担心齐顷公被对方活捉，就与齐顷公交换了车上的位置，让顷公坐在车右，刚换好，战车就被树
晋小将韩厥伏齐侯车前，曰："寡君使臣救鲁、卫"，戏之。
枝挂住不能前进了。晋国的小将韩厥伏在齐顷公的车前，故意说："我们的国君派我来解救鲁国和卫国。"
丑父使顷公下取饮，因得亡。脱去，入其军。晋郤克欲杀
以来侮辱齐顷公。逢丑父让齐顷公下车取水喝，顷公因此得以脱身逃回自己的部队。郤克知道事情真
丑父。丑父曰："代君死而见僇，后人臣无忠其君者矣。"
相后，就准备杀了逢丑父。丑父说："愿意代替国君去死的人反而被杀害，以后做大臣的再也不会忠
克舍之，丑父遂得亡归齐。于是晋军追齐至马陵。齐侯
于他的国君了。"郤克放了逢丑父，逢丑父这才有机会逃回齐国。于是晋军追击齐军一直到了马陵。
请以宝器谢，不听；必得笑克者萧桐叔子[3]，令齐东亩。对
齐顷公请求献出宝器来求和，郤克不同意；而一定要齐国交出曾经取笑过郤克的萧桐叔子，并把齐国
曰："叔子，齐君母。齐君母亦犹晋君母，子安置之？且子
的陇亩改成大道让晋军车马东行。齐国使臣回答说："萧桐叔的女儿是齐顷公的母亲。齐国国君的母
以义伐而以暴为后，其可乎？"于是乃许，令反鲁、卫之
亲就像晋国国君的母亲，将军准备怎样处置她呢？再说你先以义师攻伐，后来却实行暴行，这样做可

1　恐惧士卒：恐怕损伤士兵的士气。
2　易处：交换座位，逢丑父自代齐顷公。
3　萧桐叔子：萧桐叔之子，即齐顷公母。萧桐叔，齐顷公无野的外祖父。

侵地。

以吗?"于是郤克才同意讲和,命令齐国归还所侵占的鲁、卫两国的土地。

十一年,晋初置六卿,赏鞍之功。齐顷公朝晋,欲

顷公十一年,晋国首次设置六卿的职位,用来奖赏在鞍之战建立功勋的人。齐顷公到晋国朝见,

尊王晋景公,晋景公不敢受,乃归。归而顷公弛苑囿[1],

想尊奉晋景公为王,晋景公不敢接受,就回国了。回国以后,顷公开放苑囿让民耕种,减轻了赋税,

薄赋敛,振孤问疾,虚积聚以救民,民亦大悦,厚礼诸

又拯救孤儿,慰问百姓疾苦,把仓库中积聚的钱粮都拿出来救济百姓,人们非常高兴,顷公还对诸

侯。竟顷公卒,百姓附,诸侯不犯。

侯施以厚礼。所以直到顷公死,老百姓都和睦相处,诸侯也不敢来侵犯。

---

1 弛苑囿:开放苑囿令民耕种。

子产已死民安归

子产，姓公孙，名侨，字子产，又字子美，春秋中期郑国公室贵族司马子国的儿子。郑简公十二年（前554年），子产为卿，第二年执政。子产是春秋时著名的政治家和外交家，与辅佐齐桓公称霸的管仲齐名。他针对郑国"国小而逼，族大宠多"的实际情况，内修政治，以图自立，外则婉转周旋于晋、楚两大国之间，避免兼并，开展了一系列改革措施，为郑国争取到一个相对安定的国内外环境。三年之后，郑国大治。人民歌颂她："我有儿子，子产教育她；我有田地，子产让它增产。假使子产死了，谁来继承他呢？"

郑国是一个小国，夹在晋国与楚国之间，对两个大国谁也得罪不起，晋、楚两国争霸，向小国勒索贡物，郑国两边应付，这就是"国小而逼"。郑国旧势力很大，公室众公子互相争权，很不好当执政，这就是"族大宠多"。子产执政，是得到贵族领袖子皮的支持。子皮对子产说："你很能干，郑国的事就交给你了，你好好干。"子产说："郑国夹在大国之间，贵族势力又大，爱宠信的人很多，我没能力胜任。"子皮说："你放心，我带头服从你，树立你的威信，为了郑国，挑起这副担子。"子产就这样做了郑国执政。

子产执政后，果然不负子皮厚望。他内修政理，对外争国权，使郑国成为一个富强的小国，晋、楚大国不敢怠慢。这里就说说子产的

子皮大力支持子产

内政外交吧。

　　子产对内政进行了大刀阔斧地改革。他不顾旧贵族顽固势力的反对,"作封洫",就是进行土地制度的改革,即开垦田沟,重新丈量土地,确立公田和私田的疆界;编制种田的农户,五家为伍,严格管理;推行私田化,国家按亩征税。大族羊卷带头反对,他借口祭祀用牲,向子产"请田"打猎。子产不许,说道:"按照制度,只有国君才能用猎获的野兽祭祀,你用一般的牲口就行了。"羊卷大怒,召集壮丁要向子产动武。子产却毫不畏缩,在子皮的支持下将羊卷驱逐出郑国。三年后又把羊卷请回来,羊卷的封邑和历年收入,子产妥善保管,全部交还羊卷,做到了仁至义尽,团结了贵族。

　　接着子产"作丘赋",按私有田亩多少征收军赋,保证军资收入。子产还打破贵族与平民的阶级阵线,使有私田的平民可以做甲士,扩大了统治基础。按旧制,只有贵族士的阶层才能当甲士,现在一般平民就可做甲士。"做丘赋",增强了国力,又促进了阶级关系的变化,一箭双雕。

公元前136年,子产"铸刑书",将法律条文铸在大鼎上,向社会公布,人人知法执法,增加了透明度,打破了"刑不上大夫"的旧传统。子产还重视乡校的议论,从这里收集人民的意见。乡校是一个村落中的云集中心,既是学校也是集会交流中心。人们在这里交流、学习,还可以发牢骚。有人提出禁止乡校议论朝政,子产不同意,认为防民之口,甚于防川,要让人民讲话,讲实话,讲真心话。人民有意见要疏导,而不是杜塞。杜塞人民讲话,就像筑河堤堵住流水一样,一旦堤溃,那时就伤人必多。这表现了子产的民主意识。

子产外交手腕灵活,主要是保持了郑国的独立与尊重。他出使晋国,巧言拒绝索贿,就是一个很生动的例子。

晋国范宣子执政,此人十分贪婪,经常向诸侯国索要大量财物。公元

贪财的范宣子

前549年二月，郑简公到晋国去朝聘，执政子西陪他前去，子产便写了一封信给范宣子，托子西带去。

范宣子收到子产的信，便拆开阅读，只见信上写着："您作为晋国的执政，治理晋国，在四周的诸侯国中，没有听到过您的好名声，只听到索要大量贡献礼品，令人感到非常困惑。我听说有道德、有学问的人主持国家政权，不担心没有财物，只担心没有良善美好的名声。如果诸侯贡献的财物，聚集在晋国国君手里，为国内公卿所不满，内部就会分裂；如果您凭借执政的地位，把诸侯国的供品当作自己的私利，集中在您的手中，国内公卿也将会不满而导致内部分裂。诸侯内部不一致，晋国的盟主地位就要动摇。晋国内部不一致，您的家族就要受损害，您的执政地位就会不巩固。您为什么这样不明白事理啊？用这么多的财富干什么？好的名声，好比是装载道德的车子。道德，是国家的基础，有了这个基础，国家才不容易损坏。难道为国当政的人不应该致力于此吗？有了道德，人们之间就会和乐，团结和乐，国家就能长治久安。所以《诗经》上说：'和乐啊君子，是国家和家族的基础。'这就是要求您有好名声啊！用谅解来发扬德行，那么，就可以载上好名声前进了。这样远方的人们便会感德慕名来投奔您；近处的人们就感德慕名而服从您，这样晋国就强大了，您的执政地位也巩固了。您是宁可让人对您说'您确实养活了我'，还是说'您剥削我来养活自己'呢？要知道大象因为有了象牙而毁灭了自己，这是由于值钱的缘故。请您权衡利弊，好好考虑吧。"范宣子读完子产的信，心境豁然开朗，觉得子产处处从捍卫晋国的霸主地位出发，从保护自己的执政地位出发，来分析和认识问题，站得高，看得远，说得既合情、又合理，真是字字珠玑，句句锦绣，大为高兴，热情地接待了郑简公，退回了他们送来的礼物。

从此以后，范宣子便减轻了诸侯的贡品负担。

　　公元前526年，晋国韩宣子到郑国聘问，韩宣子名起，宣子是他的谥号，当时是晋国的卿士。他有一副玉环，其中一片玉环在郑国商人那里。他乘出聘郑国的机会，向郑国国君索要商人手里的玉环，这也是一种索贿行为。子产不答应，说："这不是属于国家的器物，我们的国君不与闻此事。"委婉地拒绝了韩起的请求。当时郑国的卿士子大叔、子羽不理解子产的用心，都对子产说："韩宣子的要求不多，仅仅是一只玉环。晋国是不可以得罪的。还是满足他的要求，不要得罪他们吧。如果有人在当中

韩宣子想要商人手里的玉环

挑拨离间，晋国一发怒，我们追悔也来不及了！何必爱惜一只玉环，得罪大国，何况还是向商人要的，送给韩起吧！"子产耐心地对他们解释说：

"我并不是看不起晋国,对它有二心。这次不给韩宣子玉环,是为了忠信的缘故。我听说君子不担心没有财物,而担心被立为卿士后没有好的名声。我听说治理国家不是怕不能奉事大国,抚育小国,而是怕没有礼制来规范它的地位。大国的人给小国下命令而要求满足,小国将用什么来源源不断地供给他们呢?何况欲壑难填,如果一次给了,一次不给,得罪将会更多。大国的要求,如果不据理驳斥,他们哪里会有满足的时候。这样,我们将成为晋国边境上的一个县城,哪里还有自己的独立和主权。再从韩起个人来看,韩起奉命出使而索取玉环,他的贪婪邪恶就永远洗刷不了了,难道不是罪过吗?拿出一只玉环而引出两起罪恶:我们失去了独立国家的地位,韩宣子则成为贪婪的人。哪里能够这样做呢?而且我们用玉环换取罪恶,也太不划算了。"子产的话很有道理。

韩起见子产不给玉环,便自己向商人购买,已经成交了。其实是向商人施加压力,强行索取。商人说:"按郑国法令,外国人购买东西,一定要报告执政。"韩起便向子产请求说:"我请求得到玉环,您认为不合于道义,所以我就不敢再次请求。现在从商人那里购买,商人说:'一定要把这件事向您报告。'我就郑重地提出请求。"言下之意一定要叫子产答应。不料子产仍然不答应,回答说:"从前,我们的先君桓公和商人都是从周朝迁居出来的,大家并肩协作战斗,开了这片疆土,建立了自己的家园。世世代代都订立盟誓,用以互相信赖。盟誓说:'你不要背叛我,我也不要强买你的东西,不要乞求,不要掠夺。你有赚钱的买卖和宝贵的货物,我也不加过问。'今天您带着友好的情谊来到我国聘问,而告诉我们去强夺商人的东西,这是教我们背弃盟誓,不守信用,恐怕不可以吧!我想,您如果得到玉环而失去诸侯的信任,一定是不会这样做的;如果大国有命令，要我们没完没了地供应财物，那就是把我国当成晋国的附庸，失去主权和独立地位，我们也是不会这样做的。我如果献上这个玉环，实在不知道有什么道理和好处，所以敢对您私下说清楚。"

韩起听了子产一席话，觉得句句在理，就将玉环退还给商人道："我韩起虽然不聪明，但道理还是明白的，怎敢为求取小小的玉环而招来两个罪过：不尊重郑国的主权、独立，让自己背上贪婪的恶名。"他对子产怀着感激之情，临离开郑国的时候，亲自牵着马，捧着玉，作为礼物，到子产家登门道谢，说道："您让我韩起舍弃那个玉环，这是赐给我金玉之言，而免我一死，岂敢不手持薄礼而拜谢？"

子产以他出色的政绩，赢得了人们的尊敬和爱戴，因此他死后，全国一片哭声，老年人、年轻人、男人、女人，他们都一致呼唤："子产走了，我们到哪里去安身？"

子产的思想品格和言行，给民族文化留下了宝贵的财富。例如他的智慧和辩才，说服晋国执政放弃索贿，语言犀利，意义深刻，影响深远。就当时来说，一方面增加了盟主的凝聚力，减轻了诸侯国的负担；而另一方面避免执政者背负贪婪的丑恶名声。就今天来说，对于加强廉政建设也有一定的鉴戒意义。

循吏列传·子产

子产者，郑之列大夫也。郑昭君之时，以所爱徐挚为相，国乱，上下不亲，父子不和。大宫子期言之君，以子产为相[1]。为相一年，竖子不戏狎，斑白不提挈，僮子不犁畔。二年，市不豫贾[2]。三年，门不夜关，道不拾遗。四年，田器不归。五年，士无尺籍[3]，丧期不令而治[4]。治郑二十六年而死，丁壮号哭，老人儿啼，曰："子产去我死乎！民将安归？"

1　子期、子产：俩人皆郑公室之诸公子。
2　市不豫贾：市场物价不再波动。贾，音jià。
3　士无尺籍：士人不被应召服役，因国无外患。尺籍，一尺方板之簿书，载士籍以应征。
4　治：治办丧事。

▲ 清·陈士倌《圣帝明王善端录·汉文帝》

汉文帝约法除肉刑

汉文帝刘恒是西汉初年一位开明仁厚的君主,他在位23年(前179年—前157年),尊崇黄老,无为而治,约法省禁,节俭爱民,倡导以农为本,与民休息,为西汉前期的兴盛奠定了基础。汉景帝继续执行父亲汉文帝的政策,史称"文景之治"。

汉高祖刘邦有八个儿子。汉文帝刘恒是第四个儿子,封代王。代国封疆在今山西东北部与河北、内蒙古交界一带,当时近匈奴,地方贫瘠,

汉文帝在代国封地

人口稀少，经济也不发达。因刘恒之母寒微，未得高祖宠幸，所以刘恒被分封在这不起眼的地方，代王母子因祸得福，没受到吕太后的猜忌，在诸吕当政时得以安然无恙。公元前180年，吕太后死，汉大臣诛除诸吕，共议迎立代王即皇帝位。大臣们把刘氏诸王排了个队。齐王刘襄虽说是高祖嫡长孙，又是推翻吕氏集团的功臣，但母亲家族势力太大，又有点仗势欺人，不适合；淮南王刘长是高祖的亲儿子，但母亲家族势力也太大，并且年龄又小了点，也不适合。排来排去，只有代王刘恒最符合条件。代王刘恒在高祖儿子中年龄最长，为人宽厚，加之母亲薄氏向来小心谨慎，从不过问国事，为人又很善良。此外，陈平和周勃还有点私心，他们想：齐王势力强大，手下文臣武将又很多，如果当上皇帝，将来自己的地位会受到威胁；而代王势力不大，根本没想到会当上皇帝，将来即位，一定很感激自己，地位不就巩固了吗？于是极力主张立代王为帝。两人功劳大，地位高，其他大臣也没有反对的，事情就这么定了。

代王刘恒当了皇帝，可一连几晚上都睡不好觉。他想，我这个皇帝当得可真是有点突然。论辈分，楚王刘交是自己的叔父；论实力，齐王刘襄最强；论地位，就是兄弟刘长所封的淮南也比自己的代地重要得多。朝廷中掌握实权的又大多是父亲时代的旧臣，看来自己确实势单力薄，怎样才能巩固皇位呢？最后，他决定：在朝廷中尽量尊重父亲时代的旧臣，取得他们的支持；在生活上尽量节俭，不能让别人说闲话；在政策上，赋税少征一些，刑罚也要减轻一些，从而取得民众对自己的好感和支持。

汉文帝这样想，也这样做了。那么，他是怎样减轻刑罚的呢？

秦朝的法律，条文又多又详细，处罚也十分残酷，因犯法被判刑的囚徒多得把道路都堵塞了，监狱也多得成了集市，人们怨气冲天。后来，刘邦率军占领关中，与关中父老相约，废除秦朝旧有的法律，只保留其中的三章。国家法律当然不能只有三章，那么做只是为了收买人心，所以刘邦做了皇帝后，法律又增加到九篇，并且保留了连坐法、肉刑等残酷的刑罚，汉文帝决定从废除连坐法做起。

就在汉文帝即位那年的十二月，汉文帝召集大臣们讨论废除连坐法之事。他首先发言说："法律是治理国家的准则，用法的目的是为了禁止暴

汉文帝废除连坐法

汉文帝约法除肉刑

邪，引导人民走向善良。一个人犯了法，按法律定了罪，也就是了，为什么还要把他的父母、妻子也都一同抓起来治罪呢？我仔细考虑了这个问题，认为这种法令是不公平的，请大家商议一个改变的办法吧。"

大臣们都吃了一惊，心里想，连坐法自商鞅施行以来，已经历了一百八十余年，并且大家都用习惯了，怎么可以说改就改？大家你望我，我望你，可谁也不愿带头反对。汉文帝用目光示意掌管法律的大臣，这位大臣壮着胆子说："老百姓管不住自己，所以才制定法律去管束他们。法律中相互牵连的连坐法，目的是令全家人重视法律，使他们相互劝勉，相互监督，不轻易犯法。这种法令已有很久的历史，我认为还是不改好。"

许多大臣听了都连连点头，表示赞同这个意见。汉文帝望了望这些大臣，开导道："我认为法律公正，老百姓才能拥护和遵守；判罚恰当，民众才会服从。国家官吏的职责是管理和引导民众，使他们向好的方向发展。如果官吏不能正确地引导民众，还用不公正的法令去定他们的罪，不是反而害了民众，使他们弃善从恶吗？难怪法令制定了，还是有人违背法令去胡作非为。"汉文帝把话顿了顿，然后语气坚定地说："我看这种连坐法就是不公正的，一定得废除掉！"

大臣们听了汉文帝的这番话，冷静地想了想，觉得确实有道理，提不出反对的理由，只好顺着回答说："这是陛下对民众的大恩惠，足以体现陛下的德政，我们怎么也不会想得这么周到。就请陛下下达诏令，废除这条不公正的法律吧。"于是，连坐法的法律条文被废除了。

废除连坐法后，老百姓都很高兴，称赞文帝是一个贤明的君主。可汉文帝还是不满足，还在考虑法律中有哪些不合理的地方。正好，他碰上这样一件事情。

齐国的临淄有一个知识分子,姓淳于,名意,在齐国小有名气,因此,被人推荐做了齐国管理王都粮仓的太仓令。任职期间,他清正廉洁,账目清楚,得到同僚们的信任。但他有一个毛病,就是自由散漫,不愿受拘束。所以,任职一段时间后,就辞去了官职。

淳于意精于医道,年轻时曾拜同乡人阳庆为师,在医学上下过很长时间的苦功,学到不少古代名医传下来的治病良方。他为人治病很有把握,能够治愈许多疑难疾病。辞官后,淳于意就以行医为业。由于医术高明,病人都远道来求医,医馆中经常门庭若市。他对权势人物一视同仁,这就得罪了一些有钱有势的人物,他们蓄意报复淳于意,要找碴儿治他的罪。

有一次,淳于意为一个有钱人家的小妾看病,因为病人病情实在太重,又没有很好地遵照医嘱服药,因而小妾的病情不见好转,过几天就死去了。于是那些抱怨他的人怂恿病家打起了官司,说他是庸医。当地的官府判了他肉刑,因为他做过官,就把他押解到首都长安去受刑。他有五个女儿,就是没有儿子,临走时,女儿们拉着他直哭,没有一个拿得出主意,他忍不住仰天长叹,说:"唉!只生女儿不生男子,现在有了急难,竟连一个有用的都没有。"

他的小女儿叫缇萦,听了父亲的叹息,又伤心又气愤,她想:"为什么女儿就没用呢?我一定要为父亲做点事情。"她擦干眼泪,提出要陪父亲一块上京。淳于意这时反过来心疼她了,要她留在家里,解差也担心路上麻烦,不准她一块走。可小缇萦铁了心,非陪父亲一块走不可,大家都拿她没有办法,只好带她一同上路。

到了长安,父亲被关进了牢狱。小缇萦想:这里只有皇上的权力最大,听说皇上十分贤明,能够听取下面的意见。于是决定到宫里求见皇

缇萦奔波为救父

帝。可是到了皇宫大门,守宫门的卫士横竖不许她进去。一个平民女子,哪能随意见到皇上呢。小缇萦又伤心又着急,忍不住放声大哭起来,无论怎么劝都劝不住。卫士们怕哭声惊动了圣驾,就给她出了一个主意,让她给皇上写一个申诉。

第二天,汉文帝接到卫士传上来的申诉,打开一看,虽然很短,字也写得歪歪扭扭,但内容很感动人。申诉是这样写的:

"我叫淳于缇萦,是齐国太仓令淳于意的小女儿。我父亲做官时,同事们都说他清正廉洁,是个好官。但不幸因替人治病被判处肉刑。人死了就不能复活,受肉刑者被割去了肢体再也不能复生。这样一来,即使犯罪的人想改过自新,也无法办到了。我替父亲伤心,也替所有被判处肉刑的人伤心。我自愿卖身赎刑为官奴婢,用我的一身为父亲赎罪,使我的父亲能有一次改过自新的机会。恳请皇上答应我的请求!"

原来,肉刑产生于周王朝时期,是属于毁坏人体器官或肢体的刑罚,主要有三种处罚方式。一种叫"墨",即在犯人脸上刻字,再涂上墨,使犯人脸上留下永久的印记,后来这种刑法又称为"黥";一种叫"劓",即割掉犯人鼻子;一种叫"膑",即削掉犯人的膝盖骨,后来又改为"刖",即断去犯人一足。这三种刑法一直保留到汉朝。汉文帝看完小缇萦的申诉,被她的一番孝心深深打动了,仔细想想,又觉得肉刑这种处罚方式实在不够合理,于是他把大臣们集中起来,认真讨论起这件事情。

汉文帝说:"我听说古代虞舜时处理犯人,只是让他们穿上画有标记的囚服代替刑罚,犯人们就感到极端的耻辱,并从中受到教育,下决心改过自新。结果犯罪的人很少很少。原因何在呢?是因为施行了完善的德治。现在的法律条文十分复杂,处罚方式也千奇百怪,单肉刑就有黥、劓、刖三种之多,相反,犯罪的人则很多很多。症结在哪里呢?难道是我推行德政不够,教导人民不力吗?我真是惭愧得很,辜负了上天对我的重托。《诗

汉文帝废除肉刑

汉文帝约法除肉刑

经》上说:'平易近人的官长,就像是人民的父母一样。'现在有人犯了过错,还没有认真进行教育,就用刑法判处他,把他改过自新的路断绝了。特别是肉刑,不单让犯人痛苦,而且还在他脸上刺字,或者毁去他的器官、肢体,这就太过分了。刺上的字再也抹不掉,毁去的器官、肢体再也不能复生,这样的刑罚怎能劝人为善?这样的做法又怎么符合父母官的称呼呢?我想来想去,觉得肉刑这种处罚实在不够合理,决定把它废除,请你们商议一下,找一种代替的办法吧。"

大臣们听了文帝的发言,都觉得很有道理,丞相张苍和御史大夫冯敬与大臣们经过了反复商讨,最后达成一致意见,对文帝说:"肉刑这种处罚由来已久,大家用惯了,根本没有去考虑它的好坏。陛下能够洞察它的不足,这是陛下的英明。我们想了一个变通的方法:废除黥刑,改为服苦刑;废除劓刑,改为打三百板子;废除刖刑,改为打五百板子。不知皇上意下如何?"

汉文帝同意了大臣们的变通办法,下了一道诏令,正式废除了肉刑。小缇萦不但帮助了自己的父亲,也为天下民众做了一件大好事。缇萦的故事,立刻传遍京城,又传遍全国,人们都竖起大拇指称赞她。说来也怪,刑罚减轻了,犯罪的人反而减少了,一年下来,犯重罪的案件还不足四百件。

汉文帝在减轻刑罚的同时,还推行了减轻赋税、节省皇室开支的政策,坚决贯彻以德治国的方针。老百姓得到实惠,国家也逐渐富强,官吏和民众都称赞他的英明,皇位自然也稳固了。

孝文本纪

孝文皇帝，高祖中子也[1]。高祖十一年春[2]，已破陈豨军，定
_{孝文皇帝，是汉高祖排行居中的儿子。高祖十一年春正月，已经攻破陈豨的叛军，平定}

代地，立为代王，都中都。太后薄氏子。即位十七年，高后
_{了代地，立他为代王，建王都在中都城。他是高祖薄姬所生的儿子。他在代王位上的第十七年，}

八年七月[3]，高后崩。九月，诸吕吕产等欲为乱，以危刘氏，大
_{即高后八年，七月高后驾崩。九月，以吕产为首的诸吕企图作乱，危害刘氏天下，大臣们共同}

臣共诛之，谋召立代王，事在《吕后》语中。
_{诛灭了吕氏，一致谋议迎立代王为帝，这事详细记载在《吕太后本纪》中。}

（孝文皇帝元年）十二月[4]，上曰："法者，治之正也，所
_{孝文帝元年十二月，皇上说："法律是治国的准则，目的是禁止强暴而引导人们归向善良。}

以禁暴而率善人也[5]。今犯法已论，而使毋罪之父母妻子同
_{现今犯罪的人已依法论处，却还要使他们无罪的父母妻儿兄弟受株连罪而定罪，一起收捕作为奴}

产坐之，及为收帑，朕甚不取。其议之。"有司皆曰："民
_{隶，对此我十分不赞成。讨论一下这件事。"有关职司官员都说："百姓不能自行约束，因而制}

---

1 中子：子弟众多，长为伯，少为季，其余均可称中子。高祖有八子，汉文帝刘恒为第四子，故称中子。
2 高祖十一年：公元前196年。
3 高后八年：公元前180年。
4 孝文帝元年：公元前179年。
5 正：通"桢"，树之主干，树依之而直立，引申为准则。率：引导。

汉文帝约法除肉刑

不能自治，故为法以禁之。相坐坐收，所以累其心，使重
定法律来禁止他们。相互牵连治罪，目的是牵制他们的心，使他们看重犯法这件事，这样的做法
犯法，所从来远矣。如故便[1]。"上曰："朕闻法正则民悫[2]，
由来已久了。按过去的做法很合适。"皇上说："我听说法律公正百姓就朴实，定罪得当民众就
罪当则民从。且夫牧民而导之善者[3]，吏也。其既不能导，
服从。再说蓄养百姓并且引导他们向善，是官吏的职责。如果既不能引导他们又用不公正的法律
又以不正之法罪之，是反害于民为暴者也。何以禁之？朕
去给他们加罪，就是反过来害了民众，而使他们做凶暴的事，又怎么能禁止犯罪呢？我看不见合
未见其便，其孰计之[4]。"有司皆曰："陛下加大惠，德甚盛，
适在什么地方！你们再详细讨论一下。"主管官员说："陛下施加大恩惠给百姓，功德十分盛大，
非臣等所及也。请奉诏书，除收帑诸相坐律令[5]。"
不是臣下等人所能达到的境界。请求尊奉诏书，废除收捕罪犯亲属连坐的法律。"

（三年）三月……上曰："古之治天下，朝有进善之旌，
三年三月，皇上说："古时治理天下，朝廷置有进言献策的旌旗和批评朝政的木柱，为的是
诽谤之木，所以通治道而来谏者。今法有诽谤妖言之罪，是
疏通治政的渠道而招来进谏的人。现今法律中有对诽谤和妖言惑众的人定罪的法令，这是使众臣不敢
使众臣不敢尽情，而上无由闻过失也。将何以来远方之贤
畅所欲言，而朝廷没有途径知道他的过失。这怎么能招致远方贤良之士呢？废除了它。百姓中有人一
良？其除之。民或祝诅上以相约结而后相谩，吏以为大逆，
起诅咒朝廷，约定相互隐瞒而后又相互告发，官吏就认为这是大逆不道，再有其他牢骚话，那么官吏

1　如故便：还是按老办法方便，指还是实行连坐律对政府有利。
2　悫（què）：朴实，老诚。
3　牧民：治民。
4　孰计之：再深思熟虑，详细讨论废连坐法的事。
5　除：废除。帑：同"孥"。

其有他言，而吏又以为诽谤。此细民之愚无知抵死[1]，朕甚不
又认为是诽谤。这不过是小民愚昧无知以至于触犯死罪，我很不赞成治罪。从今以后，有犯这条法令

取。自今以来，有犯此者勿听治[2]。"
的不再审理。"

（十三年）五月[3]，齐太仓令淳于公有罪当刑[4]，诏狱逮徙系
十三年五月，齐国的太仓令淳于公犯罪，应当受刑罚，列入朝廷管理的专察，将他逮

长安。太仓公无男，有女五人。太仓公将行会逮，骂其女曰：
捕解送长安。太仓公没有儿子，生有五个女儿。太仓公被捕临走时，骂他的女儿们说："生

"生子不生男，有缓急非有益也！"其少女缇萦自伤泣，乃随
孩子不生儿子，有了急难没得依靠。"他的小女儿缇萦伤心地哭泣，就跟随她的父亲来到长

其父至长安。上书曰："妾父为吏，齐中皆称其廉平，今坐法
安。上书皇帝说："臣女的父亲担任官吏，齐国中都称他清廉公平，现今触犯法律应当受刑罚。

当刑。妾伤夫死者不可复生，刑者不可复属[5]，虽复欲改过自
我悲伤的是人死不能复生，受刑之后肢体不能再续接，虽然又想要改过自新，也无路可走了。

新，其道无由也。妾愿没入为官婢，赎父刑罪，使得自新。"
臣女愿意被官府收做奴婢，抵赎我父亲的刑罚之罪，使他得以改过自新。"上书陈奏给天子，

书奏天子，天子怜悲其意，乃下诏曰："盖闻有虞氏之时，画
天子怜悯悲伤她的孝心，就下诏说："我听闻有虞氏的时候，只在犯人衣帽上画上图案，让

衣冠、异章服以为僇，而民不犯。何则？至治也。今法有肉
犯人穿上有标记的罪服以此来羞辱他们，百姓就不犯法。什么缘故呢？因为政治清明到极点

---

1 抵死：触犯死罪。
2 勿听治：不要审理这类案件。
3 十三年：公元前167年。
4 齐太仓令：管理齐国王都粮仓的官。淳于公：名淳于意，西汉名医，其事见《扁鹊仓公列传》。
5 复属：指受刑砍下的肢体不可再接上去。

缇萦上书汉文帝

刑三[1]，而奸不止，其咎安在？非乃朕德薄而教不明欤？吾甚自
了。现在法律有三种肉刑，然而犯罪的人不断，这事过失在哪里呢？难道不是我德行浅薄而教
愧。故夫驯道不纯而愚民陷焉。《诗》曰：'恺悌君子，民之
化不明吗？我十分自愧。所以教化的方法不正确因而使愚昧百姓陷于犯罪。《诗》中说：'慈
父母。'今人有过，教未施而刑加焉，或欲改行为善而道毋由
祥平易的君子，是百姓的父母。'现今人民有过失，教化没有进行就施加刑罚，有人即使想要

---

1 肉刑三：指黥、劓、刖三种肉刑。

也。朕甚怜之。夫刑至断支体,刻肌肤,终身不息[1],何其楚
改过为善,也无路可走。我十分怜悯他们。施行刑罚使得肢体断裂,刻入肌肤,终身不再生长,

痛而不德也,岂称为民父母之意哉!其除肉刑。"
多么令人痛楚而不人道呀,难道称得上为民父母的要求吗?废除肉刑吧!"

---

1 不息:不再生长。

清·陈士倌《圣帝明王善端录·汉文帝》

汉文帝节俭不烦民

前一篇故事讲汉文帝"约法",这篇故事讲汉文帝"节俭"。汉文帝生活上的节俭,是他在政治上"轻徭薄赋"的折射。

汉文帝十分注意减轻百姓的负担。一方面他大力提倡以农为本,多次发布诏令劝课农桑,时时关心人民疾苦。公元前158年,是一个大旱的年头,蝗虫成灾,粮食减产,百姓生活艰难。文帝看到这种情况,非常痛心,他立即下令让诸侯不要进贡,取消了山林川泽的禁令,允许百姓到这些地方去渔猎,同时他还减少皇家支出、裁减朝廷官员,发放仓库的粮食以救济贫民。

汉文帝大力提倡节俭,并身体力行,是中国历史上有名的节俭皇帝。国家要修一座"露台",他召工匠做预算,要花费百斤黄金,这对于一个大国皇帝来说,根本算不了什么,但文帝说:"百斤黄金,相当于中等人家十家的财产。我现在住在先帝的宫室,还经常害怕对不起先帝,为什么要花这么多黄金来建造一座露台呢?"于是他打消了建露台的念头。文帝自己常常穿着粗丝衣服,他对后宫妃嫔的要求也很严,从不允许她们有过分的要求,就连他最宠爱的慎夫人,穿的衣服也不许长到拖地,用的帷帐不得用文绣。文帝即位二十三年,他的宫室、园囿几乎没有重新装饰,他的马车、服饰和日常御用器具等,也基本上没有增加。他这样做的目的,就是给天下做出表率。看来文帝非常懂得上行下效、上梁不正下梁歪的道理啊!

我国古代的皇帝,在他们刚即位时,就开始修建自己的陵墓,不少帝王将陵墓修得富丽堂皇,为的是死后也能过上舒服的生活。而文帝让人修建自己的陵墓——霸陵时,规定只许用瓦器,不准用金、银、铜、锡等贵重金属装饰,也不修造高大的坟冢。

公元前157年,文帝驾崩。他深恐自己死后的丧事会给百姓增加负担,因此在遗诏中他明确指出:"我听说天下万物出生后,没有不死的,既然死是天地间的常理,生物的自然法则,那么死亡又有什么可怕的呢?现在一般人死后,都讲究厚葬,但这会导致破产,长期服丧也会损害身体,我极不赞成这种做法。"因此,文帝下令天下,从简办丧,只许为他守丧三天。在守丧期间,也不禁止民间的婚嫁祭祀。他甚至对亲戚

汉文帝放弃造露台

们带丧的孝带的宽度、宫中哭祭者哭声的次数等都做了具体规定，深恐自己死后再给百姓带来什么烦扰。

　　文帝作为一个富有四海的天子，能够这样勤俭朴实、廉洁自律，面对生死又如此达观，确实可称得上是一位开明仁厚的君主。作为最高统治者，他的一言一行都有着巨大的表率作用。任何人做事，如果都能做到"仰畏天命，俯畏人言"，那他眼中必定不会只有"权"和"钱"二字。如果一个君主能做到这一点，那受惠的则会是天下苍生了。

孝文本纪二

（孝文）后六年[1]……天下旱，蝗。帝加惠：令诸侯毋入
_{孝文帝后元六年，天下大旱，蝗虫成灾。文帝施加恩惠，下令诸侯不要进贡，取消山林湖泊}
贡，弛山泽[2]，减诸服御狗马，损郎吏员[3]，发仓庾以振贫民，民
_{的禁令，裁减宫中服饰车马和狗马玩好之物，精减郎中吏员，发放仓库的存粮来救济贫民，允许民}
得卖爵。
_{间买卖爵位。}

孝文帝从代来，即位二十三年，宫室、苑囿、狗马、服
_{孝文帝从代地来，在位二十三年，宫室、园林、狗马、服饰车马没有增加添置。有不}
御无所增益，有不便，辄弛以利民。尝欲作露台[4]，召匠计
_{利于民的举措，马上放弃来便利民众。曾经想建一座露台，召来工匠计算，要花费一百金。}
之，直百金[5]。上曰："百金中民十家之产，吾奉先帝宫室，常
_{皇上说："一百金相当于十户中等人家的产业，我供奉先帝的宫室，常常恐怕使先帝蒙羞，}
恐羞之，何以台为！"上常衣绨衣[6]，所幸慎夫人，令衣不得
_{还建露台干什么！"文帝常穿着黑色的粗丝衣，连所宠幸的慎夫人，衣服也规定不准长及拖地，}
曳地，帏帐不得文绣，以示敦朴，为天下先。治霸陵皆以瓦
_{帷帐不准用彩绣装饰，以显示俭朴，给天下人做榜样。营建霸陵的陵墓都用瓦器，不得用金、银、}

---

1 后六年：公元前158年。
2 弛山泽：解除山泽之禁，令民樵采渔猎。
3 损郎吏员：精减郎官。汉郎官无定员，经常千余人。
4 露台：赏景的楼台，在新丰南骊山上。
5 直百金：用费需一百万。金，黄金货币单位，一斤为一金，值铜钱一万。
6 绨衣：黑色的粗丝衣。

器，不得以金银铜锡为饰，不治坟¹，欲为省，毋烦民。南越

<small>铜、锡装饰，不修建坟墓，想要节省开支，不烦扰百姓。南越王尉佗自立为武帝，文帝任用</small>

王尉佗自立为武帝，然上召贵尉佗兄弟，以德报之，佗遂去

<small>尉佗的兄弟，用恩德回报他，尉佗于是废去帝号而自行称臣。与匈奴和亲，匈奴违背和约入</small>

帝称臣。与匈奴和亲，匈奴背约入盗，然令边备守，不发

<small>侵掠夺，也只是令边防加强守备而已，不派军队深入匈奴境内，厌恶烦扰痛苦了百姓。吴王</small>

兵深入，恶烦苦百姓。吴王诈病不朝，就赐几杖。群臣如

<small>假装生病不来朝见，就赐给他几杖，示意尊重他，可以不来朝见。群臣如袁盎等进言虽直率</small>

袁盎等称说虽切，常假借用之。群臣如张武等受赂遗金钱，

<small>尖锐，常以他事缓解，宽容对待。群臣如张武等接受金钱贿赂，被发觉，皇上就从御府仓库</small>

觉，上乃发御府金钱赐之，以愧其心，弗下吏。专务以德化

<small>中拿出钱赏赐给他们，来使他们内心惭愧，不把他们交给执法官吏。专门用德行来感化万民，</small>

民，是以海内殷富，兴于礼义。

<small>因此国内殷实富裕，礼义盛行。</small>

后七年六月己亥，帝崩于未央宫。遗诏曰："朕闻盖天

<small>后元七年六月己亥日，文帝在未央宫驾崩。遗诏说："我听说天下万物的出生</small>

下万物之萌生，靡不有死。死者天地之理，物之自然者，奚

<small>没有不死的。死是天地的常理，万物的自然变化，有什么可以值得特别哀痛的呢！如</small>

可甚哀。当今之时，世咸嘉生而恶死，厚葬以破业，重服以

<small>今这个时代，世人都高兴生而厌恶死，厚葬死者以致倾家荡产，强调服丧以致伤害身</small>

伤生，吾甚不取。且朕既不德，无以佐百姓；今崩，又使

<small>体，我很不赞成。况且我既已没有什么德行，对百姓无有帮助；现今驾崩，又让人们</small>

---

1 不治坟：因山为冢，不垒坟墓。

汉文帝节俭不烦民　231

明·仇英《纯孝图册·汉文帝》

重服久临，以离寒暑之数，哀人之父子，伤长幼之志，损其
<small>长久地服孝哀哭，经历寒来暑往漫长的时日，使百姓父子哀伤，老幼心志受损，减少</small>
饮食，绝鬼神之祭祀，以重吾不德也，谓天下何！朕获保宗
<small>饮食，断绝对鬼神的祭祀，来加重我的无德，怎么对得起天下人民呢！我获得保有宗</small>
庙，以眇眇之身托于天下君王之上，二十有余年矣，赖天地
<small>庙的权力，以渺小的自身依托在天下诸侯之上，二十多年了。依靠天地的神灵，国家</small>
之灵，社稷之福，方内安宁[1]，靡有兵革[2]。朕既不敏，常畏过
<small>的洪福，国内安宁，没有战争。我既不聪敏，常担心有不当的行为，使先帝遗留下的</small>
行，以羞先帝之遗德；维年之久长，惧于不终。今乃幸以天
<small>美德蒙羞；年岁大了，担忧自己不得善终。现今竟有幸得享天年，又能供养在高庙享</small>
年，得复供养于高庙，朕之不明与嘉之，其奚哀悲之有！其
<small>受供品，以我的不明而得到这样的好结果，还有什么悲哀的呢！现在诏令全国官员民众，</small>
令天下吏民，令到出临三日，皆释服。毋禁取妇嫁女祠祀饮
<small>诏令到达后，哭吊三天就都除去丧服，不要禁止娶妻嫁女、祭祀、饮酒、吃肉。应当</small>
酒食肉者。自当给丧事服临者，皆无践。绖带无过三寸[3]，毋
<small>服丧的亲戚、子弟，都不要赤足踏地。孝带不要超过三寸；不要在车马和兵器上挂上</small>
布车及兵器[4]，毋发民男女哭临宫殿。宫殿中当临者，皆以旦
<small>丧布；不要命令男女百姓到宫殿哭丧。宫中应当哭吊的人，都只要在早晚各哭喊十五声，</small>
夕各十五举声[5]，礼毕罢。非旦夕临时，禁毋得擅哭。已下，
<small>哭丧礼毕就停止。不是早晚哭祭的时间，禁止擅自哭吊。已下葬后，穿大功服者十五</small>

---

[1] 方内安宁：国内外太平。方，外；内，中。方内，犹言中外。
[2] 靡有兵革：没有战争。
[3] 绖（dié）带：即披麻戴孝，头上、腰间系的麻制带子。
[4] 毋布车及兵器：不要在车子和兵器上挂上丧布。
[5] 十五举声：哭喊十五声。

服大红十五日，小红十四日，纤七日，释服。佗不在令中
天，穿小功服者十四天，穿缌麻孝服者七天，就除去孝服。其他不在诏令规定中的，

者，皆以此令比率从事[1]。布告天下，使明知朕意。霸陵山川
都参照这道诏令办理。布告天下，使百姓明确地知道我的心意。霸陵陵墓的山川仍保

因其故，毋有所改。归夫人以下至少使。"令中尉亚夫为车
持原状，不要有所改变。宫中夫人以下至少使都放归回家。"任命中尉周亚夫为车骑

骑将军，属国悍为将屯将军[2]，郎中令武为复土将军[3]，发近县
将军，典属国徐悍为将屯将军，郎中令张武为复土将军，征发附近各县服现役的士兵

见卒万六千人[4]，发内史卒万五千人[5]，藏郭穿复土属将军武。
一万六千人，京师侍卫部队一万五千人，由张武统率，负责挖土、抬棺等丧葬事项。

乙巳[6]，群臣皆顿首上尊号曰孝文皇帝。
乙巳日，群臣都叩头奉上谥号，尊称为孝文皇帝。

---

1. 比率从事：类比照办。
2. 属国悍：典属国徐悍。典属国，官名，掌蛮夷归降者。将屯将军：监管各地驻军。皇帝逝世，在易主之际，例置将屯将军指挥，加强各屯兵警戒。
3. 武：张武。复土将军：主持葬礼封坟之事。
4. 见卒：服现役的士兵。
5. 内史卒：京师警卫队士兵。
6. 乙巳：六月七日。

汲黯矫诏赈灾民

汲黯，字长孺，西汉中期时人。汲黯出身世宦大家，从战国时祖上有宠于卫君到汲黯，已经历七代人，世世做高官。汉景帝时，汲黯为太子洗马，与太子刘彻关系比较亲近。太子刘彻即位后，任用汲黯为谒者，主持礼仪、接待宾客的事务。

汲黯性格刚直、倨傲，与人交往不拘小节，直来直去。兴趣相投的人，便往来密切；厌恶的人，从不提起，偶尔相见，也是远远就避开。平时说话严肃，极少与人言笑，处事一板一眼，循规蹈矩，看不惯别人的过错，毫不留情地揭露，也不讲场合。因此，他周围的人都小心翼翼，对他敬而远之。汉武帝也敬他三分。汲黯喜欢打抱不平，救助弱小，扶

清·金士松《临褚帖卷·汲黯传》局部

危济困,关心百姓生活。

有一年河内失火,烧了一千多家,惊动了汉武帝。汉武帝派汲黯奉诏书为钦差大臣到河内查办。这一年正值黄河流域大涝大旱。先是大涝,后是大旱,一万多家饥民号哭求食,汲黯矫诏救灾,一时传为佳话。

矫诏,就是假传皇帝命令,这是犯欺君之罪,大逆不道,往往死罪。矫诏在特殊情况下,分寸又掌握得好,皇帝赦免其罪过,这称先斩后奏。凡先斩后奏的事,当事人都是要冒风险的。

汲黯矫诏救灾,也是冒着风险的,当时也只有汲黯一个人敢这样做。汉武帝也只敬畏汲黯一个人。有一次汉武帝问庄助,汲黯是一个什么样的人,庄助回答说:"让汲黯做官理政,他不比别人强,但让他辅佐少主,维护朝廷,坚守自己的本分,即使最勇敢的人都不能和汲黯相比。"汉武帝说:"你说得好,汲黯真是一个社稷之臣。"朝中最有职权的官是大将军卫青。汉武帝见卫青,礼节怠慢,随随便便;汉武帝见汲黯,却是正襟危坐,一点不敢怠慢。有一次汉武帝坐在武帐中办公,却没有戴帽子。汲

汲黯赈灾，百姓得救

黯来奏事，汉武帝远远看见了，躲在帐中不肯见汲黯，派人出帐迎接汲黯准奏，生怕汲黯又要谏他不戴礼帽的事。

话说回来，还说汲黯矫诏救灾的故事。

汲黯奉命去河内调查和处理失火的事件，却意外地见到黄河两岸大灾。汲黯一路上忧心如焚。沿河路途，田野一片龟裂。炽热的太阳像一团火，烧得河水断流，草木干枯，土地变色。黄河沿岸有一万多户人逃荒。他亲眼看到灾区人民的惨景，真是满目疮痍，饿殍载道，不少人家父子相食。赈灾安民，刻不容缓。汲黯的使命是调查河内火灾，这开仓赈灾的事不是自己的使命，自作主张，要冒矫诏欺君之罪，如果犯了大逆，家人也要遭殃，还使祖上蒙羞。但救人如救火，一刻也不能拖延。汲黯看到饥民那一张张毫无生气、憔悴干枯的脸，一双双失去光泽、眼窝深陷、呆滞临死的眼睛，汲黯的心震颤了。顾不了那么多了，他持节号令沿途地方官打开粮仓，赈济灾民，灾情终于得到大大的缓解，救活了成千上万人的生命。

　　汲黯回京后，先是向汉武帝报告了河内失火的真相。原来是一户人家不慎失火，由于户户相连，火势蔓延，烧了一千多家，属意外之事，不是人为破坏，请皇上不必忧虑。接着他报告了假传圣旨，开仓赈灾的事，请求皇上免官处分。汉武帝听了，嘉奖汲黯做得好，赦免了他的矫诏之罪。

　　由于汲黯太直率，好揭人之短，又常常当面顶撞汉武帝，因此汲黯位不过九卿。

汲黯列传

汲黯字长孺[1]，濮阳人也。其先有宠于古之卫君，至黯七
<small>汲黯字长孺，濮阳县人。他的先辈曾受到古代卫国国君的宠爱，到汲黯已经是第七代，</small>
世，世为卿大夫。黯以父任，孝景时为太子洗马[2]，以庄见惮[3]。
<small>世世为卿大夫。汲黯因为父亲任职，在汉景帝时恩荫为太子洗马，为人严肃而使人敬畏。景帝崩逝，</small>
孝景帝崩，太子即位，黯为谒者[4]。
<small>太子即位，任用汲黯为谒者。</small>

河内失火，延烧千余家，上使黯往视之。还报曰："家
<small>河内郡发生了火灾，大火蔓延烧了一千多家。皇上派汲黯去调查。返回报告说："一户人家</small>
人失火，屋比延烧，不足忧也。臣过河南，河南贫人伤水
<small>失火，由于房屋相连，造成大火蔓延燃烧，不必忧虑。臣经过河南时，河南郡贫苦人家遭到水涝干</small>
旱万余家，或父子相食，臣谨以便宜，持节发河南仓粟以
<small>旱，闹饥荒的有一万多家，有的甚至父子相食。臣谨慎地借使者身份进行处置，凭手中的符节，发</small>
振贫民[5]。臣请归节，伏矫制之罪[6]。"上贤而释之，迁为荥阳
<small>放河南郡的粮仓赈救贫民。臣现在请求缴还符节，甘愿接受假传圣旨的惩处。"皇上认为汲黯做得</small>

---

1 汲黯：字长孺，汉武帝时的著名直臣，官至主爵都尉。汲黯因好直谏，不得久居大位，迁为地方官。
2 太子洗马：官名。太子出行，为其前导。
3 以庄见惮：汲黯为官端正庄严，别人都畏惧他。
4 谒者：官名，掌宾赞受事，属郎中令。
5 持节：朝廷命官外出，持节以为凭信。
6 矫制：假传皇帝的诏令。

令[1]。黯耻为令，病归田里。上闻，乃召拜为中大夫。以数

对，赦免了他，外放他去做荥阳县令。汲黯认为县令太小，上任是耻辱，托病回到乡下。皇上知道

切谏，不得久留内，迁为东海太守。黯学黄老之言，治官

了，就召他回朝任用为中大夫。由于汲黯多次直谏，不能长久地留在朝廷，改任为东海太守。汲黯

理民，好清静，择丞史而任之[2]。其治，责大指而已，不苛

学习黄老思想，治理官吏和人民，喜欢清静无为，选择郡丞和书吏，把事情委托给他们去办。他处

小。黯多病，卧闺阁内不出。岁余，东海大治。称之。上

理政事，只抓大原则，不苛求具体事务。汲黯多病，经常躺在卧室不出来。一年以后，东海郡大治，

闻，召以为主爵都尉[3]，列于九卿。治务在无为而已，弘大

人们交口称赞他。皇帝知道后，召回朝廷任用为主爵都尉，位列九卿。他办事专注无为精神，抓大

体[4]，不拘文法[5]。

纲大事，不拘泥于法令条文。

黯为人性倨[6]，少礼，面折[7]，不能容人之过。合己者善待之，

汲黯为人，性情傲慢，不大讲究礼仪，当面辩驳人家，不能容忍别人的过失。与自己相投的人，

不合己者不能忍见，士亦以此不附焉。然好学，游侠，任气

就很好地对待，与自己不相投的人，远远地看见了就避开，士人也因此不依附他。汲黯喜欢学习，行侠

节，内行修洁[8]，好直谏，数犯主之颜色，不得久居位。

仗义，注重气节，品格修养很好，喜欢直言进谏，多次触犯皇上的面子，因此不能长久地任职官位。

---

1 迁：降职。
2 择丞史而任之：选择郡丞、卒史，将事务交给他们。丞，郡丞，郡守之副。史，卒史，掌文书的掾吏。
3 主爵都尉：官名，掌侯国事务。
4 弘大体：识大体，抓大事。
5 不拘文法：不墨守条文法规。
6 性倨：秉性高傲。
7 面折：当面驳回别人的主张。折，驳辩。
8 洁：自好。

汲黯上朝，皇帝正冠

黯多病，病且满三月，上常赐告者数[1]，终不愈。最后病，
汲黯多病，生病快要满三个月，皇上就多次给他休假，始终也没痊愈。最后病情转重，

庄助为请告。上曰："汲黯何如人哉？"助曰："使黯任职居
庄助替他请假。皇上说："汲黯是什么样的人呢？"庄助说："让汲黯任官办事，超不过别

官，无以逾人。然至其辅少主，守城深坚，招之不来，麾之
人。但是让他辅助年少君主，能坚持自己的职分，招诱他不会来，驱赶他不会去，即使有孟

不去，虽自谓贲、育亦不能夺之矣。"上曰："然。古有社稷
贲、夏育那样勇力的人，也休想夺去他的志节。"皇上说："对啊！古代有安邦定国的大臣，

之臣，至如黯，近之矣。"
至于汲黯，接近这个标准了。"

---

1 赐告：皇帝恩遇休假。告，休假。汉制，病假满百日要免职。武帝不让汲黯免职，一再延长其假期。

大将军青侍中,上踞厕而视之[1];丞相弘燕见[2],上或时
<small>大将军卫青入宫见驾,皇上很随便地在卧室内召见。丞相公孙弘平日进宫见皇上,皇上</small>
不冠;至如黯见,上不冠不见也。上尝坐武帐中[3],黯前
<small>有时就不戴帽子;对于汲黯,皇上没戴好帽子就不接见。有一次皇上坐在武帐中办事,汲黯前去</small>
奏事,上不冠,望见黯,避帐中,使人可其奏。其见敬
<small>奏事,皇上没有戴帽子,远远地看到汲黯,连忙回避到内帐,派人代皇上准奏。皇上尊重汲黯到</small>
礼如此。
<small>了这个地步。</small>

---

1 上踞厕而视之:汉武帝很随便地在卧室召见卫青。厕,床侧。
2 燕见:平常有事进见。
3 武帐:皇帝升殿举行隆重典礼时所用的帷帐,帐中置矛、戟、钺、楯、弓矢五种兵器以示威武而备非常称武帐。

▲ 清·佚名《帝鉴图说·秦始皇东出求仙》

革新故事
三则

赵武灵王胡服骑射

赵武灵王是战国中期著名的国君，他推行胡服骑射的改革，不单单是服饰的改变，而是观念的革新，然后引发系列的变革，军事上结束了车战历史，步骑协同成为新战法，政治上挫败保守势力，使革新派占上风。赵武灵王的改革，使赵国一度成为强国。

赵武灵王名赵雍，他是赵肃侯赵语之子，赵国第六代国君。公元前325年，赵武灵王继位为国君，当时只有十六岁。

赵国地当今河北中南部和山西中部地区，国都邯郸。赵国疆域方圆两千里，带甲数十万，车千乘，骑万匹，粟支十年。邯郸西有太行山屏障，南有漳河天堑，东北萦带清河，交通便利、土地肥沃，工商业发达，经济

▲ 明·佚名《胡人骑射图》

繁荣，是北方的一大都市。邯郸还是战国的冶铁业中心，铁制兵器十分精良。这些是赵国的优势。

但是赵国又处在四战之地，全境东北与东胡、燕国接界，东与中山及齐国接界，南与魏、韩、卫三国交错接界，北与楼烦、林胡接界。战国初期，魏文侯变法后国力强大。韩、赵、魏三国为春秋时晋国分裂而来，史称三晋。魏国强大后，魏惠王一度攻破赵国邯郸，得齐国救援才没亡国。中山国也长期与赵国为敌，引漳水灌鄗城，赵国几乎不能守。北方林胡和楼烦也是赵国长期的边患。赵武灵王即位之时，秦国正当商鞅变法后走向鼎盛的秦惠王时代。赵国西境与强秦相连。秦人东进，赵国面临很大的压力。

国内形势也不容乐观。赵国内部，宗室贵族尔虞我诈，长期发生内讧。赵国第三代国君敬侯赵章始都邯郸，有公子赵朝作乱，并外联多国攻打邯郸。第四代国君成侯赵种时，有公子赵胜夺位作乱。第五代国君，即武灵王之父赵肃侯时，有公子赵緤争位。不断地内讧，使赵国政局不稳,国力削弱。赵武灵王年少即位,国政被叔父公子成和奉阳君把持,武灵王不能亲政,被禁锢在高高的宫墙之内。奉阳君在武灵王身边安插亲信,"置博闻师三人,左、右司过三人"。博闻师为国君顾问,左、右司过纠正国君过失。实际上这六人都是奉阳君的耳目,他们包围在赵武灵王身边,监督他的一举一动。

赵武灵王面对国内国外的险恶形势,他果断地实施胡服骑射的军事改革,以此为契机改革赵国政治,增强国力,拓展领土。攘外必先安内,武灵王不动声色地从奉阳君手中夺回权力。他深居简出,静观事变,不声不响地首先做好人际关系的工作。他尊礼国老三人,致酒礼;又尊贵先君大臣肥义,提高俸禄,引为知己,从而团结了一批朝中大臣。然后

中原服装不利于作战

借奉阳君居妇丧之机,"得与士民相亲"。公元前321年,武灵王二十一岁,举行加冠礼,表示成人,行使国君权力。武灵王娶韩国公主为夫人,搞好邻国关系。当时韩、燕、齐、魏都先后称王,秦、楚早已称王,而武灵王最后称王,表明了他的冷静,不争人先。

春秋以前,以兵车为主,作战在平原旷野进行,有战车一千辆就是大国。战争胜负只要几个小时,最多一两天就决出胜负。战国时,生产力发达,人口众多,守险设伏,争城争地,从而兴起了步战。步战装备简单,人人皆兵,全国动员,所以战争越打越大,往往持续几个月。北方胡人以畜牧为业,人人善于骑射。骑兵能快速机动,与步兵配合,最为精勇。但是赵国人穿的衣服长袖肥腰,宽领大摆,这种长袍大褂,战斗时行动非常不便,更不利于骑射。赵武灵王在与林胡、楼烦等北方游牧部落作战中,看到胡服短装,束皮带,用带钩,穿皮靴,便于骑射,战斗灵活轻捷。武灵王决定改革官兵服装。这要打破中原风俗,不是一件轻而易举的事,武灵王深思熟虑后,召开了大臣会议,先做舆论动员。

公元前307年春,赵武灵王在信宫召集肥义等大臣讨论了五天国事,分析了国内外的形势,君臣一致认为只有改革才是赵国的出路。会后,武灵王率领轻装队伍奔赴临近中山国的边境。经过房子(今河北省高邑县)、代国,北临大漠,又登临黄河岸边的黄华山,不仅对边塞形势和民情进行了考察,而且还特别调查了游牧的胡人骑射技术及服装。通过考察,武灵王及其随行人员,都坚定了改革的决心。他返回国都以后,向文武大臣正式宣布改革服装,不仅军队官兵穿胡服,脱掉长袍,改穿短衣,而且朝中文武大臣也要带头改装,身穿短衣,腰束皮带。武灵王第一个身穿胡服,表示政治革新开始,历史称这场改革为赵武灵王胡服骑射。

赵国大臣肥义等人支持改革，但以奉阳君为首的贵族守旧大臣坚决反对，宗室赵文、赵造等人支持公子成。武灵王不强行命令，先做思想工作，与他们展开辩论。

奉阳君、公子成反对胡服骑射，理由是："穿远方的服装，改变古人习俗，是违反先人的做法。"

武灵王反驳说："只要对人民有好处，就不墨守成规；只要对国事有利，就不固执礼节。"

赵文支持公子成，他说："衣服有制度，这是礼仪。"

武灵王说："时势变化，礼节也要改变，古代的圣人也是这样的。"

赵造反对武灵王，说："圣人的教化从不改变，聪明的人行动不违背习俗。"

武灵王驳斥赵造说："治理国家没有一成不变的，用古代的习俗来约束现代人的行动，是固执保守，不利于办事。"

武灵王坚持说理，力排众议。会后，武灵王亲自登门拜访公子成，动之以情，终于说服了公子成。宗室大臣见武灵王和公子成都穿了胡服，大家也就一致支持改革。这时，武灵王才正式向全国发布改革命令，由于上下一致行动，改革很快获得了巨大的成功。

赵武灵王胡服骑射后，很快收到明显效果，赵国成了中原强国。胡服骑射改革的第二年，公元前306年，西攻林胡，略地至榆中（当今内蒙古包头以西河套地区），接着又对中山发起了大规模进攻，五年之间灭亡了中山。赵国开拓了大片领土，国土几乎增大一倍。

智慧启示

赵武灵王胡服骑射，是我国古代改革成功的一个范例。赵武灵王审时度势，抓住机遇，不失时机地大刀阔斧地进行改革，身体力行，走在最前沿，他的领导艺术十分高明，不流血，不动武，层层做思想工作，一步一步接近最保守的核心，坚持说理，争取多数，终于从保守的贵族首领叔父手中夺回了政权，并促使公子成转变立场，也走在改革的行列中。这样，国家稳定，推行改革易于见成效。赵武灵王，不愧为一位英武之君。

赵世家·赵武灵王

武灵王元年[1]，阳文君赵豹相。梁襄王与太子嗣，韩宣王
与太子仓来朝信宫。武灵王少，未能听政，博闻师三人，左
右司过三人[2]。及听政，先问先王贵臣肥义，加其秩；国三老年
八十，月致其礼。

> 武灵王元年，阳文君赵豹做了宰相。梁襄王与太子嗣，韩宣王与太子仓来信宫朝见。赵武灵王年纪太小，还不能亲自处理政事，就由武灵王所尊礼的贤人师傅三人做顾问，敢于直言规劝的三人做辅佐。等到武灵王亲自听政，凡事都先征求先王时的贵臣肥义的意见；国家三老都已年高八十，武灵王每月都去向他们送礼致意。

三年，城鄗。四年，与韩会于区鼠。五年，娶韩女为夫人。

> 武灵王三年，修筑了鄗城。四年，跟韩国国君在区鼠相会。五年，娶了韩国女子为夫人。

八年，韩击秦，不胜而去。五国相王，赵独否，曰："无
其实，敢处其名乎！"令国人谓己曰"君。"

> 武灵王八年，韩国攻击秦国，没有取胜就退了兵。这一年，有五个国家互相称王，只有赵国没这样做，武灵王说："没有王的实质，不敢要王的虚名。"命令国内的人对他称"君"。

九年，与韩、魏共击秦，秦败我，斩首八万级。齐
败我观泽。

> 武灵王九年，赵国与韩、魏两国共同攻打秦国，秦国打败了赵国，斩首八万个。与此同时，齐国也败赵国的军队于观泽。

---

1 武灵王元年：公元前325年。
2 博闻师、司过：灵王所尊礼的贤人师傅。博闻，备顾问。司过，听直言。

十年，秦取我中都及西阳。齐破燕……十三年，秦拔我

武灵王十年，秦国攻取了赵国的中都和西阳。齐国打败了燕国。武灵王十三年，秦国攻

蔺，虏将军赵庄。

占了赵国的蔺县，俘虏了将军赵庄。

十七年，王出九门，为野台，以望齐、中山之境。

武灵王十七年，赵武灵王出了九门，修建了野台，用来瞭望齐国和中山国的边境。

十九年春正月，大朝信宫。召肥义与议天下，五日而

十九年春天正月里，武灵王在信宫大会群臣。又单独召见肥义讨论天下大事，五天才谈完。

毕。王北略中山之地，至于房子，遂之代，北至无穷，西

于是赵武灵王向北勘察了中山之地，一直到达房子，顺便又到了代，接着向北到达无穷，向西到达

至河，登黄华之上。召楼缓谋曰："我先王因世之变，以长

黄河，最后登上了黄华山顶。武灵王召见楼缓商量说："我的祖先趁着时代风云变化，做了南藩地

南藩之地，属阻漳、滏之险，立长城，又取蔺、郭狼，败林

区的首领，连接漳水、滏水之险阻以建立了长城，又夺取了蔺和郭狼两邑，还在荏邑打败了林胡人，

人于荏，而功未遂。今中山在我腹心，北有燕，东有胡[1]，西

但是功业还是没有完成。现在中山处在我赵国的腹心部位，北边有燕国，东边有匈奴，西边又和

有林胡、楼烦、秦、韩之边，而无强兵之救，是亡社稷，奈

林胡、楼烦、秦国、韩国接壤，如果没有一支强大的军队保卫，这样会亡国的，怎么办呢？那些有

何？夫有高世之名，必有遗俗之累[2]。吾欲胡服。"楼缓曰：

盖世名声的人，一定会留下后世人的议论。我打算改穿胡人的服饰。"楼缓说："这主意很好！"

---

1 东有胡：指居于河北迁安一带的东胡。
2 遗俗之累："遗负俗之累"的省说，与"高世之名"相对。有盖世名声的人，一定会留下后世人的议论。负，被。

赵武灵王胡服骑射

"善。"群臣皆不欲。
可是大臣们都不愿意。

于是肥义侍，王曰："简、襄主之烈，计胡、翟之利。
这时，肥义来陪武灵王议事，武灵王对他说："我们祖先赵简子和赵襄子的功业，是算计了胡
为人臣者，宠有孝弟长幼顺明之节，通有补民益主之业，
人和翟人的利益以后建立的。作为臣子，得贵宠的要有孝悌长幼顺情明理的志节，显达的要有补民益
此两者臣之分也。今吾欲继襄主之迹，开于胡、翟之乡，
主的功业，这两者是做人臣的职分。现在我想继承赵襄子的事业，在胡、翟两地开疆拓土，但是我这
而卒世不见也。为敌弱[1]，用力少而功多，可以毋尽百姓
一生还没有见到能辅佐我建立功业的大臣。为了削弱敌人，花很少的力气就建立了很多的功劳，还要
之劳，而序往古之勋[2]。夫有高世之功者，负遗俗之累；有
百姓尽可能付出少的劳苦，又发扬祖先的功业。再说有盖世奇功的人，必然会留下被后人议论的东西；
独智之虑者，任骜民之怨[3]。今吾将胡服骑射以教百姓，而
有独立思考打算的人，一定会遭到暴戾而愚蠢的人的埋怨。现在我准备用胡人的服饰和骑马射箭来教
世必议寡人，奈何？"肥义曰："臣闻疑事无功，疑行无
育训练人民，但是社会上一定会对我议论纷纷，怎么办呢？"肥义回答说："我听说做事疑惑、优柔
名。王既定负遗俗之虑，殆无顾天下之议矣。夫论至德
寡断的人不可能建立什么功名。大王既然抱定违反世俗的念头，那就完全不必去管天下人的议论了。
者不和于俗，成大功者不谋于众。昔者舜舞有苗，禹袒
凡是讲大德的人必然与社会上的一般人不协调，凡是建立大功的人一定不会与普通人商量。从前虞舜
裸国，非以养欲而乐志也，务以论德而约功也。愚者暗
为了苗民而舞蹈，大禹赤膊进入裸国，并不是为了放纵情欲使自己高兴，而是为了以德化民建立功勋。

---

[1] 为敌弱：为了削弱敌人。
[2] 序：继承。往古之勋：指简、襄之业。
[3] 骜民：暴戾而愚之民。

成事，智者睹未形，则王何疑焉。"王曰："吾不疑胡服
愚蠢的人在事成之后还不明白，聪明的人在事前就已看得很清楚，那大王还有什么可顾虑的呢？"武

也，吾恐天下笑我也。狂夫之乐，智者哀焉；愚者所笑，
灵王说："我不是怀疑改穿胡服，而是怕天下人笑话我。狂夫高兴的事，智者却感到伤心；愚者所讥

贤者察焉。世有顺我者，胡服之功未可知也。虽驱世以
笑的事，贤者都要反复审察。如果社会上人人都听我的话去做，那么胡服的功用就不可限量了。虽然

笑我，胡地中山吾必有之。"于是遂胡服矣。
让整个世上的人都笑话我，但是胡地中山这两个地方我一定会占有的。"于是就决定改穿胡服了。

　　使王绁告公子成曰[1]："寡人胡服，将以朝也，亦欲叔服
　　武灵王又派王绁去告知公子成说："我改穿了胡服，准备就这样穿着去上朝，也想请你穿

之。家听于亲而国听于君，古今之公行也。子不反亲，臣
上胡服。在家里听亲人的，在朝廷听国君的，这是古往今来通行的道理。为子不可以反对父母，

不逆君，兄弟之通义也。今寡人作教易服而叔不服，吾
为臣不可以反对国君，这也是兄弟间共同遵守的通理。现在我下令大家改变服饰，而你不执行，

恐天下议之也。制国有常，利民为本；从政有经，令行为
我害怕天下人会批评我们。统治国家有常法，以人民利益为根本；治理政事有原则，以令行禁止

上。明德先论于贱，而行政先信于贵。今胡服之意，非以
最重要。彰明盛德要从卑贱的事讲起，而推行政令却要先从朝中贵臣做起。现今改穿胡服，并不

养欲而乐志也；事有所止而功有所出，事成功立，然后善
是为了纵情享乐，而是为了最高目标而建立功业，不得不这样做，等到事情办成功业建立了，然

也。今寡人恐叔之逆从政之经，以辅叔之议。且寡人闻
后才知道这种做法的好处。眼下我担心你违背了治政的原则，所以提供一些意见供你选择。况且

1　公子成：武灵王之叔，朝中贵臣，变服以贵臣为榜样，故告公子成。

之，事利国者行无邪，因贵戚者名不累，故愿慕公叔之义，
我听说，事情只要有利于国家的，行为就不算邪僻；依靠贵臣亲戚成功的，名誉就不会亏损。所

以成胡服之功。使缑谒之叔，请服焉。"公子成再拜稽首
以我希望借重你在朝廷中的威望，促成改穿胡服这件大功。因此派王缑来谒见你，请你也穿上胡

曰："臣固闻王之胡服也。臣不佞，寝疾，未能趋走以滋
服。"公子成拜了拜，叩着头说："我早就听说大王改穿胡服的事了。臣不才，又有疾病，因此

进也。王命之，臣敢对，因竭其愚忠。曰：臣闻中国者，
未能趋走王前进说一言。大王既然来问我，我斗胆作出回答，趁机献出我的全部忠心。我听说中

盖聪明徇智之所居也[1]，万物财用之所聚也，贤圣之所教也，
国这个地方，是聪明睿智的人所居住的地方，这里聚集着人民生活所用的各种财物，有着圣人贤

仁义之所施也，《诗》《书》礼乐之所用也，异敏技能之所
哲的教化，实施的是仁义道德，应用的是诗书礼乐，还能让有特异敏捷技能的人一试身手，为远

试也，远方之所观赴也，蛮夷之所义行也。今王舍此而袭
方来客观光游览提供机会，为蛮夷之人师法学习提供榜样。现在大王舍弃这些长处而去效法远方

远方之服，变古之教，易古之道，逆人之心，而怫学者，
的服饰，改变了古人的教化，更易了古人的做法，违背人民的心理，将会激怒博学之人，远离中

离中国[2]，故臣愿王图之也。"使者以报。王曰："吾固闻叔
国传统文化。所以我希望大王重新考虑这件事。"使者王缑把这些话报告了武灵王，武灵王说："我

之疾也，我将自往请之。"
早听说叔父有病，我将亲自去向他请安。"

　　王遂往之公子成家，因自请之，曰："夫服者，所以便
　　武灵王就真的去了公子成的家，亲自做他的思想工作说："那衣服，是为了使用方便；那礼仪，

1　徇智：睿智。
2　怫学者，离中国：将激怒博学之人，远离中国传统文化。怫，怒也。

用也；礼者，所以便事也。圣人观乡而顺宜[1]，因事而制礼，
也是为了做事方便。圣人观于乡里顺应制宜，根据事情的需要而制定了相关的礼仪，所以方便了人民

所以利其民而厚其国也。夫翦发文身，错臂左衽，瓯越之
又稳定了国家。那剪短头发，在皮肤上刻上文彩，又袒露右臂，左开衣襟，这是瓯越的民俗。染黑牙

民也。黑齿雕题，却冠秫绌，大吴之国也。故礼服莫同，
齿，额上刺字，用鳀鱼皮做帽子，用秫茎作针缝衣服，这是吴国人的风俗。所以礼法服饰不一样，为

其便一也。乡异而用变，事异而礼易。是以圣人果可以利
了方便都是一样的。乡土不同，习惯就有变化；事态差异，礼法就要改变。因此只要果真能够对国家

其国，不一其用；果可以便其事，不同其礼。儒者一师而
有利，圣人做事绝不一成不变；果真可以使行事方便，圣人制定的礼法就有区别。儒者是一个师承，

俗异，中国同礼而教离，况于山谷之便乎？故去就之变，智
而礼俗却不同；中国是一个礼制，而教化却千差万别，更何况是山谷地区为什么不能有自己方便的风

者不能一；远近之服，贤圣不能同。穷乡多异，曲学多辩。
俗呢？所以去就的变化，即使智者也不能一样；远近的服饰，圣贤也不能使它一律。越是荒僻之地，

不知而不疑，异于己而不非者，公焉而众求尽善也。今叔
风俗越是奇特；越是邪曲的学术，越是巧言善辩。但是，不知道的东西不去疑心它，和自己不一样的

之所言者俗也，吾所言者所以制俗也。吾国东有河、薄洛
东西也不去非难它，这才是一种大公无私追求美德的态度。如今叔父听说的是现存的风俗，而我所讲

之水[2]，与齐、中山同之，无舟楫之用。自常山以至代、上
的是要创造出一种新的习俗。我们国家东边有黄河、漳水，跟齐国和中山国共同享有，却没有船只作

党，东有燕、东胡之境，而西有楼烦、秦、韩之边，今无
水上交通工具。从常山一直到代地、上党，东边与燕国、东胡接境，西边与楼烦、秦国和韩国邻近，

---

1 观乡而顺宜：观于乡里顺应制宜。
2 河：黄河。薄洛之水：指漳水，有津名薄洛津。

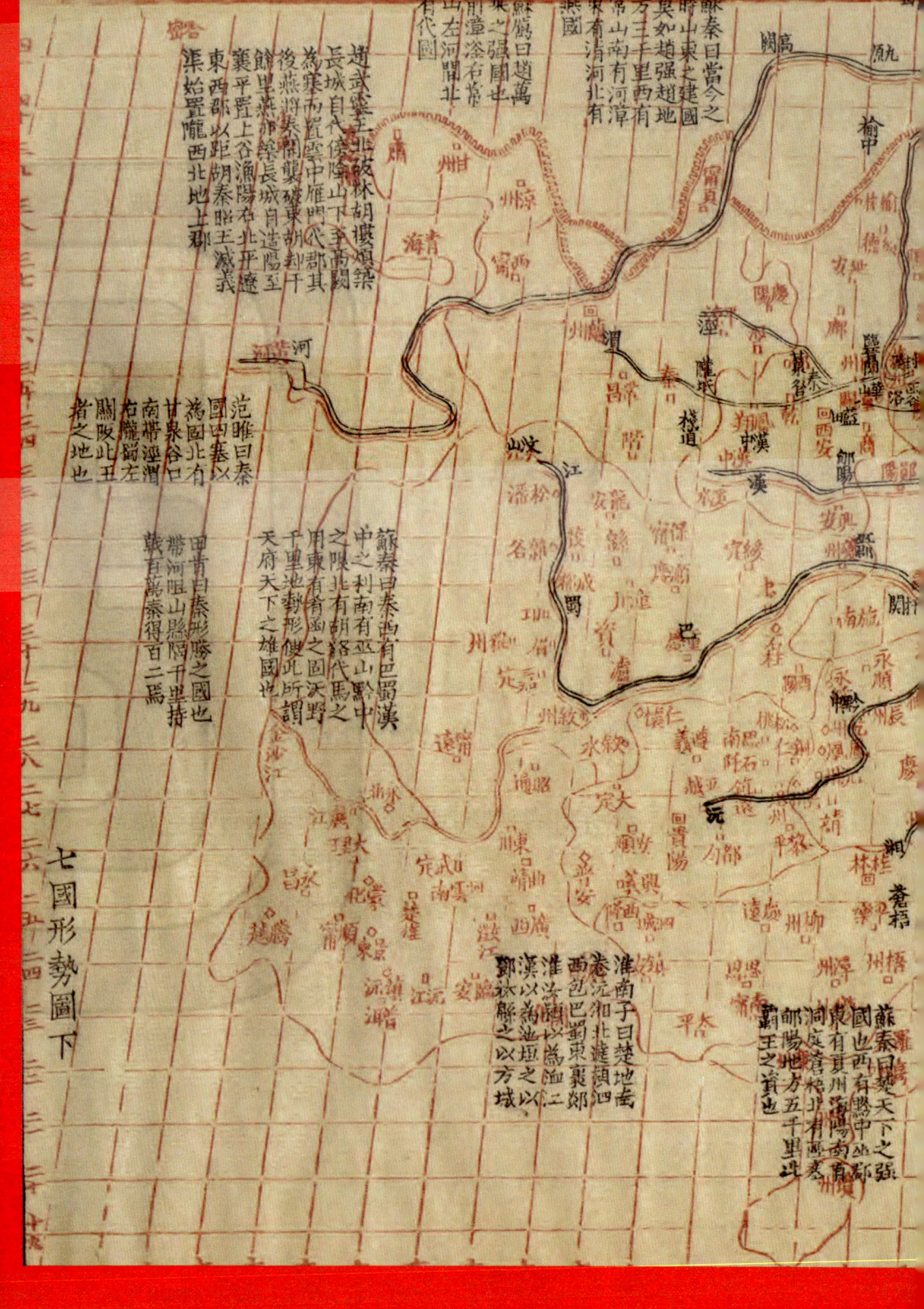

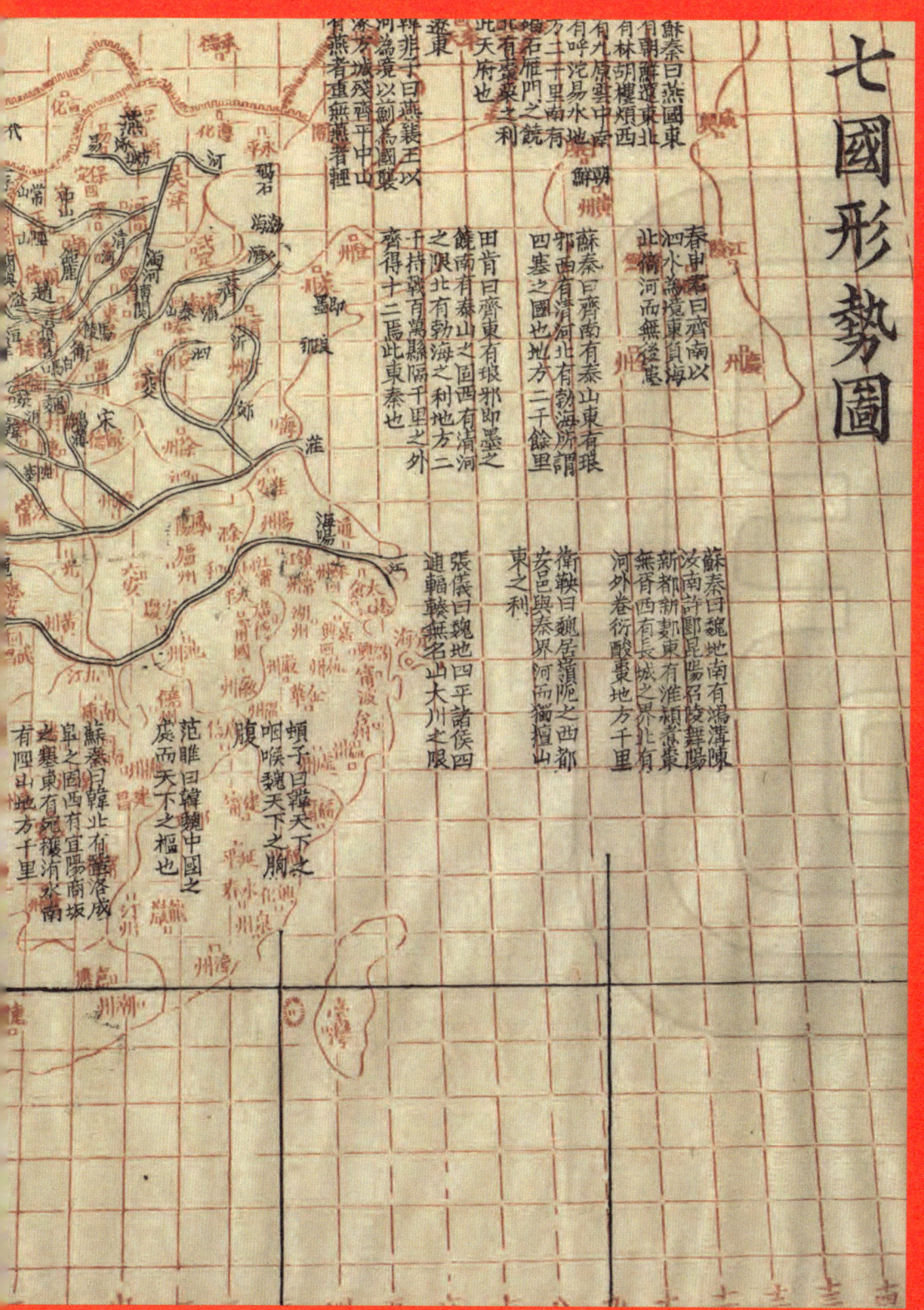

▲ 战国形势图（清·杨守敬《历代舆地图》）

骑射之备。故寡人无舟楫之用，夹水居之民，将何以守河，
我们至今没有骑马射箭的装备。所以我如果没有水上船只可用，没有识水性的人住在河边，那凭什么

薄洛之水；变服骑射，以备燕、三胡[1]、秦、韩之边。且昔
来防守黄河和漳水呢？如果不改穿胡服训练骑射，那凭什么来防备燕国、三胡、秦国和韩国的边境呢？

者简主不塞晋阳以及上党，而襄主并戎取代以攘诸胡，此愚
况且从前赵简子所以不堵塞晋阳以及上党的险要之处，赵襄子所以吞并戎狄占领代地以抵抗攻击胡人，

智所明也。先时中山负齐之强兵，侵暴吾地，系累吾民[2]，
这中间的道理就是最笨的人也是明白的，以前中山国依恃齐国的强大兵力，凶狠地侵略我们的土地，

引水围鄗，微社稷之神灵，则鄗几于不守也。先王丑之，
掳掠我们的人民，还引水来灌淹鄗邑，如果不是社稷神灵保佑，那么鄗邑几乎就守不住了。先王把这

而怨未能报也。今骑射之备，近可以便上党之形，而远可
件事看作耻辱，但是怨仇一直无法报复。现在如果有了骑射装备，近可以利用上党的形胜，远可以报

以报中山之怨。而叔顺中国之俗以逆简、襄之意，恶变服
中山之仇。然而叔父为了遵循中国的旧俗而违背了简、襄两位先祖的旨意，为了讨厌改变服饰的名义

之名以忘鄗事之丑，非寡人之所望也。"公子成再拜稽首曰：
而忘了鄗邑被围的耻辱，这不是我所期望的啊！"公子成听了赶紧叩头说："我实在太笨了，一点都

"臣愚，不达于王之义，敢道世俗之闻，臣之罪也。今王将
不理解大王改制的深意，竟敢用世俗的肤浅认识来反对，这是我的罪过！现在大王将继承简、襄两位

继简、襄之意以顺先王之志，臣敢不听命乎！"再拜稽首。
先祖的遗志以完成他们的事业，我哪里还敢不听从命令！"说完又是拜谢叩头。武灵王就赐给他胡服。

乃赐胡服。明日，服而朝。于是始出胡服令也。
第二天，公子成就穿着胡服上朝了。于是武灵王才发出了改穿胡服的命令。

1　三胡：林胡、楼烦、东胡。

2　系累：掳掠。

赵文、赵造、周袑[1]、赵俊皆谏止王毋胡服，如故法便。

王曰："先王不同俗，何古之法？帝王不相袭，何礼之循？虙戏、神农教而不诛，黄帝、尧、舜诛而不怒。及至三王[2]，随时制法，因事制礼。法度制令各顺其宜，衣服器械各便其用。故礼也不必一道，而便国不必古。圣人之兴也不相袭而王，夏、殷之衰也不易礼而灭。然则反古未可非，而循礼未足多也。且服奇者志淫，则是邹、鲁无奇行也；俗辟者民易，则是吴、越无秀士也。且圣人利身谓之服，便事谓之礼。夫进退之节，衣服之制者，所以齐常民也，非所以论贤者也。故齐民与俗流，贤者与变俱。故谚曰：'以书御者不尽马之情，以古制今者不达事之变'。循法之

---

[1] 袑：读"绍"。
[2] 三王：夏、商、周三代之王。

赵武灵王胡服改易成功

功，不足以高世；法古之学，不足以制今。子不及也。"遂
立的功绩，不可能出类拔萃；效法古人的学问，不值得用来治理今天的社会。你们都不了解这些道理。"

胡服招骑射。
于是赵军正式开始穿着胡服练习骑马射箭。

　　二十年，王略中山地，至宁葭；西略胡地，至榆中。林
武灵王二十年，赵武灵王夺取了中山的土地，一直到了宁葭；又向西攻占胡人的土地，

胡王献马。归，使楼缓之秦，仇液之韩，王贲之楚，富丁之
到了榆中。林胡王赶紧贡献名马。回国后，武灵王又派楼缓到秦国、仇液到韩国、王贲到楚国、

魏，赵爵之齐。代相赵固主胡，致其兵。
富丁到魏国、赵爵到齐国进行外交活动。代相赵固主管胡地，调动了他们的兵马。

二十一年，攻中山。赵袑为右军，许钧为左军，公
_{武灵王二十一年，赵国攻打中山国。赵袑率领右军，许钧率领左军，公子章率领中军，}

子章为中军，王并将之。牛翦将车骑，赵希并将胡、代[1]。
_{武灵王自己做三军统帅。还有牛翦率领车骑，赵希合并率领东胡与代地的兵。赵希与其他将}

赵与之陉[2]，合军曲阳，攻取丹丘、华阳、鸱之塞。王军取
_{领的行军路线不同，大家到曲阳会合，一起攻占了丹阳、华阳和鸱等要之塞。武灵王率领部}

鄗、石邑、封龙、东垣。中山献四邑和，王许之，罢兵。
_{队夺取了鄗邑、石邑、封龙和东垣。中山国献出四座城邑来求和，武灵王答应了，然后才收兵。}

二十三年，攻中山。二十五年，惠后卒。使周袑胡服传王
_{二十三年，赵国又攻打中山国。二十五年，赵惠后死了。这一年，派周袑穿着胡服做王子何}

子何。二十六年，复攻中山[3]，攘地北至燕、代，西至云中、
_{的师傅。二十六年，赵国再次攻打中山国，侵占的土地北面一直到了燕、代，西面到了云中}

九原[4]。
_{和太原两郡。}

1　将胡、代：率领东胡与代地的兵。
2　陉：通"径"，路线。
3　复攻中山：再次兴兵攻中山，两年后灭中山。
4　云中、九原：两郡名，云中在内蒙古自治区包头市东边地区，九原在包头市西边地区。

商鞅变法立木取信

在中国历史上，最成功的改革就是战国时期秦国的商鞅变法，使落后的秦国一跃而成为称雄诸侯的强国，进而统一天下。商鞅变法，改革社会，涉及政治、经济、军事、意识形态各个领域，是古代史上一场深刻的社会革命。这场社会变革是自上而下进行的。在中国历史上，自上而下的改革大都失败，如王安石变法、戊戌变法等。商鞅变法，最后仍然流血，个人免不了悲剧下场，但他改革得彻底，使秦国富强，给历史留下了光彩的篇章。商鞅改革成功有多方面的原因，最重要的有两条：第一条，秦国国君孝公自始至终坚决支持；第二条，商鞅足智多谋，处事果决。商鞅驳斥保守派的辩论，他变法之初的立木取信、惩处公子虔等就表现了他是一个坚毅刚强而有智谋的人。

商鞅，本为姬姓，是卫国的公孙，破落后便以公孙为姓，名鞅，史称公孙鞅，因是卫国人，又称卫鞅。卫鞅到秦国变法，被封为商君，于是史称商君、商鞅。

商鞅在卫国不被重用，他便投到魏国国相公叔座门下为家臣。公叔座发现商鞅很有才干，就任命他为中庶子，凡有大事总找他商议。公叔座病重，准备推荐商鞅为继承人。适逢魏王前来探病，问以国事。公叔座推荐商鞅，对魏王说："我门下公孙鞅，虽年少，但有奇才，愿大王把国事交给他，魏国一定有所作为。"魏王不吭气。公叔座又说："大王如不肯任用公孙鞅，切莫让他离开魏国，必须除掉他，不能让别的国家使用。"魏王敷衍一番走了。商鞅来见公叔座，公叔座对商鞅说："我先公后私，劝魏王重用你，如果魏王不重用你，就杀掉你。"商鞅不以为然地说："魏王不能听你的话重用我，也就必然不会听你的话杀害我。"商鞅没有离开魏国，果如他所料，什么事都没有。魏王对别的大臣说："公叔座病得昏聩了，他一会劝我重用商鞅，一会儿劝我杀掉商鞅，真是糊涂了。"

公元前360年，秦孝公登上秦国君位，他不满秦国的落后地位，被中原各国看不起，决心励精图治，称雄诸侯。秦孝公下了求贤令，说："谁能献奇计使秦国富强，我封他高爵，赐给土地，让他做高官。"公叔座死后，商鞅在魏国失去了赏识他的人，料想没有前途，决心利用自己的才智到秦国施展一番。商鞅到了秦国，打听到景监很受秦孝公宠信，于是托他引荐，进宫游说秦孝公。

商鞅第一次晋见秦孝公，大谈尧舜帝道，滔滔不绝，秦孝公心不在焉，听着听着却睡着了。事后秦孝公狠狠责备了景监，说："你的客人是个狂人，净胡说八道。"景监转告了商鞅，埋怨他没按自己的嘱咐，不会说话。商鞅说："我第一次没经验，请你再引荐一次吧。"过了五天，秦孝公第二次召见商鞅，商鞅说以周文王、周武王的王道，这一次秦孝公听了一半，没有睡觉。事后秦孝公对景监说："你的客人没多大能耐，但还可以谈一谈。过几天你让他再进宫来聊聊吧。"景监告诉了商鞅。商鞅说："秦王是个贤能的国君，但他不听帝道和王道，他一心要富国强兵，想在当世就见效，我试探了两次，知道他的心思，我将在秦国推行霸道。"商鞅第三次晋见秦孝公，说明富国强兵的霸道，也就是实行强化君权的政治改

秦孝公和商鞅对谈投机

革,施以重农抑商,奖励耕战的经济改革,用刑名之学为指导思想,严刑峻法为武器。秦孝公听了大为满意。两人谈了几天几夜,秦孝公还兴奋不已。他决计重用公孙鞅,实行变法。

秦孝公还重重地奖赏了推荐人景监。

公元前359年,秦孝公正式任用商鞅推行变法。秦国的大臣们纷纷起来反对,孝公深为忧虑。商鞅却一点不担心,自有办法应付,他让秦孝公主持朝堂辩论。甘龙、杜挚是当时秦国的执政大臣,保守势力的代表。商鞅深知,变法能否推行,第一道难关就是在朝堂上驳倒甘龙、杜挚。

甘龙首先反对,说:"圣人教导百姓,不改变旧的习俗;聪明的人治理国家,不改变旧的法制。沿袭古礼旧制,人民安定,官吏熟悉,不用费力,国家自然安定团结。"

表面看，甘龙、杜挚的话十分有理，商鞅却巧妙地反驳说："甘龙说的只是平常人的见识。普通人安于旧习惯，学究们往往陷于所知范围不能自拔。这两种人让他们做官守法可以，但不能和他们商讨开创大业的事。聪明的人制订法规政策，愚笨的人只会受制于人；贤德的人因时而变，无能的人死守成法。"秦孝公听了，大声称赞说："好！"

杜挚说："老祖宗传下来的制度，绝不会错。新法不超过旧法一百倍，就不能变。"

商鞅说："治理国家从来就没有一成不变的方法，只要有利于国家，就用不着去学古代。从前，商汤王和周武王并没有按照古法办事，却都得了天下。夏桀王和商纣王并没有改革旧法，却都亡掉了国家。所以，反对古法不一定就错；遵守古法也不一定就对。"

这几句话，把改革变法的道理讲得清楚透彻，很有说服力。甘龙、杜挚两人哑口无言。秦孝公听了，频频点头，连连说："卫鞅说得好！卫鞅说得好！"孝公一锤定音，于是任命商鞅为左庶长，开始制订新法。

商鞅拟好了新法，打算公布。法令公布，反对的人多，没人遵守怎么办？强制执行，势必造成社会动乱，说不定还要流血。他冥思苦想了几天，终于想出一个立木取信的办法，树立威信，让人知道，不敢轻易以身试法。商鞅派人在都城南门外竖了一根三丈长的木棒，并在旁边出了一道告示："谁能把这根木棒，搬到北门去的，赏给十两金子。"于是市民奔走相告，南门外观者如云，人头攒动，热闹非常，大家都停下来边看木棒，边看告示，议论纷纷。

有人说："这根木棒没有多重，搬到北门去，不费多大力气，怎么会赏十两金子！"

又有人说:"天下哪有这等便宜事?这是不是当官的闲来无事,跟老百姓开玩笑啊!"

总之,老百姓感到此事古怪,疑惑不决,不相信真会赏给十两金子,谁也不肯上前去搬木棒。

商鞅见没有人肯搬,知道人们不信,却故意说成是赏金不够,他又重新出了一道告示,把奖赏的金子提高到五十两。赏金一高,不料老百姓更加疑惑了。你看我,我看你,同样没有人肯搬,疑惑也加重了,围观的人更多了。

等了好久,终于有一个小伙子挤到木棒前,壮着胆子说:"我来试试看,权当做一回傻瓜吧。"说完,他肩扛木棒,直向北门走去,后边跟着一

商鞅徙木立信

群看热闹的人，都怀着好奇的心，想看一看究竟，因此跟着小伙子跑，看他能不能得到五十两赏金。扛木棒的小伙子到了北门，商鞅立即叫人当众赏给他五十两金子。看到的人，没有一个不惊奇的。这件事一下子传遍了秦国，大家都说："左庶长令出必行，果然说到做到。"

商鞅变法立木取信，引起了很大的反响。一传十，十传百，很快传遍全国。这时，商鞅正式颁布变法令，全国各地官员推行新法不敢怠慢。公元前350年，又进行了第二次变法。商鞅两次变法，综合起来，主要有以下内容。

第一，废除世卿世禄制度，实行依军功分配田宅爵位的办法。宗室贵族，没有军功，不得列入宗室的属籍，不得享受国家俸禄。出身平民，只要立了军功，可以得到爵位荣华，凡斩敌一人，赐爵一级，田一顷，宅九亩。杀敌越多，功劳越大，地位就越高。

第二，合并了乡、邑，聚为县，实行户籍制，五家为"一伍"，二伍为"一什"，互相监督连坐。

第三，重农抑商。奖励农业生产。新法禁止父子兄弟同室共产，凡成年男子都要分家而居，以杜绝游手好闲。对垦荒多、打粮多的人进行奖励，因懒惰而贫困的人进行惩罚，连同妻儿罚为奴隶。

第四，废井田，开阡陌，承认土地私有，可以买卖，以利耕织。

第五，统一度量衡。

第六，烧毁《诗》《书》，禁止儒生游学游仕。

此外，迁都咸阳，完善宫室。在宫门前建造冀阙，颁布法律。

通过改革，秦民勇于公战，怯于私斗，国殷民富，一跃而为强国。公元前352年，商鞅领兵攻打魏国安邑，获得胜利。公元前340年，商鞅再次领兵伐魏，俘获了魏将公子卬。魏国连遭打击，把黄河以西的大片领土割让给秦国，秦国东边疆界达到黄河岸边。为了避开秦国的锋芒，魏国把国都从安邑迁到大梁。这时魏王深深后悔他没听公叔座的话，要么重用商鞅，要么杀掉商鞅。

由于变法的成功和军功，秦孝公封公孙鞅为列侯，把商、於（wū）等十五个城邑赐给公孙鞅为采邑，从此，公孙鞅得了商鞅之号。

当然，变法不是一帆风顺的。实行新法的第一年，国都就有几千人反对，太子带头犯法。商鞅认为，新法推行受到阻碍，原因是在上位的贵族反对。太子犯法，也要处罚。但是太子是一国之储君，不能用法，商鞅就惩处太子的两个老师——公子虔和公孙贾。第二次公布新法，公子虔

秦法烦苛

又来触犯，商鞅给予了严厉惩处，将他鼻子给割了，称为劓刑。

新法执行了十年，秦民丰衣足食。这时又有许多最初反对新法的人来称颂新法很好。商鞅说："这帮人无事生非，是扰乱教化的刁民，统统严惩。"于是把这些人全都放逐到边疆。又一次，他在渭水河边判决罪犯，杀了许多的人，使渭水都变成了红色。商鞅又轻罪重判，把灰撒在路上的人也要加刑。他不容忍任何人议论新法，违犯新法。因此，史称"商鞅相秦，用法严酷"，得罪了不少的人。

公元前338年，秦孝公死，太子嬴驷即位，这就是后来的秦惠王。新旧交替之机太子的老师公子虔等人趁机反扑，他们捏造罪名，告商鞅谋反，秦惠王竟族灭商鞅，还把他的尸体车裂示众。

智慧启示

商鞅变法，改革秦国旧制度，使落后的秦国一跃而成为称雄诸侯的强国。但是改革者商鞅得到的是家毁人亡的悲剧下场。这说明，在中国古代社会进行改革，步履是多么艰难，商鞅成功而要流血，这一事件留给志士仁人深重的思索。

商君列传

商君者[1],卫之诸庶孽公子也[2],名鞅,姓公孙氏,其祖本姬

商君是卫国国君姬妾生的儿子,名叫鞅,姓公孙,他的祖先本来姓姬。公孙鞅年轻时喜欢刑

姓也。鞅少好刑名之学[3],事魏相公叔座为中庶子[4]。公叔座知其

名法术之学,事奉魏相国公叔座做他的家臣中庶子。公叔座知道公孙鞅贤能,还没有来得及推荐。

贤,未及进。会座病,魏惠王亲往问病,曰:"公叔病有如不

公叔座又赶上生了重病,魏惠王亲自来探视病情,说:"公叔的病如有三长两短,国家将怎么办?"

可讳,将奈社稷何?"公叔曰:"座之中庶子公孙鞅,年虽少,

公叔座说:"我的中庶子公孙鞅,年纪虽然很轻,可有奇异的才能,希望大王把国家大政委托给他。"

有奇才,愿王举国而听之。"王嘿然[5]。王且去,座屏人言曰[6]:

魏惠王沉默不语。魏惠王将要离去时,公叔座使旁人回避,单独对魏惠王说:"大王如果不任用公

"王即不听用鞅,必杀之,无令出境。"王许诺而去。公叔座

孙鞅,一定要杀死他,不让他离开魏国。"魏惠王答应后告辞走了。公叔座召见公孙鞅,抱歉地说:

召鞅谢曰[7]:"今者王问可以为相者,我言若[8],王色不许我。我

"刚才大王来问谁可以担任国相,我推荐了你,看大王的脸色没有答应我。我当然是先忠于君,后

---

1 商君:商鞅封有商、於之地共十五邑。商在今陕西省商洛市商州区东九十里,於在商州区西二百里。
2 庶孽:侧室所生诸公子。
3 刑名之学:即法家学说,因法家主张循名求实,以刑法治国,故称。
4 公叔座:复姓公叔,名座。座,有本作"痤"。中庶子:官名,掌卿大夫家族事务。
5 嘿(mò)然:沉默的样子。
6 屏:同"摒",令侍者回避。
7 谢:道歉。
8 我言若:我向魏王推荐了你。

方先君后臣，因谓王即弗用鞅，当杀之。王许我。汝可疾去
考虑臣下的利益，因此又对大王说，如果不用公孙鞅，就应当杀死他。大王答应了我。你要赶快离

矣，且见禽[1]。"鞅曰："彼王不能用君之言任臣，又安能用君
开，不然将被捉拿。"公孙鞅说："大王他既然不听你的推荐任用我，又哪能听你的话杀掉我？"

之言杀臣乎？"卒不去。惠王既去，而谓左右曰："公叔病甚，
始终没有离去。魏惠王离开公叔座之后对身边的人说："公叔座病得太重了，真让人伤心，他让我

悲乎，欲令寡人以国听公孙鞅也，岂不悖哉！"
把国家大政交给公孙鞅，岂不是糊涂了吗？"

公叔既死，公孙鞅闻秦孝公下令国中求贤者，将修缪
公叔座死后，公孙鞅听到秦孝公下令全国招揽人才，将要重整秦穆公的霸业，向东收复被侵

公之业[2]，东复侵地，乃遂西入秦，因孝公宠臣景监以求见孝
占的失地，于是西行到了秦国，通过秦孝公的宠臣景监引荐求见秦孝公。秦孝公接见了公孙鞅，交

公。孝公既见卫鞅，语事良久，孝公时时睡，弗听。罢而
谈了很长时间，秦孝公时时打瞌睡，不听他的。交谈结束后，秦孝公对景监发怒说："你的客人是

孝公怒景监曰："子之客妄人耳[3]，安足用邪！"景监以让卫
个狂妄的人，哪能值得任用！"景监责备公孙鞅。公孙鞅说："我用五帝尧舜的治国之道劝说秦孝

鞅[4]。卫鞅曰："吾说公以帝道[5]，其志不开悟矣。"后五日，复
公，看来他的思想不能领悟。"过了五天，公孙鞅请求秦孝公再次接见。公孙鞅第二次进见，秦孝

求见鞅。鞅复见孝公，益愈，然而未中旨[6]。罢而孝公复让
公的态度好了一些，但还是没有合秦孝公的心意。事后，秦孝公又一次责备了景监，景监转过来责

---

1 且见禽：将被擒拿。
2 修：重整。重整秦穆公的霸业。
3 妄人：狂妄自大不切实用之人。
4 让：责备，责问。
5 帝道：传说中之五帝兴起的治国道理和策略。五帝，详《五帝本纪》。
6 未中（zhòng）旨：指还不能合秦孝公的心意。

景监，景监亦让鞅。鞅曰："吾说公以王道而未入也[1]，请复
备公孙鞅。公孙鞅说，"我改用三代三王的治国之道劝说秦孝公，看来还是没有听得进去，请求再
见鞅。"鞅复见孝公，孝公善之而未用也。罢而去。孝公谓
一次接见我。"公孙鞅第三次进见，秦孝公态度很好，但还没有决定任用公孙鞅。事后，秦孝公对
景监曰："汝客善，可与语矣。"鞅曰："吾说公以霸道[2]，其
景监说："你的客人不错，可以和他交谈。"公孙鞅说："我用春秋五霸的治国之道劝说秦孝公，
意欲用之矣。诚复见我，我知之矣。"卫鞅复见孝公。公
看他的态度有了采纳的意思。如果再召见我一次，我知道怎样说动他了。"公孙鞅第四次进见秦孝
与语，不自知膝之前于席也，语数日不厌。景监曰："子何
公。秦孝公和公孙鞅交谈，竟然不知不觉地膝行靠近了公孙鞅，一连交谈了好几天也不满足。景监
以中吾君？吾君之欢甚也。"鞅曰："吾说君以帝王之道比三
说："你拿什么打动了我的国君，他高兴得不得了。"公孙鞅说："我用帝王之道劝说你的国君，
代，而君曰：'久远，吾不能待。且贤君者，各及其身显名
可使秦国比隆于夏、商、周三代，君上说，'太慢了，我不能等待。况且贤能的国君，都要在当世
天下，安能邑邑待数十百年以成帝王乎[3]？'故吾以强国之
显名天下，哪能闷闷不乐等待几十年甚至上百年才成就帝王大业呢？'所以我改用富国强兵的治国
术说君，君大悦之耳。然亦难以比德于殷周矣。"
办法劝说你的国君，他对此特别高兴。可是这就难以和殷、周比较德行了。"

孝公既用卫鞅，（鞅）欲变法，恐天下议己。卫鞅曰：
孝公任用了公孙鞅，想要变革法度，但又怕天下的人议论自己。公孙鞅说："行动迟疑不决，

---

1 王道：指夏禹、商汤、周文王、周武王统一天下的理论、方法。未入：还不能说到秦孝公的心里去。
2 霸道：春秋时齐桓公、晋文公、宋襄公、秦穆公、楚庄王相继称霸的治国之术。
3 邑邑：同"悒悒"，郁闷不快的样子。

"疑行无名，疑事无功。且夫有高人之行者，固见非于世；
就不会成名，办事迟疑不决，就不会成功。况且有超越常人的行动，本来就要受世俗议论；有独

有独知之虑者，必见敖于民[1]。愚者暗于成事[2]，知者见于未萌。
到见解的人，一定要被一般人嘲笑。愚笨的人对成功了的事还不明白，聪明的人预先就能看到苗头。

民不可与虑始而可与乐成。论至德者不和于俗[3]，成大功者不
老百姓不能在事前和他商量，只可以让他享受现成。追求高尚德行的人不迎合习俗，成就大功业

谋于众。是以圣人苟可以强国，不法其故[4]；苟可以利民，不
的人不跟众人商量。因此圣人只要能够使国家富强，就不必效法旧的法规；只要能够有利于人民，

循其礼。"孝公曰："善。"甘龙曰："不然。圣人不易民而教，
就不必遵循旧的礼制。"秦孝公说："好。"甘龙说："不是这样的。圣人不改变民俗来教化人民，

知者不变法而治。因民而教[5]，不劳而成功；缘法而治者[6]，吏
聪明人不改变法规来治理国家。因循旧有的民俗来教化，不费力气就能成功；沿袭旧有法规来治理，

习而民安之。"卫鞅曰："龙之所言，世俗之言也。常人安于
官吏熟习，百姓安定。"公孙鞅说："甘龙的一番议论，只不过是世俗的见识。一般人习惯旧风俗，

故俗，学者溺于所闻[7]。以此两者居官守法可也，非所与论于
学究们局限于自己狭隘的见闻。这两种人做官守法还可以，但不能和他们谈论常规以外的事。夏、

法之外也。三代不同礼而王，五伯不同法而霸[8]。智者作法，
商、周三代不同礼制都成就了王业，五霸不同法度都成就了霸业。聪明的人立法，愚笨的人守法；

---

1 敖：同"謷（áo）"，讥笑、说坏话。
2 暗于成事：对别人都已做成的事情，仍然不明白其所以然。
3 论：讲求。至德：最高的道德。
4 不法其故：不遵行旧的法典制度。法，效法，遵守。
5 因民：因循人民旧有的风俗。
6 缘法：沿用旧法。
7 学者溺于所闻：学究们局限于自己的狭隘见闻。溺，沉醉，拘泥。
8 五伯：即春秋五霸。

愚者制焉；贤者更礼，不肖者拘焉。"杜挚曰："利不百，不
贤能的人变革礼制，平庸的人墨守约束。"杜挚说："没有百倍的利益，不变革法度；没有十倍

变法；功不十，不易器。法古无过，循礼无邪。"卫鞅曰：
的功用，不改变器物。效法古制，没有过错；遵循旧礼，没有偏差。"公孙鞅说："治理天下不

"治世不一道，便国不法古。故汤、武不循古而王，夏、殷
能是只有一个办法，只要有利于国家不必效法古代。所以商汤王、周武王不遵循古制而成就了王

不易礼而亡[1]。反古者不可非，而循礼者不足多[2]。"孝公曰：
业，夏朝、殷朝不改变礼制却灭亡了国家。反对古制的人无可非议，而遵循旧礼的人值不得称赞。"

"善。"以卫鞅为左庶长[3]，卒定变法之令。
孝公说："好。"任用公孙鞅为左庶长，终于确定了变法的命令。

令民为什伍[4]，而相牧司连坐[5]。不告奸者腰斩，告奸者
命令百姓十家为"什"，五家为"伍"，互相监督、揭发。一家有罪，九家检举。不告发坏人坏

与斩敌首同赏，匿奸者与降敌同罚。民有二男以上不分异
事的人，处以腰斩刑罚；告发的人，与杀敌一人的功劳同等，享受一样的奖励；藏匿坏人的人与投敌的

者，倍其赋。有军功者，各以率受上爵[6]；为私斗者，各以
人同罪，受一样的惩罚。百姓家中有两个男性不分家的人，加倍征收人头税。有军功的人，各按功劳大

轻重被刑大小[7]。僇力本业[8]，耕织致粟帛多者复其身[9]。事末
小受封爵禄；因私事斗殴的人，各按情节轻重量刑惩处。努力农业，耕田织帛获得丰收的，免除本人的

---

1 夏、殷：谓夏、殷两代的最后帝王桀、纣。
2 多：赞扬，肯定。
3 左庶长：秦国第十级爵，带兵充偏将。
4 令民为什伍：按军队编制把居民按五家为伍，十家为什地组织起来。
5 相牧司：相互监督、揭发。连坐：什伍中一家有罪，其他各家如不告发，即与犯罪者按同罪受罚。
6 以率受上爵：按照军功论赏的条例规定接受提升。率，标准，规定。
7 被：同"披"，加给，处以。
8 僇力：努力，尽力。
9 复其身：免除其本人的劳役。复，免除。

利及怠而贫者，举以为收孥[1]。宗室非有军功论，不得为属

军役；从事工商业以及懒惰而贫困的，把他们没入官府做奴婢。秦王宗室子弟，没有立下军功受赏的人，

籍。明尊卑爵秩等级，各以差次名田宅，臣妾衣服以家

不能列入贵族名册，明确规定尊卑爵秩的等级，按照差别等级占有土地、房屋，家臣、侍妾的衣服随主

次。有功者显荣，无功者虽富无所芬华[2]。

人的地位高低相应穿戴。有军功，显赫荣耀；没有军功的，即使富有也不光彩。

令既具，未布，恐民之不信，已乃立三丈之木于国

法令制定完毕，还没有颁布，恐怕老百姓不相信，就在国都市场的南门树立一根三丈高

秦法奖励军功

---

1 举以为收孥：一律没入官府为奴隶。举，尽，全部。收孥，没收而为奴婢。孥，同"奴"。
2 芬华：芬芳荣华，指政治上尊贵显耀。

都市南门[1]，募民有能徙置北门者予十金[2]。民怪之，莫敢
<small>的木头，招募百姓中有人能够把它移放到北门的，赏他十金。百姓感到奇怪，没有人敢去搬动。</small>

徙。复曰："能徙者予五十金。"有一人徙之，辄予五十
<small>重下命令说："能够搬动的人，赏五十金。"有一个人真把它搬到了北门，立即赏了他五十金，</small>

金，以明不欺。卒下令。
<small>用这办法表明法令不欺骗百姓。这才公布了新法。</small>

令行于民期年[3]，秦民之国都言初令之不便者以千数[4]。于是
<small>新法颁布在民间执行了一年，秦国百姓到国都来诉说新法不当的有成千的人。于是太子</small>

太子犯法。卫鞅曰："法之不行，自上犯之。"将法太子。太
<small>带头触犯新法。公孙鞅说："法令得不到贯彻，来自上边的人触犯了它。"将依法惩办太子。</small>

子，君嗣也[5]，不可施刑，刑其傅公子虔，黥其师公孙贾。明
<small>太子是国君的继承人，不可以施刑；就对太子的师傅公子虔处以刑罚，公孙贾处以黥刑。第二</small>

日，秦人皆趋令。行之十年，秦民大悦。道不拾遗，山无盗
<small>天，秦国人个个遵守新法。新法实行了十年，秦国人民非常高兴，路上不拾遗物，山里没有盗贼，</small>

贼，家给人足。民勇于公战，怯于私斗，乡邑大治。秦民初
<small>家家富裕，人人足食。百姓勇敢地为国家作战，不敢为私事而争斗，乡村城镇都非常安定。秦</small>

言令不便者，有来言令便者，卫鞅曰："此皆乱化之民也。"尽
<small>国百姓当初说新法不方便，现在又来说新法方便的人，公孙鞅说："这些都是扰乱教化的刁民。"</small>

迁之于边城。其后民莫敢议令。
<small>全把他们迁移到边境地方。从这以后，百姓中没有人敢议论法令了。</small>

---

1. 国都：秦国的都城，这时秦都在雍（今陕西省凤翔南）。市南门：市场的南门。
2. 十金：即十镒。一镒为二十四两。
3. 期年：周年。
4. 初令：指商鞅新变的法令。
5. 君嗣：国君的继承人。

于是以鞅为大良造[1]。将兵围魏安邑，降之……其后，魏惠王兵数破于齐、秦，国内空，日以削，恐，乃使使割河西之地献于秦以和。而魏遂去安邑，徙都大梁。梁惠王曰："寡人恨不用公叔座之言也。"卫鞅既破魏还，秦封公於、商十五邑，号为商君。商君相秦十年，宗室贵戚多怨望者……秦孝公卒，太子立。公子虔之徒告商君欲反，发吏捕商君……遂灭商君之家。

于是升迁公孙鞅为大良造，带领军队围攻魏国的安邑，迫降魏国订立了和约。以后，魏惠王的军队多次被齐军和秦军击破，国内空虚，实力一天天地削弱，害怕起来，就派遣使者割让黄河以西的土地奉献给秦国求和。结果魏国离开安邑迁都大梁。梁惠王说："我后悔不听公叔座的话呀！"公孙鞅打败魏军回到秦国后，秦王把商、於等十五个城邑封给他，号为商君。商君做了十年秦相，皇亲国戚很多人怨恨他。秦孝公死后，太子继位为秦王。公子子虔的同党诬告商君谋反，秦王派出官吏逮捕了商君。于是诛灭了商君全家。

---

1 大良造：即大上造，秦爵第十六级。

▲ 日本·鹤洲霊寯《中华历代帝王图·秦始皇帝》

秦并天下建号始皇

这篇故事讲秦始皇创立制度，实行中央集权，这是中国历史上最重大的制度变革。先说秦并六国，再说始皇创制。

一是秦并六国，艰难创业。

秦并六国，有多种原因，这里着重谈两点，是东方各诸侯国所没有的。一是秦国祖先累代艰难创业，积蓄了数百年之势；二是秦王政在位日久，雄才大略。

列祖创业。众所周知，秦起襄公，它是在公元前770年周平王东迁的春秋初年才有了封国，是后起的一个西方小国。当时中原各诸侯国没有把这个小小秦国放在眼里。司马迁在《史记·六国年表》中说："秦始小国僻远，诸夏摈之，比于戎、狄。"但出人意料的是，就是这个后起的诸侯小国最后竟然吞并了其他诸侯统一了天下，这一现象不能不引起人们的特别关注和对秦国历史的追寻。

由于秦邑（在今甘肃张家川南）在陇山之西，杂于戎狄，形势险恶，所以全部族人历来勇猛善战。秦襄公获得诸侯称号，利用周王室衰微，中原各诸侯国争霸，无力西顾的大好时机，从立国之始就兢兢业业发愤图强。秦国国君一代接一代不断在西边开疆拓土，发展自己，秦宁公时已将都城迁到平阳（今陕西省眉县西北），相当于从甘肃发展到了陕西西部；秦德公时迁都雍邑（今陕西省宝鸡市凤翔区）；到秦穆公时更是独霸西戎（今宁夏以南、甘肃东部、陕西西部地区），并往东发展到了黄河边，这时的秦国已能与齐、晋等老牌中原诸侯相抗衡了。

历史的车轮很快辗进到了战国时代。此时天下众多的诸侯小国已在纵横捭阖、金戈铁马的纷争中消亡，只剩下齐、楚、秦、赵、燕、韩、魏七大国时代，史称"战国七雄"，秦国俨然七雄之一。战国时代，列国纷攘，战争之频繁比之春秋时期尤甚，弱小者只能被吃掉，历史把谋存图强的课题摆在了每个诸侯国的面前。为了适应形势的要求，各国都先后实施了变法，各国的变法都有针对性地改变了本国的一些落后的旧制度，遗憾的是大多不能稳定、持久，很多成功一时，在旧势力的进攻之下很快又失败，只有秦国的商鞅变法最彻底。虽然商鞅本人为变法而殉身，但正如韩非在《韩非子·定法》中所说："商君死，惠王即位，秦法未败也。"正是由于商鞅的一系列新法适应了新的生产力和生产关系的发展，并得到稳定而持久的推行，从而使秦国迅速发展强大起来。风云变幻的战国时代，变革是各国的共识和共同行动，然而在这场大变革中，只有秦国最成功地又一次把握住了历史的机遇，从而在七国中脱颖而出成为实力最强大的诸侯国，成为统一天下竞争者中具有强劲实力的候选国。

春秋战国时期的时势，为秦的发展提供了良好的机遇，然而历史的机遇得靠人来把握，历史的行为总得由人来实施，从而创造出非凡的历史，所以人们常说人是天地万物之灵、之主宰。秦国在它的历史上能出人意料地多次创造出奇迹，人的因素也是最重要的。

秦国历史上产生过不少贤明的统治者，而且他们大都注重吸纳各种文武人才。这些贤君和他们的猛将谋臣所发挥的作用，又是秦国能在各个时期得到发展的重要保证。比如秦穆公求贤若渴，得到由余、百里奚、蹇叔等贤才，从而征服了西戎；秦孝公用商鞅变法而使秦国富民殷；秦惠王用张仪为相，他以"连横"之计离间六国的"合纵"；秦昭王任范雎为相，施展"远交近攻"之策使秦进一步强大。上述事实证明：秦国由一个诸侯小国变成战国七雄中的一个大国，是经过秦国数代人不懈努力才逐步形成的。

范雎远交近攻

秦始皇雄才大略。提起秦始皇，无人不知，无人不晓，因为他是中国历史上少有的伟大历史人物，统一六国，实行中央集权，被称为"千古一帝"。他公元前246至前210年在位，当政37年，在公元前221年统一六国，改制称帝，做了十二年皇帝，既完成统一大业，又创立新制度治国，这就是秦始皇所完成的两件主要大事，即统一天下、治理天下。统一天下，众口一词，赞誉有加；至于治理天下，却是有褒有贬。统一六国完成于秦始皇嬴政之手，确实与他个人雄才大略有密切关系。公元前246年，十三岁的嬴政继承王位，由于年少，只好委国事于大臣，因而造成大权旁落。公元前238年，二十二岁的嬴政亲政后，坚决果断地消灭了擅权干政的宦官嫪毐，罢黜权相吕不韦，一开始执政就表现出过人的胆识和勇气。之后，他继承发扬了先王招贤纳才的传统，广招贤才，先后起用了李斯、尉缭、王翦、蒙恬等杰出大臣。在这些人的佐助下，凭借祖先积聚下来的雄厚国力，开始大展宏图，以横扫六合、气吞八荒之势，从公元前230年开始了兼并六国诸侯统一天下的战争。

兼并六国的战争首先是从韩国开始的。韩国是秦国东出函谷关统一天下道路上的第一个障碍。由于韩国弱小，所以秦国几乎没有费什么力气，大军一出，韩国迅速灭亡。

秦国的第二个进攻目标是赵国。赵国是个曾经一度能与秦相抗衡的国家，具有较强的实力。其主将李牧是赵国名将，善于带兵，秦军几次进攻都被打败。秦国主将王翦是位经验丰富的老将，他见不能直接取胜，使用反间计，用重金收买赵王宠臣郭开，诬告李牧和秦串通，阴谋叛赵。赵王轻信谗言，将李牧杀害，由于临阵杀将易将，军心大受影响，秦军乘机发动进攻，公元前228年，秦国大军攻破邯郸，俘虏赵王，赵国灭亡。

公元前225年，秦王政又派王翦儿子王贲破魏都大梁城，魏国也告灭亡。中原大部分地区统一后，秦军挥师南下，开始了对楚的战争。

秦国灭楚国之战是秦统一前夕最大的一次战争。楚国为了抗击秦兵，调动了全国的兵力，领军主帅是楚国名将项燕，他的军队剽悍善战，曾胜过秦军，所以楚国是秦统一战争中的一个劲敌。因此，秦国两位主将李信和蒙恬率领的二十万大军在对楚初期的战争中先后失利。最后秦王不得不起用老将王翦，而且给他军队六十万伐楚。面对如此强大的攻势，楚国终于抵挡不住，公元前223年，秦军占领楚都，俘虏楚王，楚国灭亡。

就在灭楚这一年，秦王政又派王贲进攻辽东，前222年俘虏燕王喜，灭掉了燕国。

公元前221年，王贲大军乘胜南下，消灭了六国中最后一国齐国。这样，秦国终于完成了统一天下的大业。

二是创立制度，建号始皇。

秦的统一，结束了诸侯长期割据混战的局面，符合广大人民的愿望。在统一天下的大业中，表现雄才大略和非凡的才能的秦王嬴政，也成为我国古代历史上杰出的政治家，有人甚至褒之曰："千古一帝。"

秦的统一的确是划时代的大事。对于秦王嬴政及其大臣们来说，这样的大业能在自己手中完成，这的确是让他们兴奋不已的事情。所以天下刚定，秦王嬴政就迫不及待地向他的群臣和人民宣布："寡人以渺渺之身，兴兵诛暴乱，赖宗庙之灵，六王咸伏其辜，天下大定。"可是，举杯欢庆，兴奋不已之后，面对眼前这个由破碎刚刚拼合拢来的茫茫九州，如何来治理它？对于秦朝统治者来说，这无疑又是一个全新的课题。统一后的中国，地域辽阔、民族众多，虽说统一的结果符合人民要求，然统一的过程却是用武力征服来完成的。因此，在这个统一体中必然存在较大的离心力，尤其是那些并不甘心失败的各国诸侯贵族，总是在千方百计想挽回自己昔日的辉煌。倘若治理不当，统一体中的某些部件在运转的离心力作用下很有可能散落出去。面对如此形势，秦朝统治者们审时度势，在各种治国学说中，他们选择了法家。法家讲"法""术""势"，"法"即严刑峻法、"术"即驾驭臣民之术、"势"即保持统治者的威势。这样的思想指导下，就形成了一套全新的统治制度专制主义中央集权制度。具体表现如下。

首先，秦王政把国君的地位和尊严提高到空前的程度。春秋战国以前，"王"是最尊贵的称号，秦统一后，大臣李斯等认为秦王的功业超过古代任何一个帝王，应当想出一个更加尊贵的名号才配得上秦王的功业。最后决定把传说中的三皇五帝的尊称合而为一，称为皇帝。皇帝的称号自此始，并被以后两千多年的封建统治者沿用。根据西周、春秋战国时期的制度，国王或诸侯死后，继承者和臣子们都要根据死者生前行为的善恶给他一个称号，即谥号，这种制度即称谥法制度。例如周厉王、齐桓公都是死后的谥号，"厉"字含有谴责他暴虐无道的意思，"桓"字含有赞美与讽喻的意思，秦王政则认为无论赞美或谴责，都是以"子议父"或"臣议君"，有损君父的威严，应废去，国君不再以谥号称。他自称始皇帝，即第一个皇帝，以后他的子孙按序排列，称二世皇帝、三世皇帝，直到千世万世皇帝，企图把国家政权永远据为他一家所有。

为了进一步显示皇帝的威势，秦始皇又创制一套避讳的制度。皇帝的名字，他人是不能随便提到的，在语言和文字中必须避免，如"正月"的"正"字，与嬴政的"政"字同音，就改为"端月"。文书档案中写到"皇帝"必须另行抬头顶格书写，以表示恭敬。皇帝自己的称呼也有专称，称"朕"。"朕"字原来是"我"的代名词，一般贵族都可以自称，例如屈原的《离骚》，就有"朕皇考曰伯庸"（我过世的父亲叫伯庸）。但从秦始皇开始，"朕"就专用于皇帝自称，其他人不能再用。

此外，秦始皇又创制了一套以皇帝为中心的封建官僚制度，即"三公九卿制"。皇帝之下设三公，即丞相、太尉、御史大夫，佐助皇帝处理政务。丞相有左右两相，为百官之首，总揽政务，太尉管军，御史大夫掌监

秦始皇时期的避讳制度

察。三公之下设廷尉、奉常、郎中令、卫尉、太仆、典客、少府、宗正、治粟内史九位上卿，分管各方面政务。三公九卿之官，全归皇帝任免调动，不世袭。

地方行政制度废除分封制，实行了对中央集权有利的郡县制。郡有郡守，县有县令，管理一郡一县的人民，收取赋税，征发兵役和徭役。郡尉和县尉管理地方军事，郡监御史负责监察。这些地方官一律由皇帝任免，必须绝对服从和执行皇帝的命令。

通过这一系列制度，秦始皇建立起了一套完整的统治制度。其基本特征是地方集权中央，中央集权皇帝，这就是专制主义中央集权制。在这种制度下，皇帝拥有至高无上的权力。这套专制主义中集权制度成为以后我国封建社会统治制度的基本模式，影响持续了两千年。

秦始皇本纪

十七年[1]，内史腾攻韩，得韩王安，尽纳其地，以其地为
<small>秦王政十七年，内史腾进攻韩国，掳获韩王安，占有韩国全境，置为郡，取名颍川。</small>
郡，命曰颍川[2]。地动。华阳太后卒。民大饥。
<small>这年地震。华阳太后去世。百姓灾荒。</small>

十八年，大兴兵攻赵。王翦将上地[3]，下井陉[4]，端和将河
<small>十八年，大规模发兵攻赵。王翦统率上郡的军队，攻下井陉；杨端和统率河内的秦军，</small>
内[5]，羌瘣伐赵，端和围邯郸城[6]。
<small>与羌瘣讨伐赵国，端和围攻邯郸城。</small>

十九年，王翦、羌瘣尽定取赵地东阳，得赵王。引兵欲攻
<small>十九年，王翦、羌瘣全部占领赵国东阳，擒获赵王。行军准备攻伐燕国，屯住</small>
燕，屯中山。秦王之邯郸，诸尝与王生赵时母家有仇怨，皆坑
<small>在中山。秦王到邯郸，那些在秦王出生于赵国时和他母亲家有仇怨的人都被活埋。秦</small>
之。秦王还，从太原、上郡归。始皇帝母太后崩。赵公子嘉
<small>王返回秦，途经太原、上郡。始皇帝母亲太后去世。赵的公子嘉率领宗族数百人到代地，</small>

---

1. 十七年：秦王政十七年，即公元前230年，秦灭韩。
2. 颍（yǐng）川：秦郡名，治阳翟，即今河南禹州市，以境内有颍河而得名。
3. 将上地：统率驻于上郡地方的秦军。上地，上郡之地，一说"地"为"郡"字之误。上郡治肤施（今陕西榆林东南），为秦出太原从北面进攻赵的驻兵基地。
4. 井陉（xíng）：井陉口，为太行八陉之一，即今河北井陉山上的井陉关。
5. 端和：即杨端和。
6. 羌瘣（huì）：秦将名。此役秦兵分三路攻赵。王翦下井陉，羌瘣攻代，杨端和围邯郸。

率其宗数百人之代[1]，自立为代王，东与燕合兵，军上谷。大饥。
自立为代王，向东与燕国合兵，驻军上谷。这一年发生了大饥荒。

二十年，燕太子丹患秦兵至国，恐，使荆轲刺秦王[2]。秦王
二十年，燕太子丹担忧秦军攻打到燕国，恐惧之下就派荆轲刺杀秦王。秦王发觉了，
觉之，体解轲以徇[3]，而使王翦、辛胜攻燕。燕、代发兵击秦
肢解荆轲示众，并派王翦、辛胜攻打燕国。燕和代发兵迎击秦军，秦军在易水河的西岸
军，秦军破燕易水之西[4]。
大破燕军。

二十一年，王贲攻荆[5]。乃益发卒诣王翦军[6]，遂破燕太子军，
二十一年，王贲攻打蓟，又增派军队到王翦军中，两路合击终于打败燕太子的军队，
取燕蓟城，得太子丹之首。燕王东收辽东而王之。王翦谢病老
夺取燕的蓟城，得到了太子丹的首级。燕王向东收取了辽东并且在那里称王。王翦称病告老。
归[7]。新郑反。昌平君徙于郢。大雨雪，深二尺五寸。
新郑反版。昌平君迁谪到郢都。天降大雪，深达二尺五寸。

二十二年，王贲攻魏，引河沟灌大梁，大梁城坏，其王请
二十二年，王贲攻伐魏，挖开黄河，大水灌淹大梁，大梁城墙被毁坏，魏王请求投降，
降，尽取其地。
全部占领了魏地。

1　公子嘉：赵王迁的异母弟。代：古国名，战国时并于赵，秦置代郡，郡治代县，在今河北蔚县东北。
2　荆轲：战国末卫人，著名侠士，为燕太子丹所使刺秦王未果，死于秦。事详《刺客列传》。
3　体解：又称"支解"，或肢解，分割肢体的古代酷刑。
4　易水：河名，今河北省大清河上游支流。
5　王贲（bì）：秦将，王翦之子。蓟（jì）：燕邑，当今北京市区西南部。
6　益发：增派。
7　谢病老归：称病告老退职。据《白起王翦列传》，由于秦王政在攻楚问题上不听王翦的意见，王翦称病退职。

二十三年，秦王复召王翦，强起之，使将击荆[1] 取陈以南
二十三年，秦王重新召回王翦，一定要他任职，派他率兵攻打楚国，夺取陈以南直

至平舆，虏荆王。秦王游至郢、陈。荆将项燕立昌平君为荆
到平舆的大片土地，俘虏了楚王。秦王巡游到郢和陈。楚将项燕立昌平君为荆王，在淮水

王[2]，反秦于淮南。
以南反叛秦国。

二十四年，王翦、蒙武攻荆[3]，破荆军，昌平君死，项燕遂
二十四年，王翦、蒙武率七十万大军攻伐楚国，大破楚军，末代楚王昌平君死了，

自杀。
项燕也自杀了。

二十五年，大兴兵，使王贲将，攻燕辽东，得燕王喜。
二十五年，大举兴兵，派王贲为将，攻打辽东的燕王，擒获燕王喜。回军攻打代，

还攻代，虏代王嘉。王翦遂定荆江南地；降越君[4]，置会稽郡。
俘虏了代王嘉。王翦于是平定楚江南地区，使越君投降，设置会稽郡。五月，允许天下

五月，天下大酺[5]。
饮酒聚会。

二十六年，齐王建与其相后胜发兵守其西界[6]，不通秦[7]。秦
二十六年，齐王建和他的相后胜派兵守卫齐国西部边界，截断了和秦的来往。秦王将军

---

1 荆：即楚。
2 项燕：楚国名将，项羽的祖父。
3 蒙武：秦将，蒙骜之子，蒙恬之父。
4 降越君：使越君投降。
5 天下大酺（pú）：秦、汉时，不准三人以上无故聚饮，违犯者罚金四两。秦灭韩、赵、魏、燕、楚五国，特下令国中臣民聚会饮酒，以示庆祝。酺，具酒肉会食。
6 后胜：人名，齐王建之国相。
7 不通秦：不臣服于秦。

使将军王贲从燕南攻齐,得齐王建。
王贲从燕南郊攻伐齐国,擒获了齐王建。

秦初并天下,令丞相、御史曰[1]:"异日韩王纳地效玺,请
秦统一全国之初,就命令丞相、御史说:"先前韩王献纳土地,奉上王玺,请
为藩臣[2],已而背约,与赵魏合从叛秦,故兴兵诛之,虏其王。
求作我国的藩臣,不久违背盟约,和赵、魏联合背叛秦国,故而兴兵诛讨,擒获他的
寡人以为善,庶几息兵革[3]。赵王使其相李牧来约盟[4],故归其质
君王。寡人认为统一是件好事,希望能够停止战争。赵王派他的相国李牧来缔结盟约,
子。已而背盟,反我太原,故兴兵诛之,得其王。赵公子嘉
因此送回他的质子。不久背弃盟约,在太原反叛我,所以我派兵诛灭他,俘获了赵王。
乃自立为代王,故举兵击灭之。魏王始约服入秦,已而与韩、
赵公子嘉就自立为代王,因此举兵击灭他。魏王起初订约臣服于秦,但不久又与韩、
赵谋袭秦,秦兵吏诛,遂破之。荆王献青阳以西,已而畔约,
赵谋划偷袭秦国,秦国发兵征讨,于是攻破魏国。楚王献青阳以西地区,随后背叛盟
击我南郡,故发兵诛,得其王,遂定其荆地。燕王昏乱,其
约,攻击我南郡地区,所以派兵讨伐,俘获楚王,于是灭了楚国。燕王昏庸混乱,他
太子丹乃阴令荆轲为贼[5],兵吏诛,灭其国。齐王用后胜计,绝
的太子丹就暗中命令荆轲来刺杀我,所以派兵讨伐,灭亡燕国。齐国用后胜的计谋,
秦使,欲为乱,兵吏诛,虏其王,平齐地。寡人以眇眇之身[6],
断绝与秦的交往,想要作乱,于是派兵征讨,俘虏了齐王,平定了齐地。寡人凭此渺

---

1 御史:此为御史大夫之省称,副丞相,监察百官。
2 藩臣:古代称分封或臣服的各国为藩国或藩臣,意为守卫边境的臣属。
3 庶几(jī):希望能够。兵革,代指战争。兵,进攻的武器。革,防身的甲胄。
4 李牧:战国末期赵名将,事附《廉颇蔺相如列传》。
5 阴令:密令。贼:暗杀。
6 眇眇:渺小。

兴兵诛暴乱，赖宗庙之灵，六王咸伏其辜，天下大定。今名
小之身，兴兵诛讨暴乱，依赖宗庙的神灵，六国国王都称臣服罪，天下一统。现今名
号不更，无以称成功[1]，传后世。其议帝号。"丞相绾、御史大
号不更改，就无法显示成功，传之后世，希望大家议论帝号。"丞相王绾、御史大夫
夫劫、廷尉斯等皆曰[2]："昔者五帝地方千里，其外侯服、夷服，
冯劫、廷尉李斯等都说："以前帝王土地方圆千里，此外有侯服、夷服的属国，诸侯
诸侯或朝或否，天子不能制。今陛下兴义兵，诛残贼，平定
们有的朝见、有的不朝见，天子不能控制。如今陛下发动仁义之军，诛灭残暴乱贼，
天下，海内为郡县[3]，法令由一统，自上古以来未尝有，五帝所
平定天下，四海之内设置郡县，法令归于统一，这是从上古以来未尝有的事，五帝所
不及。臣等谨与博士议曰[4]：'古有天皇，有地皇，有泰皇[5]，泰
赶不上的。臣等恭谨地和博士们商议说：'古代有天皇，有地皇，有泰皇，泰皇最尊
皇最贵。'臣等昧死上尊号[6]，王为'泰皇'。命为'制'[7]，令为
贵。'臣等冒死奉上尊号，建议大王称为'泰皇'。天子的口谕称为'制'。天子的
'诏'[8]，天子自称曰'朕'[9]。"王曰："去'泰'著'皇'，采上古
文告称为'令'。天子自称为'朕'。"秦王说："去掉'泰'，留下"皇"字，采

---

1 称：称举，颂扬。
2 绾、劫、斯：王绾、冯劫、李斯。廷尉：职掌刑狱的最高长官。
3 海内为郡县：把全国各地划分为郡县，即消除了侯服、夷服。
4 博士：秦官，掌通古今史事备皇帝顾问。
5 天皇、地皇、泰皇：即所谓"三皇"，传说中在五帝以前的中国君长。泰皇，又作"人皇"。
6 昧死：冒死。臣下进言时表示敬畏的套语。
7 命为"制"：对臣下发话（命），裁决可否称为"制"。
8 令为"诏"：以皇帝名义发布的法律、文告（令），称为"诏"。
9 朕（zhèn）：我。秦始皇定为皇帝的尊称，从此不允许百姓称朕。

'帝'位号，号曰'皇帝'。他如议。"制曰"可"。追尊庄襄
用古'帝'的号位，合称为'皇帝'。其他依从你们的议定。"秦王口谕："可以"。

王为太上皇[1]。制曰："朕闻太古有号毋谥，中古有号，死而以行
追尊庄襄王为太上皇。发布命令说："朕听说太古有称号没有谥号，到中古有称号，

为谥。如此，则子议父，臣议君也，甚无谓，朕弗取焉。自
到死后依据他的行为追加谥号。像这样就会儿子议论父亲，臣子议论君王，实在没有

今以来，除谥法。朕为始皇帝，后，世以计数，二世、三世至
道理，朕不赞成呀！从今以后，废除谥法。朕作为始皇帝，后世用数计算，二世、三

于万世，传之无穷。"
世一直到万世，传到无穷无尽。"

始皇推终始五德之传，以为周得火德，秦代周，德从所不
始皇推究五德循环的顺序，认为周朝得火德，秦朝取代周，其德是周德不能克胜的水德。

胜。方今水德之始，改年始，朝贺皆自十月朔。衣服、旄旌、
认为当今是水德的开始，于是就改变一年的起始月份，朝贺定在十月初一。衣服和各种旗帜都

节旗皆上黑[2]，数以六为纪[3]，符、法冠皆六寸[4]，而舆六尺，六尺
以黑色为贵，各种成数以六为标准。符号、法冠都为六寸，而车厢宽六尺，六尺长为一步，六

为步[5]，乘六马。更名河曰"德水"，以为水德之始。刚毅戾
马为一乘。把黄河改名为"德水"，用来表示水德的开始。刚毅苛暴，事情都取决于法律，残

---

1 追尊：给已死者加尊号。
2 旄旌（jīng）：以旄牛尾作杆饰的旗。上黑：崇尚黑色。上，通"尚"。照五行说，水为北方，色黑。秦以水德王，故尚黑。
3 数以六为纪：各种成数以六为约数。按五行相生相克之序数，水克火序数为六，所以秦尊数六。
4 符：调兵之虎符。法冠：御史所戴之惠文冠。
5 六尺为步：古人再举足为步，以此长度定为计里程和地亩的单位。秦六尺合一点三八米。

秦并天下建号始皇

深，事皆决于法，刻削毋仁恩和义，然后合五德之数。于是
酷而不讲仁义恩德，只有这样才能合乎五德的要求。因此以贯彻法令为急务，人们很久以前犯
急法¹，久者不赦²。
的法也得不到宽赦。

　　丞相绾等言："诸侯初破，燕、齐、荆地远，不为置王，
　　丞相王绾等进言说："诸侯刚刚消灭，燕、齐、楚地方很远，不给设置诸侯王，
毋以填之³。请立诸子，唯上幸许。"始皇下其议于群臣，群臣
就无法镇服他们。请求封立诸皇子为王，希望皇上准许。"始皇将这个建议下交群臣，
皆以为便⁴。廷尉李斯议曰："周文、武所封子弟同姓甚众，然
群臣都认为合适。廷尉李斯发表意见说："周文王、武王所分封的子弟及同姓诸侯很多，
后属疏远，相攻击如仇雠⁵，诸侯更相诛伐，周天子弗能禁止。
然而后辈彼此疏远，互相攻击如同仇敌，诸侯相互间诛杀讨伐，周天子不能禁止。现今
今海内赖陛下神灵一统，皆为郡县，诸子、功臣，以公赋税
海内仰赖陛下神灵得以统一，都设置了郡县，诸皇子和功臣们用国家赋税重重赏赐他们，
重赏赐之，甚足易制。天下无异意，则安宁之术也。置诸侯
这样控制起来很容易。天下没有异心，这是使国家安定的办法。设置诸侯王不利。"始
不便。"始皇曰："天下共苦战斗不休，以有侯王。赖宗庙，
皇说："天下共同为战争不休而烦苦，就因为有诸侯王。朕仰赖宗庙的神灵，天下刚刚
天下初定，又复立国，是树兵也，而求其宁息，岂不难哉！
统一，又重新分封诸侯，这样只会导致战争，却要求得到安静和平，难道不是很困难吗？

1　急法：以贯彻法令为急务。
2　久者不赦：犯罪一经发觉，就要治罪，很多年前犯的罪，也不赦免。
3　不为置王，毋以填（zhèn）之：置王即实行分封制，设置诸侯王。填通"镇"，镇服。
4　便：有利，合适。
5　仇雠（chóu）：互相仇视敌对。仇，动词。雠，名词，死对头、仇人、仇敌。

秦始皇一统天下

廷尉议是。"

廷尉意见很对。"

分天下以为三十六郡[1]。郡置守、尉、监。更名民曰"黔

始皇把天下分为三十六郡。郡设郡守、郡尉和郡监。改称人民为"黔首"。允许

首"[2]。大酺[3]。收天下兵,聚之咸阳,销以为钟鐻[4],金人十二,

全国狂欢饮酒聚会以示庆祝。收集天下的兵器,集中到咸阳销毁,用来铸造大钟,以及

---

[1] 分天下为三十六郡:三十六郡依裴骃《史记集解》说为:三川、河东、南阳、南郡、九江、鄣郡、会稽、颍川、砀郡、泗水、薛郡、东郡、琅邪、齐郡、上谷、渔阳、右北平、辽西、辽东、代郡、巨鹿、邯郸、上党、太原、云中、九原、雁门、上郡、陇西、北地、汉中、巴郡、蜀郡、黔中、长沙,以及京城咸阳所在的内史郡,共三十六郡。

[2] 黔首:战国时对平民已有此称,此正式法定为制度。黔,黑色。

[3] 大酺(pú):聚会饮酒。

[4] 鐻(jù):同"虡",悬挂钟的架子,其两侧的柱叫虡。

秦并天下建号始皇

重各千石，置廷宫中。一法度衡石丈尺[1]。车同轨[2]。书同文字。
十二个重达千石的金人，放置在宫中。统一法制和计量单位度量衡。车辆统一轨宽，书

地东至海暨朝鲜，西至临洮、羌中，南至北向户，北据河为
写统一文字。领土东至大海和朝鲜，西至临洮和羌中，南至北向户，北依黄河筑边塞，

塞，并阴山至辽东[3]。徙天下豪富于咸阳十二万户。
沿着阴山到达辽东。迁徙天下富豪到咸阳的有十二万户。

1　石（shí，今读dàn）：此指重量单位。每石四钧，每钧三十斤，一石一百二十斤。
2　轨：车轮行迹，此处指车子两轮之间的距离。
3　并（bàng）：通"傍"，沿着。